다시, 기획은 2형식이다

일러두기

- 이 책은 2014년 5월 출간된 《기획은 2형식이다》의 10주년을 기념하고자 기획됐습니다. 지난 10년의 시간을 되돌아보며 본질은 더욱 날카롭게 세월의 흐름에 발맞춰 내용을 다듬고 보강했습니다.

- 이 책은 노출사철제본으로 제작됐습니다. 언제 어디서든 기획이 필요한 그 순간, 활짝 펼쳐서 더욱 오래 튼튼히 여러분의 곁에 두길 바라는 마음에 만듦새를 보다 더 특별히 고민했습니다. 이 책은 때론 매뉴얼처럼, 바이블처럼 여러분이 기획주의자가 되는 데 도움이 될 것입니다.

| 10주년 스페셜 에디션 |

다시, 기획은 2형식이다

The Art of 2 Planning Codes

남충식 지음

그럼에도 불구하고,

오늘도 묵묵히 변화를 기획하는
당신에게

추천의 말

장인성 / 스테이폴리오 대표 / ≪마케터의 일≫ 저자

배달의민족 마케팅과 브랜딩을 하는 동안 팀원들이 일을 더 잘할 수 있도록 책을 함께 읽기도 하고, 저자를 모셔 와 이야기를 나누기도 했다. 기획을 이야기할 때 ≪기획은 2형식이다≫보다 좋은 책이 없었다. 기획을 다루는 책은 많지만 이처럼 간단하고 명확하게 풀어내는 책은 없을 것이다. 오랜만에 다시 꺼내 본 책은 그동안 겉모양만 낡았을 뿐 글에 담긴 내용은 똑같이 반짝거린다. 본질에 닿아 있고 간결하고 단단하기 때문이다. 10주년 특별판이 나온다는 소식을 들으니 반갑다. 더 많은 현장의 기획자들이 이 책을 통해 기획의 본질을 상기해보는 기회를 가졌으면 좋겠다.

이석율 / 이퀄썸(equalsum) 대표 / 전 삼성전자 디자인경영센터 디자인멤버십 총괄

지금으로부터 10년 전 기획을 무척 잘하고 싶었던 시절에 ≪기획은 2형식이다≫라는 책을 처음 만나게 되었다. 노란 표지에 그려진 동그란 안경, 이상한 비율의 책 사이즈, 몇 페이지를 넘기니 펼쳐지는 독특한 문단의 배치는 디자이너인 나의 호기심을 자극했고, 페이지를 넘길 때마다 펼쳐지는 풍부한 인사이트는 내 삶 자체에 많은 것을 고민하게 만들어주었다. 그 후, 이 책은 나의 보물 1호가 되었다. 이 책은 단순히 기획을 잘하는 방법을 알려줄 뿐 아니라 기획의 본질을, 그리고 삶 그 자체를 기획할 수 있도록 도와준다. 나이가 들어갈수록, 아는 게 많아지고 책임질 것이 많아질수록 진짜 문제를 정의하는 것이 얼마나 어려운지 체감하고 있는데, 어려운 문제를 만날 때, 복잡하게 꼬여 도무지 실마리가 안 잡힐 때마다 이 책을 보면 많은 것을 덜어내고 진짜 중요한 '2형식'만 자연스럽게 남는 것을 경험할 수 있었다. 최신 방법론이 아니라 시대를 관통하는 기획의 진짜 본질과 원리를 알고 싶으신 분, 일이 아니라 일을 포함한 삶 그 자체를 기획해보고 싶으신 분들께 이 책을 적극 추천한다.

김봉기 / 엔라이즈(NRISE) 대표 / <위피>, <코트> 서비스 기획자

우리의 일과 삶은 문제해결의 연속이다. 사업을 해오며 매 순간 마주한 문제들을 해결해야 했다. 서비스 개발, 마케팅, 투자 유치, 조직 관리 — 이 모든 일이 결국 문제를 규명하고 해결하는 '기획'의 과정이었고, 그래서 '기획력'은 나에게 늘 중요한 관심사였다. ≪기획은 2형식이다≫는 그런 내게 실질적인 영감과 도움을 준 책이었다. 이 책은 기획이란 무엇인지, 어떤 접근 방식이 효과적인지, 그 본질을 깊이 탐구하면서도 현장 경험을 바탕으로 한 실용적인 통찰을 제공한다. 누군가 문제를 제대로 해결하는 방법이 무엇인지 묻는다면, 나는 주저 없이 이 책을 추천할 것이다.

최지훈 / 하이브(HYBE) Growth&Engagement 팀 리더 / ≪그래서, 인터널브랜딩≫ 저자

≪기획은 2형식이다≫가 강조하는 '문제정의'의 중요성은 기획의 기술을 넘어, '인간다움'이라는 본질적인 가치와 맞닿아 있다. 인간다움이란, 각자의 시각으로 문제를 바라보고 그 본질을 탐구하는 '주체적인 사고의 힘'을 발휘하는 것이기 때문이다. 저자의 '플래닝코드' 철학은 ≪그래서, 인터널브랜딩≫(2019)을 집필할 때도 큰 영향을 주었다. 조직의 진정한 정체성을 발견하고 '우리다움'의 본질을 설계하는 인터널브랜딩 과정은 플래닝코드에서 말하는 문제정의와 창의적 사고와도 일맥상통하기 때문이다. 이 시대, 하나의 진정한 '브랜드'가 되고 싶은 조직과 개인들에게 망설임 없이 이 책을 추천한다.

오상익 / 오간지프로덕션 대표 / ≪강연의 시대≫ 저자

생성형 AI 시대에 요구되는 창조적 기획은 '(호기심+구상력) × 역발상'으로 탄생하는 것이 아닐까. '호기심'으로 남이 보지 못하는 문제를 인식하고, '구상력'으로 문제에 구조적으로 접근하여 해법을 찾고, 상식을 뒤집는 '역발상'으로 임팩트를 극대화시키는 역량은 인간 고유의 것이라 믿는다. 이 책은 창조의 최전선이라 할 수 있는 광고 마케팅 분야의 마스터 기획자의 아날로그적 관점을 통해 디지털 시대에 실질적 결과물을 얻기 위한 생각 포인트를 제공한다. 특히 최근 급부상 중인 강연기획뿐 아니라 여러 영역의 기획자들에게 많은 시사점을 줄 것으로 기대한다. 손에 잡히는 창의적 기획법을 고민하는 모든 이에게 일독을 권한다.

윤두석 / 현대홈쇼핑 쇼핑라이브팀 책임 / e커머스 콘텐츠 기획자

어느덧 15년째 e커머스 마케터로서 수많은 프로젝트들을 해왔지만, 나의 회사 생활은 ≪기획은 2형식이다≫를 읽기 전과 후로 구분된다. 조금 더 일찍 이 책을 읽었더라면, 조금만 더 일찍 P코드, S코드를 알았더라면, 분명 더 멋진 기획들을 했을 것이라 생각한다. 지금까지 수많은 후배들에게 이 책을 추천해왔고, 사무실 자리가 바뀌어도 이 책만큼은 모니터 바로 옆 책꽂이에 항상 나와 함께였다. 일이 잘 풀리지 않아서 고민될 때, 뾰족한 해결책이 떠오르지 않아 답답할 때 수많은 아이디어를 던져준 부적과도 같은 존재였다. 그렇다고 이 책을 단순히 직장인을 위한 업무 참고용 도서라 생각하지 말기를. 인생을 살아가면서 마주하는 수많은 '문제'들을 '해결'하는 데에도 도움을 줄 것이며, 책 제목 '기획은 2형식이다'라는 이 지극히 심플한 문장 하나가 당신의 일과 삶을 바꿔줄 것이다. 하루라도 더 빨리, 당신은 '기획주의자'가 되어야만 한다.

김광민 / 슈퍼티파이 대표 / 전 바이트 댄스(ByteDance) 크리에이티브 디렉터

≪기획은 2형식이다≫는 크리에이티브 디렉터인 내게 기획의 가치를 처음 일깨워준 반가운 친구였다. 또한 이 책은 지난 10년간 CJ E&M, 바이트댄스, 그리고 버킷플레이스를 거치며 다양한 콘텐츠를 기획할 때마다 내가 본질로 돌아갈 수 있도록 도와준 고마운 동반자였다. AI를 비롯한 첨단기술의 발전으로 복잡성이 더욱 심화된 오늘날, 단순한 기획적 사고의 가치를 말하는 이 책은 더욱 빛을 발할 것이다. 사람들은 늘 새로움을 추구하지만, 기획의 핵심은 변하지 않기 때문이다. 이 책은 기획의 중요성을 재조명하며, '2형식'이라는 저자의 독특한 시각을 통해 독자들에게 자신만의 기획 철학을 정립할 수 있는 기회를 제공한다. 일을 넘어 인생을 창의적이고 즐겁게, 주도적으로 살아가고자 하는 이들에게 이 책은 최고의 선택이 될 것이라 확신한다.

유원일 / 텐덤(Tendom) 대표 / <애드캠퍼스>, <베어유> 서비스 기획자

10년 전, 기획을 특별하고 접근하기 어려운 영역이라 여겼던 한 학생에게 ≪기획은 2형식이다≫는 인생을 바꿔준 마법과도 같은 선물이었다. 진정한 기획이 무엇인지 알게 해주었고, 창조에 대한 열정만 가득했던 그 학생을 10년 동안 성장한 스타트업의 대표로 만들어주었다. 빠르게 변화하는 세상 속에서 우리는 이제 AI와 공존하는 시대를 맞이했다. AI의 등장으로 이제는 누구나 혁신을 만들어낼 수 있는 세상이 도래했지만 기획을 제대로 이해하지 못하면 유의미한 기회를 만들기란 결코 쉽지 않다. 이 책은 오랜 경험과 지식을 쌓아야만 얻을 수 있는 기획의 본질과 통찰을 단 한 권으로 담아낸 책이다. 이 책이 나의 성장에 마법이 되어준 것처럼, 당신을 창의적인 기획자로 바꿔줄 뜻밖의 선물이 될 수 있을 것이다. 마치 계단 밑 벽장 속 해리 포터에게 다가온 호그와트의 초대장처럼.

원아란 / GFFG 크리에이티브 본부장 / 전 디즈니 APAC 리테일 크리에이티브 매니저

≪기획은 2형식이다≫는 주니어 시절부터 가지고 다니며 여러 번 읽어온 책이다. 복잡하고 깊은 내용의 정보를 하나의 명확한 메시지로 응축하는 과정이 알기 쉽게 설명되어 있는데 읽고 나면 마치 뿌옇던 시야가 안경을 써서 더 선명해지는 것처럼 기획에 대한 명료한 감상이 생긴다. 기획이 단순한 문제해결을 넘어 본질을 드러내는 작업임을 이 책을 통해 배웠고 그 본질을 찾아가는 여정 속 희열을 알게 되었다. 더 나아가 기획이란 단순히 프로젝트만을 계획하는 것이 아닌, 우리 삶의 여러 가지 고민에 적용 가능한 '생각하는 법'이라는 것을 깨달았다. 나처럼 크리에이티브 분야에서 일하며 매 순간 기획의 기로에 서서 고민하는 사람들과 인생을 기획하는 방법을 배우고 싶은 사람들에게 이 책을 추천하고 싶다.

감사의 말

지난 10년 동안 ≪기획은 2형식이다≫를
현장의 2형식 기획자

각자의 자리에서 활용하고 사랑해주신
분들에게 깊이 감사드립니다.

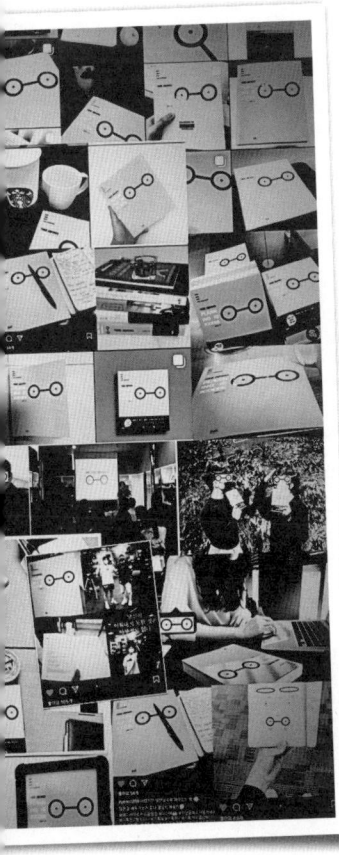

10주년 스페셜 에디션을 펴내며

다시, 본질이다
다시 기획이다

처음 10년

　어느덧 10년이 흘렀습니다. 《기획은 2형식이다》를 출간했던 당시에는 10년 차 기획자로서 느낀 생각들을 정리해 공유해보자는 단순한 마음이었습니다. 기획에 대한 작은 담론을 던질 수 있다는 것만으로도 기뻤습니다. 그런데, 뜻밖의 놀라운 경험을 하게 되었지요. 예상보다 많은 분들이 공감해주셨고, 분에 넘치는 사랑을 받았습니다. '기획의 본질은 문제-해결이다', '해결 방안보다 문제정의가 더 중요하다', '기획력은 재능이 아닌 태도다'와 같은 저의 2형식 기획 담론에 현업 기획자분들이 깊이 공감해주셨고, 그 덕분에 이 책이 10년째 스테디셀러로 자리매김할 수 있었습니다. 진심으로 감사드립니다.

　이 책을 출간했던 2014년 당시는 스티브 잡스의 사망 이후 디지털 기술과 인간의 창의적 융합 사고에 관한 담론이 주목받던 시기였습니다. 우리나라에서는 창조 경제와 인문학 열풍이라는 조금 변형된 모습으로 나타났지만, 자연스럽게 '기술'의 이면에 있는 '기획'이라는 화두가 많은 관심을 받게 되었죠. 여러 기업·기관의 기획자들과 이 책을 매개로 교감하며 영감을 주고받은 시간들은 제 커리어를 넘어 인생의 중요한 전환점이 되었습니다.

지난 10년

다시 10년이 흘렀습니다. 지난 10년을 한마디로 요약한다면, '디지털 전환Digital Transformation'이라는 키워드가 가장 적합할 정도로 이 시기는 세상의 구조와 질서가 디지털 기술로 완전히 재편된 대전환의 시대였습니다. 수많은 기술 기업들이 디지털을 기반으로 한 혁신적인 제품과 서비스를 세상에 선보였고, 스타트업이든 전통 기업이든 디지털 전환의 흐름을 따라가지 못하면 바로 도태될 수밖에 없었습니다. 코로나19 팬데믹은 이러한 디지털 대전환의 흐름을 더욱 가속화시키기도 했지요. 비록 영화 〈백 투 더 퓨처Back to the Future〉에서처럼 자동차가 날아다니는 세상이 2015년에 오지는 않았지만, 지난 10년간 디지털 기술의 발전은 실로 눈부셨습니다.

그런데, 역사가 증명하듯 기술이 발전할수록 더 중요한 것은 아이러니하게도 '기술'이 아니라 '기획'입니다.

역대 '메이저 디지털 기술'의 발전 과정을 살펴보면 알 수 있습니다. ① 1세대 PC(1981년) → ② 2세대 인터넷(1995년) → ③ 3세대 모바일(2009년)로 이어지는 대중 기술의 계보는 대략 14년 간격으로 등장하는 패턴을 보이는데, 흥미로운 점은 새로운 '메이저 기술'이 등장할 때마다 반드시 '메이저 기획'들이 뒤따랐다는 사실입니다. 기술이 기획의 기폭제가 되었던 것입니다. 당신에게 스티브 잡스는 누구인가요? CEO, 창업가, 혹은 예술가인가요? 저에게 잡스는 '기획자'입니다. 그는 1세대 PC → 2세대 인터넷 → 3세대 모바일의 대중 기술의 계보 속에서 매킨토시, 아이맥, 아이팟, 아이튠즈, 아이폰, 아이패드와 같은 대중 혁신작을 이끌어낸 창의 기획자였습니다. "또 잡스냐?"라고 반문하실지 모르지만, 제 답은 "다시, 잡스."입니다.

3세대 모바일 기술 시대(2009년) 이후 14년이 흘렀고, 어김없이 새로운 '4세대 메이저 기술'이 등장했습니다. 현재 전 세계의 이목을 끌고 있는 '생성형 AI'(2023년)가 바로 그것입니다. 세상에 메이저 신기술이 출현할 때마다 기존 패러다임을 바꾸는 큰 변화가 일어나곤 했지만, 이번 4세대 생성형 AI 기술이 몰고 올 파급력은 그 이상입니다. 기술의 수준이 완전히 새로운 차원으로 진입했기 때문입니다. PC, 인터넷, 모바일이 대단한 기술이긴 했지만, 그저 인간의 도구로서 더 빠르고 편리한 삶을 돕는 역할에 머물렀다면, 생성형 AI는 그 이상의 존재입니다. 이 기술은 인간의 도구를 넘어, '인간 자체가 되는 것'을 지향하고 있기 때문이지요.

이미 인간과 AI의 공존 문제는 전 세계적인 화두가 되었습니다. AI가 모든 산업에 침투하고 일상에까지 영향을 미치면서, 우리는 이 기술을 단순히 환영할 손님으로 맞아들일 것인지 고민하기 시작했지요. 사람들은 AI가 대체할 직업들을 예측하며 불안해하기도 합니다. 금융업, 제조업, 서비스업, 법조계, 교육계 등등 생성형 AI의 영향에서 자유로울 수 있는 분야는 없습니다. 제가 몸담고 있는 마케팅 분야도 예외는 아닙니다. 이제는 마케팅 운영의 복잡한 일들도 AI가 24시간 쉬지 않고 더 빠르고 정확하게 처리하고, 한 땀 한 땀 고생하며 제작했던 고퀄리티 영상도 AI가 불과 몇 분 만에 만들어냅니다. 챗GPT 같은 도구를 이용하면 코딩 지식 없이도 홈페이지나 쇼핑몰을 만들 수 있는 시대가 되었습니다. 인공지능이 인간의 역할을 대체하는 상황이 현실로 다가온 것입니다.

다시, 본질

그렇다면 우리는 생각해봐야 합니다. 이렇게 인간의 역할을 점점 대체해가는 AI는 정말 우리에게 위협적인 존재일까요? 저는 오히려, 이것은 기회일 수 있다고 생각합니다. 이른바 AI 시대에 인간에게 요구되는 것은 명확합니다. 인간은 인공지능이 하지 못하는 것을 하면 됩니다. AI가 대체할 수 없는, 인간 고유의 창의적 능력을 갖추고 이를 발휘하면 됩니다. 이제 인간은 더욱 '인간다워져야' 하며, 도구를 잘 사용하는 것보다 의미를 창작하는 것에 집중해야 하는 것이지요. 저는 그 능력이 바로 '기획력'이라고 믿습니다.

예를 들어, 마케팅 분야에서는 반복적이고 고된 작업, 즉 캠페인 운영과 집행, 효율 측정, 영상 제작과 편집 등의 작업은 AI에 맡기고, 마케터는 본연의 역할인 전략적 맥락과 의미를 '기획'하는 데 집중하는 것입니다. AI 덕분에 우리는 보다 본질적인 '의미 창작의 사고'에 몰두할 수 있게 되는 것이지요. 이런 맥락에서, 과거의 메이저 기술들이 기획자들에게 상상력을 발휘할 무대를 제공했듯, 생성형 AI도 기획자들에게 무한한 가능성을 열어주는 놀이터가 될 수 있습니다. AI는 기획자의 상상력과 창의력을 한층 더 확장할 수 있게 돕는 고마운 동반자가 되는 것이지요.

만약 스티브 잡스가 살아 있었다면, 그는 지금의 생성형 AI 기술을 보며 아이처럼 흥분하지 않았을까요? 아마도 AI를 활용해 또 한 번 세상을 놀라게 할 제품을 기획하고 내놓았을 것입니다. 비록 잡스는 없지만, 이제 전 세계의 젊은 기획자들이 '다시 잡스가 되어' 새로운 시대의 창의적 기획을 시도해야 할 때입니다.

다시, 기획의 시대

기획력은 새로운 목표를 설정하고 문제를 정의하며, 그 해결책을 찾아내어 의미를 부여하는 인간 고유의 창의적 사고 능력입니다. 이젠, 답을 찾는 일은 AI가 더 잘합니다. 그래서 인간에게는 문제의식을 바탕으로 눈에 보이지 않는 '진짜 문제problem'를 찾아내고 정의하는 '생각의 코딩 능력'이 더욱 중요해졌습니다. 저는 이를 'P코딩'이라고 부릅니다. 문제를 찾아내고 질문을 던지는 힘, 즉 'P코딩력'이야말로 인간만이 할 수 있는 고도의 창의적 영역이라고 믿습니다. 챗GPT와 같은 AI 도구를 잘 활용하는 비결도 결국 문제의식을 바탕으로 나만의 가설을 세우고 질문의 구조를 잘 기획하는 데 있지요. 아무리 혁신적인 AI가 있더라도, 해결해야 할 문제를 명확히 정의하고, 올바른 질문을 던지지 않는다면 결코 좋은 답을 얻을 수 없습니다. 창의적인 해결책을 도출하는 'S코딩'의 과정 또한 결국 'P코딩'에 의해 좌우되는 것이지요.

이 시대의 기획자라면, 아마존 CEO 제프 베이조스 Jeff Bezos의 말을 상기해야 합니다. '빠르게 변하는 세상에서 10년 후의 변화를 예측하기보다는, 10년 후에도 변하지 않을 가치를 찾아야 한다'는 그의 조언은 머리로 이해하는 것을 넘어 가슴으로 새겨야 합니다. 기술이 아무리 발전하고 세상이 어떻게 변화하더라도, 인간이 문제를 해결하고자 하는 가치 지향적 본능과 창의적 열망은 결코 사라지지 않을 것입니다. 그리고 AI가 그 본질을 대체하거나 훼손할 수 없을 것입니다. 이것이 바로 기획자의 역할입니다.

기획자는 세상의 변화와 트렌드를 민감하게 파악하는 사람이지만, 본질적으로는 '본질을 보는 사람'입니다. 문제의 본질을 꿰뚫어 남다른 해결책을 찾아내고, 그 결과 새로운 의미를 창조하는 인간의 통찰력. 이 통찰력은 과거에도 그랬듯이 앞으로 10년, 아니 100년이 지나도 변하지 않을 '창의적 기획'의 핵심코드가 될 것입니다. 영국 옥스퍼드대의 마이클 오스본Michael Osborne 교수도 4차산업혁명에서 살아남기 위한 필수적인 역량으로 '창의성'을 강조한 바 있습니다. 4차산업혁명 시대에 사라질 직업 리스트의 마지막에는 당당히 '기획자'가 자리할 것입니다.

다시, 기획은 2형식이다

10년 전, 《기획은 2형식이다》를 출간하면서 'P(문제)'와 'S(해결)'라는 통찰의 사고 코드를 소개했습니다. 그리고 이 P코드와 S코드로 전개하는 기획적 사고방식을 '플래닝코드planning code'라고 명명했지요. 저는 기획의 사고 과정에서 문제를 찾고 정의하는 P코딩이 전체의 75%를 차지한다고 주장했습니다. 사실, 이 '플래닝코드'는 스티브 잡스의 기획법에서 영감을 받아 도출한 것입니다. 그의 기획 프로젝트들을 분석하여 그의 창의적 사고 메커니즘을 귀납적으로 추출해낸 결과죠. 잡스는 언제나 복잡한 과제들을 수행했지만 항상 단순하게 생각했습니다. "진짜 문제가 뭐지? 해결책은 뭐지?"라는 두 가지 질문으로 사고하고, 회의하고, 기획서를 작성하고, 발표하고, 실행했습니다.

물론 잡스만이 아닙니다. 우리 주변에도 본질을 추구하는 기획자들이 많이 있습니다. 그들은 한결같이 해결책보다는 문제정의에 훨씬 더 많은 관심을 두며, 문제를 철저히 파고들고, 결국 그 문제를 해결하는 데 집중하는 플래닝코드적 기획력을 갖추고 있습니다. 이러한 기획자들은 탁월한 능력보다는 본질을 향한 집요한 태도가 돋보입니다. 지난 10년간, 현장에서 다양한 분야의 기획자들과 소통하면서 플래닝코드의 힘을 실감했습니다. 플래닝코드는 기획력 향상에 실질적인 도움을 주었고, 현업에서도 성공적으로 적용되었음을 직접 경험했습니다.

이제 10년이 지난 플래닝코드는 더 많은 기획자들에게 다가가려 합니다. 이를 위해, 10년 만에 특별 개정판으로 총론서 《다시, 기획은 2형식이다》를 선보이게 되었습니다. 이어서 실전 비즈니스 글쓰기 지침서 《기획서는 2형식이다》, 비즈니스 말하기 지침서 《프레젠테이션은 2형식이다》, 그리고 집단 창의를 모으는 방법론 《회의는 2형식이다》 등 '2형식 기획 시리즈'를 차례로 출간할 예정입니다. 먼저, 이 총론서에서는 변화하는 세상에서도 변하지 않는 기획의 본질을 탐구하고, 기획자가 맞닥뜨릴 새로운 도전과 기회에 대해 논의합니다. 저는 기획이 단순한 문제해결을 넘어, 더 나은 내일과 더 행복한 나를 실현하는 과정이라고 믿습니다. 기획은 우리가 원하는 변화된 일상과 삶을 만들어가는 데 필요한 역량이자 태도이기 때문입니다.

AI가 모든 것을 변화시키는 이 시대에, 역설적으로 '기술의 코딩'보다 '생각의 코딩'이 더욱 절실해진 지금의 시점에서 플래닝코드가 말하는 기획의 본질을 다시 나누는 것은 매우 의미 있는 일이라 생각합니다.

당신과 이 여정을 함께할 수 있어 감사합니다.
이 책을 통해 당신의 기획 여정이 더욱 풍요로워지길,
그리고 기획이 주는 희열이 당신의 삶 속에서
빛을 발하길 진심으로 기원합니다.

도전과 성장을 응원하며,

기획주의자

프롤로그

펑키재즈,
당신 안의 창조거인을 깨우다

당신은 당신의 기획력에 만족하십니까?
당신의 상사와 고객은 당신의 기획력에 만족하실까요?
당신은 시대에 부합하는 창의적인 기획자라고 자신하실 수 있나요?

'창의creativity'의 최전선이라는 '광고 분야'에서,
게다가 '기획자planner'인 저에게 이 문제는 남의 이야기가 아니었습니다.
남다른 관심으로 치열하게 고민해보았고
그 결과 흥미로운 사실을 발견할 수 있었습니다.

우리 한국의 기획자들은
지나치게 심각하고 진지합니다.
몸과 맘이 경직되어 있는데 창의적인 생각이 나올 리 없습니다.

요즘을 가리켜 '사색'은 없고 '검색'만 있는 시대라고 하죠.
주변의 기획자들을 둘러보세요.
컴퓨터 앞에 앉아 진지하게 '검색'만 하고 있습니다.
'검색된' 정보는 '정해진' 프로세스에 '정확하게' 대입됩니다.
생각할 틈도 생각할 필요도 없습니다.
'정보'는 '프로세스'를 타고 '기계적으로' 흘러갑니다.
익숙해지면 매우 쉽고 편하죠.
이런 기획을 전문용어(?)로 '틀에 박힌 기획'이라고 합니다.
유감이지만 이것이 우리가 일반적으로 기획하는 방식입니다.

그래서 우리는 기획을 '공부'합니다.
최신 프로세스와 매뉴얼, 각종 기획 용어와 스킬 등을 열심히 배우고 익힙니다.

재미있을까요? 재미없습니다. 우리는 '공부'하면 심각해지죠.
머리부터 아픕니다. 어쩔 수 없이 해야 하는 숙제와 같습니다.

기획은 정말 재미있고 신나는 것인데
이건 완전히 반대로 가고 있습니다.

기획을 열심히 '공부'하다 보면 아는 것이 지나치게 많아지고
아는 것이 지나치게 많아지면 머릿속이 복잡해지죠. 생각도 복잡해집니다.
기획자는 생각이 많은 건 좋지만 생각이 복잡한 건 절대 금물입니다.
생각이 복잡해지면 '핵심'을 놓치게 되고 '본질'이 흐려집니다.
본질이 흐려지면 피상적이고 통상적인 결과물이 나오는 악순환을 유발합니다.

우리 한국의 기획자들에게 필요한 단 한 가지가 있다면,
그것은 '심플의 미학 simplicity'입니다.

우리는 가진 것이 지나치게 많아 결핍되고 있습니다.
과감하게 버리고 덜어내야 합니다.
어깨 힘을 빼고 심플하게 생각해야 합니다.

'심플'이라고 하면 '대충, 건성으로 하는 것'이라고 오해하시는 분들도 있는데
'진정한 단순함'이란 그런 것이 아닙니다.

아이맥, 아이팟, 아이폰 등 애플의 디자인을 총괄했던
조너선 아이브 Jonathan Paul Ive가 기막힌 말을 했죠.

"진정한 단순함은 불필요한 장식이 없는 수준을 넘어
'복잡함에 질서를 부여'하는 것이다."
True simplicity is derived from so much more than just the absences of clutter or ornamentation. It's about bringing order to complexity.

저는 이 책에서
'기획의 단 두 개의 본질 코드'로
복잡한 기획 이야기에 나름의 질서를 부여해보았습니다.

그래서
창조 기획이라는 것에 관해
현상보다는 본질을
원칙보다는 원리를
기교보다는 기본을 담기 위해 노력했습니다.

대한민국 기획자들은 이미 뛰어납니다.
복잡한 머릿속이 심플하게 정리만 되면
우리의 창조 기획력은 빅뱅을 맞이할 것입니다.

이런 맥락에서 이 책은
기획의 지식과 스킬을 더해드리지 않습니다.
오히려 당신이 가진 그것들을 과감하게 덜어내고
버리게 만드는 데 초점을 맞추었습니다.

혹시 멋진 프로세스와 기획 스킬 등의
달콤한 지식의 전수를 기대하셨다면 이 책은 답이 아닙니다.
저는 여러분에게 감히 기획을 가르칠 자격도 없을뿐더러
창조 기획은 가르칠 필요도 없고 가르쳐서도 안 되기 때문입니다.

제가 연구해본바, 창조 기획력은 '외생변수'가 아니라 '내생변수'입니다.
'외부의 지식'으로 비롯되는 것이 아니라,
'우리 안의 에너지'로부터 비롯되는 것이지요.

알고 계신가요?
이미 당신 안에는 '우주와 같은 무한한 창조 기획의 잠재력'이 있습니다.
저는 이 책을 통해 당신 안의 '잠자는 창조거인'을 깨우고자 합니다.
그 거인은 너무 심각하고 복잡한 자극에는 꿈쩍도 하지 않습니다.

즐겁고 심플한 자극에 움직이고 반응합니다.
흥겨운 음악을 들을 때 우리 몸과 마음이 들썩이는 것처럼 말이죠.
음악처럼 우리를 '즐겁게 자극하는 기획론'을 쓰고 싶었습니다.
'이 시대의 창조 기획'에 대해 고민하는 한 기획자가 드리는
'가벼운 기획서'라고 봐주시면 좋겠습니다.

이 책은 현학적이고 어려운 기획론이 아닙니다.

단 두 개의 코드로 연주하는
심플하고 흥겨운 펑키재즈funky jazz입니다.
푹신한 소파에 기대어 마세오 파커Maceo Parker의
진짜 펑키재즈 한 곡 틀어놓고 스르륵 읽어보셔도 좋겠습니다.

부담 없이 가볍게 읽어주시되,
가벼움 속의 날카로운 통찰들은 놓치지 마시길 바랍니다.

강의로 먼저 시작해보았습니다.
생각지 못한 반응이 왔고 용기가 생겼죠.
이제 책으로 그 영감을 공유하고자 합니다.

기획이란 두 글자는 ㄱ에서 시작해서 ㄱ으로 끝납니다.

기획은 기본이 중요하다는 것을
우리에게 일깨우기 위한 운명일 것입니다.
다 알고 있는 ㄱ도 새로운 관점으로 함께 통찰해본다면
우리에게 더없이 찬란한 영감을 줄 것이라 믿습니다.

자, 그럼 우리 안의 창조거인을 깨울
펑키재즈를 시작해볼까요?

목차

추천의 말
006

감사의 말
010

10주년 스페셜 에디션을 펴내며
다시, 본질이다. 다시 기획이다
012

프롤로그
펑키재즈, 당신 안의 창조거인을 깨우다
018

-

에필로그
비틀즈, 플래닝코드를 노래하다
430

플래닝코드 탄생 이야기

- 기획의 ㄱ : 기획은 기본이 중요하다　30
- 기획은 가치다 : 좋은 기획은 좋은 세상을 만들고 행복한 나를 만든다　31
- 살리에리 증후군 : 기획, 누구나 할 수 있지만 아무나 잘할 수는 없다　34
- 나쁜 항아리 : 문제는 기획을 못하는 게 아니라 보통으로 하는 것이다　38
- 기획의 맛 : 맛없는 기획 vs. 맛있는 기획　40
- 키스의 미학 : 나쁜 기획은 복잡하고 좋은 기획은 심플하다　41
- 프로세스 신전 : 기획은 프레임워크 공부가 아니다　44
- 쿠퍼티노 프로젝트 : 기획의 원점에서 기획의 본질을 보다　50
- SAW : 창의적인 기획자들의 거짓말 같은 간증　53
- 기획의 몽타주 : 기획의 비밀코드는 사람이다　55
- ㄱ의 통찰 : 기획의 본질은 문제-해결, 플래닝코드다　59
- I am a boy. You are a girl. : 문제와 해결책을 2형식 문장으로 규정하라　69
- 코드 플레이 : 사고도, 회의도, 기획서도, PT도 플래닝코드 하나로 끝낸다　73
- 이상한 그림 : 문제 규정에 관한 세 가지 오해　80
- 7525 : 기획의 75%는 문제 규정이다　84
- 링컨의 후예들 : 창의적인 기획자들은 해결책이 아닌 문제 규정이 다르다　86
- 상식과 용기 : 기획력은 능력이 아니라 태도다　91
- 맵 : 플래닝코드로 생각의 코딩을 시작하자　93

기획의 제1형식, P코드 이야기

- **문제의 문제** : 문제에 대해 잘 모르는 것이 문제   98
- **낯선** : 문제를 푸는 사람에서 문제를 찾는 사람으로   99
- **월리를 찾아라** : Identify the problem   102
- <u>기본 월리 : 진짜 문제를 찾는 6가지 월리</u>
    - 1_ 점 : '문제'가 아닌 '문제점'이다   104
    - 2_ 왜1↓ : 문제의 본질로 가는 한 글자   110
    - 3_ 도구 : 조사와 데이터를 다루는 법   125
    - 4_ 삼체 : 사실과 현상과 본질을 구분하라   132
    - 5_ 변이 : '문제'를 '과제'로 전환하라   143
    - 6_ 왜2↑ : '숙제'를 '프로젝트'로 리프레이밍하라   151
- **응용 월리** : 선제적 기획의 2단계 월리
    - **[step-1] See the Phenomenon**
        - 당신의 문제의식 레이더 : 잠재적 문제 포착하기   168
            - 1-1. 당신의 레이더엔 '문제의식'이 있는가 :
                - 기획은 문제의식으로 시작된다   169
            - 1-2. 그들의 레이더엔 '문제의식'이 있다 :
                - 문제의식이 탄생시킨 창의 기획들   173
            - 1-3. 안 보이면 쪼개서 보라 : 문제 분할법으로 기획 주제 찾기   182

[step-2] Define the Problem
　　　당신의 초점, 당신의 관점 : 문제점을 관점으로 숙성하기　**195**
　　　　2-1. 문제점의 범위를 조정하라　**196**
　　　　2-2. 문제점을 킹핀으로 구조화하라　**201**
　　　　2-3. 문제점을 2형식 문장으로 정리하라　**210**
　　　　2-4. 문제점을 관점으로 숙성하라　**215**

- **뷰티풀 마인드 :**
　　기획은 머리가 아닌 가슴으로 하는 것 | P코드는 사랑으로 찾는 것　**226**
- **동물원 이야기 :**
　　사랑으로 찾은 P코드, 진정성이 만든 혁신　**228**
- **목적의식으로 기획하라 :**
　　목표는 숫자, 목적은 철학 | 목적의식은 곧 주인 의식이다　**232**
- **북극성 기획자들 :**
　　분당우리교회 | 토스 | 최인아책방 | 매불쇼 | 넥슨 아이콘 매치 | 모베러웍스 |
　　위대한 수업 | 흑백요리사 | 머니북 | 김천 김밥축제　**238**
- **Art of P :** P코딩의 기술, 당신의 기획을 예술로 만들다　**250**

S

기획의 제2형식, S코드 이야기

- 답 : 정답은 없다. 해답을 추구하라   258
- 제발 솔직해지기 : 빅아이디어란, 낯섦코드와 공감코드의 밸런싱   259
- 은교 : 아이디어는 발상이 아니라 연상이다   262
- 뛰어오르기 : 문제를 해결한다는 것은 높이 뛰는 것이다   265
- 원숭이 똥구멍 : 연상 사고로 높이 뛰어오르는 방법   269
    01_단순 연상 사고   270 | 02_탈카테고리적 연상 사고   271
    03_메타포적 사고   272
- 메타포의 제왕 : 좋은 컨셉에는 은유코드가 숨어 있다   277
- 훔치다 : 베끼지 말고 훔쳐라   285
- 티 안 나게 훔치는 기술   292
- 아인슈타인이 누설한 창의성의 비밀 : 내용이 아닌 형식을 훔쳐라   293
    - step-1. 원천 봉쇄 : 보이지 않는 구조를 훔쳐라   296
        한글 | 구글 | 프링글스 | 프렌치카페 카페믹스 | 역행자 | 사이렌 : 불의 섬 | 토스
    - step-2. 경계 초월 : 멀리서 훔쳐라   301
        주부국제공항 | 저스트인타임 | 러쉬 | 시몬스 그로서리 스토어 | 롱블랙 | 나무 집 시리즈 | 포돌이 커피차 | 베가
    - step-3. 뒤섞기 : 여러 개를 훔쳐 와 섞어라   308
        뒤섞기의 액션코드 ; [Shake]
        피카소 | 헨리 포드 | 조지 루카스 | 스티브 잡스 | 오징어 게임 | B주류경제학 | 히든싱어 | 흑백요리사 | 올웨이즈 | 뿌링클

- 우주까지 뛰어오르다 : 디지털은 창조적 뒤섞기의 로켓엔진이다   321
  - 현대카드 PLCC 기획   321
  - 디지털 뒤섞기의 액션코드 ; [Synthesize]   329
- 하자 : 창의적인 기획자들의 세 가지 연상 사고 훈련법   336
  - 인문학을 읽자-간접경험의 힘   338
  - 시소를 타자-직접경험과 관찰의 힘   340
  - 회의를 하자-생각의 삼투압   342
- Never forget 'P' : S코드는 P코드의 함수다   345
  - P의 송년회   347
  - 아빠의 P   351
- 이 시대가 원하는 기획자는 누구인가 : 탁상형 기획자 vs. 현장형 기획자   354
- 몰스킨 먼슬리를 쓰는 기획자 : 궁극의 기획력은 실행력이다   356
- Art of S : S코딩의 기술, 당신의 기획을 예술로 만들다   372

P-S

기획의 통합코드 이야기

- **끝의 시작** : 두 번째 기획의 시작, 설득코드의 설계
  _ProposSal - PreSentation - PerSuade   381
- **나 혼자** : 설득은 내가 하고 싶은 말이 아닌 상대가 듣고 싶은 말   382
- **쓴다가 아닌 그린다** : 기획서는 상대의 머릿속에 영상을 떠올리게 하는 것   385
- **프러포즈 코드** : 상대의 마음을 움직이는 것은 What이나 How가 아닌 'Why'   388
- **오디언스 머릿속에 플래닝코드 그리기** How to Persuade with Planning Codes   395
  - 1_빅픽처 그리기 : 기획의도의 설계법(Planning Essence)   396
    - '(P×S) + PreSent'의 작법으로 그리기   399
  - 2_오디언스 몽타주 그리기 : 청중의 설계법(Audience Analysis)   402
    - 오디언스를 심사위원이 아닌 친구로 만들어라   402
    - 오디언스의 신상과 성향을 파악하라   405
  - 3_스토리 그리기 : 내러티브의 설계법(Storyline & Storytelling)   408
    - 스토리라인 그리기 : 흥미로운 논리 전개와 구성 아이데이션   409
    - 스토리텔링 그리기 : 스크립트 | 말의 디자인 | 인용과 비유   418
- **플래닝코드 버리기** : 프레젠테이션의 주인공은 당신이다   422
  - 내용 줄이기 | 읽지 말기 | 전환 활용하기 | 눈 맞추기 | 움직이기 | 질문하기

code

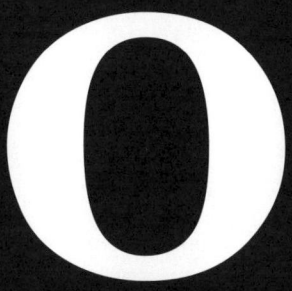

플 래 닝 코 드 · 탄 생 이 야 기

기획의 ㄱ
기획은 기본이 중요하다

기획이란 두 글자는 ㄱ에서 시작해서 ㄱ으로 끝난다.
낫 놓고 ㄱ자도 모르는 것은 곧 기획을 모르는 것이다.
그만큼 기획은 기본이 중요하다.

기획의 기본은 '사람'이다.

기획의 목적
기획의 주체
기획의 객체
기획의 내용
기획의 원리

기획은
사람의, 사람에 의한, 사람을 위한 아날로그적 습작이다.

기획은 가치다
좋은 기획은 좋은 세상을 만들고 행복한 나를 만든다

이른바 창조 시대를 살아가는 우리에게
기획의 중요성은 무엇에 비유될 수 있을까요?

빛나는 기획들을 보면 다이아몬드 정도에 비유될 수 있을 듯합니다.
하지만 기획은 그것보다는 물이나 공기라고 하는 편이 맞는 듯싶습니다.
기획력이란, 예전에는 있으면 빛나는 개념이었지만
지금은 없으면 종 치는 개념이기 때문입니다.
직장인 평판의 필요충분조건인 동시에, 직업인 생존의 필수 조건이지요.
직장인만의 화두가 아닙니다. 가히 '기획의 대중화 시대'라고나 할까요.
일반인들도 '기획력'이란 어려운 용어를 일상에서 자연스럽게 사용합니다.

혹시 각종 SNS에서 '기획력'을 검색해보셨습니까?
"그 아이돌그룹 기획사는 역시 기획력이 쩔어."
"그 드라마가 재미있는 건 탄탄한 기획력 덕이야."
"헐~〈은하철도 999〉가 메이드인 코리아였다니. 기획력 부재가 아쉽다."

중딩도, 고딩도, 아가씨도, 아저씨도 기획을 논합니다.
기획이 중요하다는 사실은 중요하지 않습니다.
기획이 '왜' 중요한 건지가 중요한 것이지요.
왜일까요?

기획은 '새로운 가치'를 만들어내는 작업이기 때문입니다.
잘된 기획은, 좋은 기획은 세상을 바꾸기 때문입니다.
내 가족, 내 친구, 내 사랑하는 사람들을 더 행복하게 만들 수 있기 때문이지요.

- 애플 신제품을 만나는 날, 세상을 다 가진 것처럼 행복해하는 사람들을 아시나요?
- 여행 예능을 보며 고된 일상의 무게를 견딘다는 김 대리의 모습도 생각납니다.
- 신개념 모바일 서비스 덕에 매출이 늘어 요즘 살맛 난다는 소상공인 사장님도 있습니다.
- 내가 기획한 특별한 송년회로 즐거워하는 회사 동료들을 보며 보람을 느끼기도 하지요.

새로운 가치로 더 살기 좋은, 더 행복한 세상을 만드는 것이 기획의 힘입니다.
인류가 오늘날의 문명을 이룩할 수 있었던 건,
끊임없는 기획의 힘이었다고 해도 과언이 아닐 것입니다.

앞서 기획은 직장인 생존의 필수 조건이라고 말씀드렸지요?
그럴 수밖에 없습니다.

기·업(企業).
기업의 뜻 자체가 '기획(企劃)'을 '업(業)'으로 삼는 곳이기 때문이지요.
즉, 기업은 '기획으로 이윤을 추구하는 집단'이란 뜻입니다.
따라서 기업에 기획력은 장난이 아닙니다. 생존의 문제입니다.
그리고 경쟁의 중요한 잣대이기도 합니다.
기업들이 앞다투어 기획력 좋은 인재들을 스카우트하려는 이유이기도 합니다.

우리 앞의 불편한 진실.
산타할아버지는 다 알고 있습니다.
누가 착한 애인지, 나쁜 애인지.

사장님은 다 알고 있습니다.
누가 일 잘하는지, 못하는지.

작금의 기획3.0 시대, 그 기준은 기획력일 가능성이 높습니다.

- 기획1.0 시대 : 기획이 별로 중요하지 않았던 시대. 창업주의 직관에 의존했던 시대.
- 기획2.0 시대 : 기획 업무는 주로 컨트롤타워 역할의 기획실이 수행했던 시대.
- 기획3.0 시대 : 모든 구성원이 기획자가 되어야 하는 기획력 필수 시대.

그뿐 아닙니다.
기획력은 나의 행복력을 높이기도 합니다.

인간은 내 일을 주체적이고 주도적으로 할 수 있을 때 진정한 행복을 느낍니다.
일과 삶에서 나다운 주체적 사고로 성장과 성취를 만들어가는 힘,
바로 기획력입니다.

평생직장 개념이 사라진 기획3.0 시대, 언젠가 나의 업(業)을 세우고 싶다면
그 꿈에 도전하고 새로운 부(富)를 만드는 핵심 무기도,
역시 기획력입니다.

이렇듯 기획은 행복을 만들고 성취를 만들며 새로운 가능성과 돈을 만듭니다.
기획은 가치를 만듭니다.

따라서 기획을 잘해야 나도 잘되고, 너도 잘되고,
회사도 잘되고, 사회도 잘되고, 곧 인류가 잘되는 길입니다.

지금 이 순간에도 세상은 좋은 기획을 기다리고 있습니다.
그리고 기꺼이 그 대가를 지불할 준비도 되어 있습니다.

자, 그럼 결론은 났습니다.

기획.
무조건 잘하고 볼 일입니다.

살리에리 증후군

기획, 누구나 할 수 있지만 아무나 잘할 수는 없다

기획을 잘하는 사람.
'기획의 고수', 혹은 '기획통'이라고들 부르지요.
주위에 기획통들 좀 있으십니까?
혹시 기획통들의 기획안을 보신 적 있으신가요?

참으로 참신하고, 주장하는 바가 뚜렷하며, 일목요연한 것이
처음부터 마지막 장까지 눈을 뗄 수가 없고, 고개가 끄덕여지면서
이대로 실행하면 될 것만 같은 일종의 최면현상이 찾아옵니다.

동시에 모차르트Mozart를 향한 살리에리Salieri의 질투심 같은 열등감도 느껴지지요.
이런 경험이 없으신 분이라면 이 책을 덮으셔도 좋습니다.
이미 기획통이시거나, 기획에 대한 열정이 없으신 분이니까요.

기획통들은 동료들에겐 웬수덩이지만, 상사들에겐 복덩이입니다.

기획통에겐 믿음이 갑니다. 이번 일도 믿고 맡길 수 있을 것 같습니다.
기획통에겐 기대가 듭니다. 이번에도 남다른 결과를 만들 것만 같습니다.

우리 모두 기획통이 되고 싶습니다. 아니, 되어야 하지요.
나를 위해, 가족을 위해, 친구를 위해, 우리 회사를 위해, 대한민국을 위해, 인류를 위해.

하지만 아시다시피 기획의 고수 되기는 그리 만만한 일이 아닙니다.

생각보다 많은 분들이 본인의 기획력에 대한 고민이 많습니다.
직장인이 개선을 희망하는 업무 능력 1순위가 기획력으로 꼽히고 있는 현실입니다.
하지만 기획력을 높일 수 있는 마땅한 방법이 없는 것 또한 현실이지요.

일터에서, 기획을 잘하고 싶어 하는 후배들에게 선배들은 조언합니다.
"그냥 열심히 하면 되지."
경력이 쌓이면, 때가 되면 저절로 잘하게 된다고 말해줍니다.
시간이 흐르고 때가 됩니다. 기획력의 수준이 여전하다면 이렇게 말합니다.
"열심히 안 해서 그래."

정말 그럴까요? 열심히만 하면 기획력이 좋아질 수 있을까요?

제 경험상, 꼭 그런 건 아닙니다.
열심히 하는 것은 기획력의 필요조건이지만 충분조건은 아니기 때문입니다.

또 어떤 선배들은 이렇게 조언하기도 합니다.
"기획? 신경 쓰지 마. 누구나 매일 하고 있는 게 기획이야."라며,
점심 메뉴 정하는 것도, 친구와 약속 잡는 일도 다 기획이니
만만하게 보면 된다고 말합니다.
기획을 어렵고 부담스럽게 생각하지 말라는 좋은 조언이죠.

반은 맞고 반은 틀린 말입니다.
기획을 '누구나' 할 수 있는 것은 맞지만 '아무나' 잘할 수는 없기 때문입니다.
열심히만 한다고, 매일매일 한다고,
잘하게 되는 게 아니지요.

잘할 수 있는 '원리principle'를 알아야 합니다.
기획이 작용하는 기본 메커니즘을 알고 해야 잘할 수 있습니다.

야구선수가 선수를 넘어 고수가 되면 클럽에 들어갑니다.
홈런과 도루의 개수에 따라 <2020클럽>, <3030클럽>, <4040클럽>에 가입됨.

기획자도 선수를 넘어 고수가 되면 클럽에 들어갑니다.
한 달에 한 번 모이는 '비밀 기획 클럽'이 존재합니다.
클럽의 상징은 장자끄 상뻬의 ≪얼굴 빨개지는 아이Marcellin Caillou≫입니다.
(멤버들 모두 수줍음이 많아서라고 하네요.)
그래서 이 모임은 '빨간 얼굴 기획클럽'이라고도 알려져 있지요.

그 클럽에서 멤버들끼리 '기획력의 비밀 원리'를 은밀히 공유합니다.
이런 저의 상상은 상상일 뿐이지만 망상은 아닙니다.

주위의 기획통들을 주의 깊게 관찰해보십시오.
개방적인 것 같지만 은근 폐쇄적 성향을 보이진 않나요?
본인 실력의 비밀을 혼자만 간직하려는 은밀함을 느끼지 못하셨나요?

기획력에 대해 고민하고 계신 당신은 잘못한 게 없습니다.
충분히 열심히 하셨습니다.

그럼에도 불구하고, 당신의 현재 기획력에 만족하지 못하신다면
그건 우리의 '기획통 선배들' 잘못입니다.
기획력의 '원리'를 공유하지 않고 '비밀'로 만든 기획통들의 탓입니다.
당신의 잘못이라면 그 원리를 배우기 위해 먼저 다가가지 않은 것뿐.
기획고수들은 의외로 수줍음이 많습니다. 쉽게 얼굴이 빨개집니다.
먼저 다가오지 못합니다. 상대가 먼저 다가가야 눈을 마주칩니다.

저는 예전부터 이 문제에 관심이 많았습니다.
'도대체 어떻게 하면 기획이란 걸 잘할 수 있을까?'

20여 년 전, 광고회사 신입사원 딱지를 떼버릴 즈음이었던 것 같습니다.
그때 저는 결심했습니다. '수줍음 많은 기획고수들에게 먼저 다가가자.
기획력을 근본적으로 향상시킬 수 있는 기획의 비밀 원리를 밝혀내어
훗날 대중에게 발설(공유)하자.' 일명 '빨뿜(빨아서 뿜겠다) 정신'을 가지고
'빨간 얼굴 기획 클럽'으로 은밀히 잠입했습니다.

저는 운 좋게 광고회사 신입사원 시절부터
훌륭한 기획통 선후배, 동료들과 일할 기회가 많았습니다.
그들을 향한 열병 같은 살리에리 증후군을 앓았지요.
모차르트를 질투하는 마음으로 그들을 배우고 파헤쳤습니다.
그리고 마침내 우리의 기획력을 근본적으로 개선시켜줄
'기획의 비밀 원리'를 밝혀낼 수 있었습니다.

지금부터 본격적으로 들려드릴 기획력 향상의 비밀 이야기에
귀 기울여주시되, 제 이야기를 곧이 믿지는 마십시오.

기획의 세계에 '진리'란 없으니까요.
단 제가 몸으로 체득한 하나의 '진실'은 믿으셔도 좋습니다.

'기획의 고수가 되는 것은 그리 쉬운 일은 아니다.

그렇다고 불가능한 일도 아니다.'

나쁜 항아리

문제는 기획을 못하는 게 아니라 보통으로 하는 것이다

만약 세상의 모든 기획자들을 두 부류로 나눈다면
어떻게 나눌 수 있을까요?

'기획 잘하는 사람'과 '기획 못하는 사람'으로?
제 생각에는,
'기획 잘하는 사람'과 '보통으로 하는 사람'으로 나뉠 듯합니다.

요즘 세상에 기획하는 사람치고 기획 못하는 사람 없습니다.
면면을 보면 나름 자신의 스타일대로 '기본빵', 즉 '평균 정도'는 합니다.

그게 문제입니다.

'기획의 중수(中手)'가 대부분이라는 사실이 문제입니다.
기획의 고수(高手)와 하수(下手)는 극소수이고
중간층이 두꺼운 '항아리형 구조'를 띠고 있습니다.

'경제 선진국'을 위해서는
'중산층이 두꺼운 항아리형 구조'가 바람직한 징조이지만,
'기획 선진국'이 되는 데 '항아리형 구조'는 나쁜 징조입니다.

기획 중산층의 평균적 기획.
고만고만한 생각, 엇비슷한 논리, 적당한 결과물로 기본빵은 하는 기획.
영어로 하면 좋지도 나쁘지도 않은 소소 So So한 기획.

소소 So So한 기획이 많아진다는 건,
세상에 새로운 가치를 만들어낼 가능성이 소소(小小)해진다는 의미인 동시에,
우리의 사랑하는 사람들이 소소(小小)한 행복을 누리게 된다는 의미이며,

기획으로 이윤을 창출하는 기업 입장에서는
소소小小한 수익만을 기대할 수밖에 없다는 뜻입니다.

항아리는 '평균 점수'는 높을지 모르지만
'가치 점수'는 낮습니다.

더 심각한 문제는
항아리 안의 중수들이 본인이 기획을 꽤 잘한다고 믿고 있다는 점입니다.
분명 못하지는 않지만 잘한다고도 할 수 없는데 말이지요.
이런 착각 속에서 많은 기획중수들이 매너리즘이라는 늪에 빠져
새로운 시도와 부단한 열심을 다하지 않고 바닥으로 가라앉고 있습니다.
그래서 실제로 '기획 하류층'으로 전락하기도 하지요.
중산층이 붕괴하는 것은 '경제'에서도, '기획'에서도 매우 나쁜 징조입니다.

그런 관점에서 보면 차라리 '기획하수'들이 낫습니다.
기획하수들의 어설프고 부족한 점은 자타가 공인하고 있기 때문에
그런 단점들을 부단히 개선하여 얼마든지 발전할 여지가 있습니다.

'기획 중산층'은 그 특성상 목적이 될 수 없습니다. 결과일 뿐입니다.
따라서 기획 중산층은 언제나 선택의 기로에 서 있습니다.
기획 하류층으로 가느냐, 기획 상류층으로 가느냐.
그건 '현실에 안주하겠는가, 현실을 직시하겠는가'의 문제입니다.

기획의 상류층으로 가고 싶으시다면, '국어'와 '산수'를 잘해야 합니다.
'주제 파악'과 '분수 파악'을 잘해야 합니다.

얼음처럼 냉철한 자기 성찰이 있어야 합니다.
냉정하게 현재 나의 기획력 점수를 파악해야 합니다.
고수와 분명한 실력 차이가 있다는 것을 인정해야 합니다.

그것이 고수가 되는 첫걸음입니다.

기획의 맛
맛없는 기획 vs. 맛있는 기획

무표정도 표정이라면 표정이라는 게 얼마나 많을까요.
맹맛도 맛이라면 맛도 참 여러 종류일 것입니다.
기획에도 다양한 맛이 있다는 사실, 알고 계셨습니까?

1
맛이 없는 기획

겉보기는 그럴듯합니다. 맛은 어떨까요?

달지 않습니다.
짜지 않습니다. 쓰지도 않습니다.
맛이 심심합니다.
굳이 말하면 떨떠름한 맛?
아닙니다.
맹맛입니다.
맛이 아예 없습니다.
맛이란 게 존재하지 않습니다.

2
맛이 있는 기획

달기도 합니다. 쓰기도 합니다.
때론 맵기도 하고
때론 신맛도 납니다.
감칠맛이 날 때도 있지요.
어찌 됐든 확실한 맛이 있습니다.
맛이란 게 존재합니다.

키스의 미학
나쁜 기획은 복잡하고 좋은 기획은 심플하다

비범한 기획과 평범한 기획.
기획의 고수와 기획의 중수.
그 결정적 차이는 무엇일까요?

스펙, 학력, 학식, 아이큐, 재능, 경험, 해외 연수의 차이일까요?
혹은 아이디어의 참신성, 논리 전개, 기획서의 표현 스킬 등의 차이일까요?

그럴 수도 있지만,
오랜 시간 기획고수와 중수와 일하며 관찰한 저의 경험에 비추어 보면,
고수와 중수 사이에 존재하는 결정적 차이는 그런 유類가 아닙니다.
그런 차이는 미미하거나 오히려 기획중수들이 더 뛰어나기도 합니다.

더 결정적이고 흥미로운 한 가지 차이점이 존재합니다.
어찌 보면 아주 작은 차이일 수 있습니다.
하지만 많은 경우에 '작은 차이'가 '큰 차이big difference'를 만들기도 하지요.

제가 발견한 '큰 작은 차이big small difference'는 다름 아닌
'단순함simplicity'입니다.

고수의 기획은
        일목요연하다. 심플하고 명쾌하다. 쉽다.
        군더더기가 없다. 재미가 있다. 울림이 있다.
        한마디로 '맛이 있다.'

중수의 기획은
> 장황하다. 복잡하고 어수선하다. 어렵다.
> 군더더기가 많다. 재미가 없다. 울림도 없다.
> 한마디로 '맛이 없다.'

시시하신가요? 어쩌겠습니까, 그것이 진실인 것을.
오해는 마십시오.

제가 말씀드리는 '단순함simplicity'이란
그저 '기획서를 짧게 쓰시라', '기획안을 간략하게 구성하시라' 정도의
물리적 압축 능력이 아닙니다.
저는 200페이지짜리 단순명료한 기획안도 보았고
5페이지짜리 복잡다단한 기획안도 알고 있습니다.

스티브 잡스Steve Jobs가 말했습니다.
"Simplicity is the ultimate sophistication. (단순함은 궁극의 정교함이다.)"

셰익스피어Shakespeare가 말했습니다.
"Brevity is soul of wit. (간결함은 지혜의 정수다.)"

단순함simplicity은 전체에서 본질을 꿰뚫는 지혜로움이며
복잡함complexity은 표면과 현상에서 겉도는 어리석음입니다.

즉, 기획고수는 단순하면서 완성도 높은 기획을 낳는 지혜를 발현합니다.
자신의 생각을 "A는 B다."라고 심플하고 명쾌하게
'명제화proposition한 기획'으로 만들어내지요.

반면, 복잡하고 현학적이고 모호하게 기획하는 이들은 상사에게
전문용어(?)로 '멍청한 기획자stupid planner'로 취급됩니다.
각종 전문용어와 통계자료, 현학적이고 난해한 설명들, 온갖 트렌드에 관한 정보들.
흥미로운 것은 그것이 기획서 형태이든, 회의실에서의 의견 개진 형태이든,
중역실에서의 프레젠테이션이든 한결같이 복잡하다는 것입니다.

우리의 사장님들은 풍부한 시간이 없는 대신 풍부한 직관이 있으시지요.
그런 기획안들의 브리핑을 다 들으실 이유와 여유가 없으십니다.
사장님은 브리핑을 끊고 친히 '키스세례a shower of kisses'를 퍼부으십니다.

"키스해줘, 멍청아! 키스해줘, 멍청아! 키스해줘, 멍청아!"
(KISS – Keep It Simple, Stupid ; "멍청아, 심플하게 기획하란 말이야."라는 뜻의 비즈니스 조어)

컴퓨터의 전원을 켜십시오. 귀하의 기획안 모음 폴더를 클릭하십시오.
최근 1년간의 기획안 파일들을 열어보십시오.
그리고 하나하나 냉정하게 살펴보십시오.

우리는 인정해야 합니다.

우리의 기획은
복잡하고
복잡하며
복잡하다.

기획력이 사고력의 발현이라고 볼 때,

우리의 생각이
복잡하고
복잡하며
복잡하다.

그래서 맛이 없다.
공감하십니까?

'단순함 simplicity'과 '복잡함 complexity'.

고수와 중수의 결정적 차이입니다.
저의 결론입니다.

프로세스 신전
기획은 프레임워크 공부가 아니다

"현상(現象)은 복잡하고 본질(本質)은 단순하다."

아리스토텔레스Aristoteles의 이 명언은
기획을 단순하게 하는 방법을 단순하게 말해줍니다.
현상에 머무르지 말고 그 이면의 본질을 추구하라는 것이지요.

현상의 증거나 결과들을 기획에서는 '정보(情報)'라고 부릅니다.
기획이라는 개구리의 배를 갈라보면 다음과 같은 것들이 들어 있지요.

**팩트, 이슈, 사건, 동향, 조사, 여론, 통계, 자료, 관찰, 추세, 추이,
의견, 이론, 지식, 지시, (심지어) 정치, 관계 등까지.**

일에 관련된 각종 현상 지표 및 자료를 통칭해서 '정보(情報)'라고 부릅니다.
(각각 구분이 되는 개념이지만 이 책에서는 '정보'라는 용어로 통칭합니다)

우리가 기획할 때 반드시 고려하고 활용해야 하는 구성요소들이지요.
즉 기획은 정보를 수집하고 편집하는 '정보의 함수'라고 해도 과언이 아닙니다.
하지만 기획에서 정보는 불(火)과 같아서 필요하고 중요하지만
잘못 다루어지면 큰일이 날 수 있습니다.

아리스토텔레스의 말처럼 현상인 정보는 그 자체로 복잡하거니와
정보의 양도 예전과는 비교도 할 수 없을 정도로 많아졌습니다.
우리가 이 시대를 '정보의 홍수 시대'라고 부르는 이유이지요.
정보의 양이 많아질수록 본질은 더 쉽게 가려집니다.
본질이 가려지면 복잡해지고, 복잡하면 끝장입니다.

퀸은 노래합니다. *"Too much LOVE will kill you."*
저는 노래합니다. *"Too much INFO will kill you."*

따라서 정보가 홍수처럼 범람하는 이 시대 기획에서는
정보의 본질을 파악하는 능력이 그 무엇보다 중요해졌습니다.

정보의 본질을 보는 능력인
통찰력(洞察力)이 전 세계적으로 대두되고 있는 이유입니다.

기획고수는 '통찰(洞察)'로 정보를 다룹니다.
그래서 고수의 기획은 심플합니다.

반면
중수의 기획은 복잡할 수밖에 없습니다.
정보의 통찰보다는 정보 자체에 더 관심이 많기 때문입니다.
정보를 너무 사랑한 나머지 정보의 포로가 되어버립니다.
자신의 얕은 지식과 경험, 각종 이론의 범주에서 벗어나지 못하고
데이터나 조사의 숫자에 집착하는 경향을 보이는데
숫자의 증명 없이는 단 하나도 결정할 수 없다는 강한 믿음이 있습니다.
정보를 너무 사랑한 나머지 버리지도 못합니다.
정보는 많을수록 좋다며 정보를 탑처럼 쌓아 올립니다.
그리고 그 많은 정보를 하나하나 검토하고 공부합니다.
꼼꼼함은 좋지만 지나치면 깝깝합니다.

탑처럼 쌓아 올린 정보를 정리하기 위한 가장 좋은 방법이 바로
'프로세스 process'라는 거푸집입니다.

대량의 정보를 재단해서 구겨 넣기에 편하고 안성맞춤입니다.
그래서 중수는 '프로세스 process'로 정보를 다룹니다.

프로세스 기획 process planning

이른바 '프로세스 기획'이란,
기획의 전 과정이 매뉴얼manual화 된 프레임워크framework를 말합니다.
복잡한 정보들을 배열해야 하니 복잡하게 설계될 수밖에 없습니다.
하지만 공식에 대입하듯이 정보를 프레임워크에 끼워 넣기만 하면 되니
편하게 기획할 수 있다는 어마어마한 장점이 있지요.

단, 프로세스의 사용법을 익혀야만 그 장점을 누릴 수 있습니다.
그래서 중수들은 기획을 공부합니다.
새로 나온 기획 프로세스와 포맷을 익히고 활용 스킬을 배우며
각종 용어와 공식을 외우는 데 시간과 열정을 투자합니다.
그런 이유로 대부분의 기획력 서적과 강의는 '프로세스'를 강조합니다.

분명히 필요하고 의미 있는 일이기는 합니다만,

그렇게 하면 결국
'중수'입니다.

단계별 프로세스에 정보를 대입하는 방식은 얼핏 보면
정보가 '체계적으로 정리된 것'처럼 보이나
정보가 '기계적으로 나열되는 셈'이 되어
안 그래도 복잡한 기획의 성질에 더 복잡한 기름을 붓는 꼴이 됩니다.
사장님이 키스세례Keep It Simple, Stupid!를 퍼붓게 하는 주범이지요.
결정적으로 요란한 용어와 화려한 프로세싱에 비해
기획의 결과물은 지극히 통상적인 수준으로 도출됩니다.

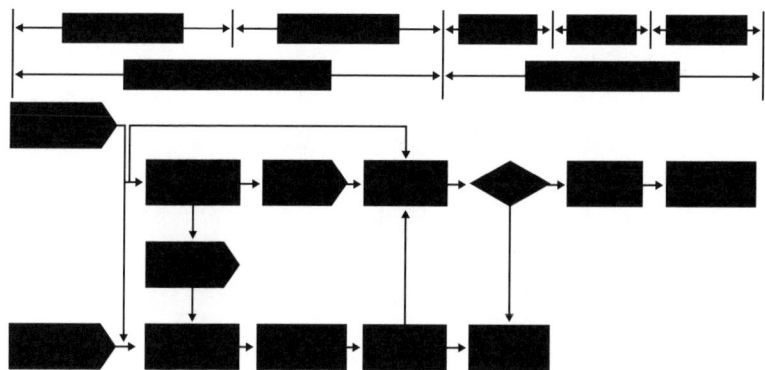

[프로세스 기획process planning] : "당신은 프로세스로 기획하는가? 통찰로 기획하는가?"
유명한 기획 프로세스 중 하나. 프라이버시 보호를 위해 그림자로 처리하였다.
어떻게 이렇게 복잡할 수 있을까? 어떤 중수들은 복잡한 게 아니라 멋진 것이라고 말한다.
아마 그들은 프로세스를 숭배하고 있는지도 모른다.

저는 이런 기획을 '프로세스 기획'이라고 부릅니다.
정보가 단순 나열되는 기계적인 프로세스 기획.
과정은 복잡하고 결과는 통상적입니다.

더 큰 문제는 주객이 전도된다는 사실입니다.
도구가 목적이 되고 목적이 도구가 되어버립니다.
생각대로 프로세스를 만들어야 하는데 프로세스대로 생각하게 됩니다.
기획자가 정보를 지배해야 하는데 정보가 기획자를 지배합니다.
이래서는 창의적 기획이란 게 탄생할 수가 없습니다.

이런 기계적인 프로세스 기획은
인간 고유의 자유로운 사고와 상상력을 저해합니다.
기획이 힘이 없고 맛이 없고 복잡해질 수밖에 없습니다.

기획의 소스인 정보(情報)는 본질적으로
디지털이 아니라 아날로그입니다.

정보의 '정(情)'은 초코파이의 '정(情)'과 한자가 같습니다.
정보는 '기계적 프로세스'가 아닌
'인간의 생각'으로 다루어야 하는 법입니다.

단언컨대
제가 아는 기획통들 중에서
프로세스로 기획하는 이는 단 한 명도 없습니다.

그들은 기계적 프로세스가 아닌
아날로그적 통찰력으로 정보를 다룹니다.

필요한 것이라곤
한 잔의 차와 조명 그리고 음악뿐.
내가 반복해서 외우는 주문은
집중과 단순함이다.

스티브 잡스

쿠퍼티노 프로젝트
기획의 원점에서 기획의 본질을 보다

고수들은 분야를 초월해서 서로 통하는 법인가 봅니다.
통찰력(洞察力)의 대가 스티브 잡스도 아리스토텔레스와 비슷한 이야기를 합니다.

"단순해지고 싶다면 본질(本質)로 가라."

그러고 보면
고수의 기획안은 애플 제품과 참 많이 닮았습니다.

군더더기 없는 단순명료한 고수의 기획안은

통화 버튼도 군더더기라며 과감히 날려버린 '아이폰'과 꼭 닮았습니다.
수많은 장식들을 제거하고도 성능은 더 뛰어난 '맥북'과 꼭 닮았습니다.
부수적인 것은 과감히 버리고 본질에만 집중하는 모습이 서로 닮았습니다.

애플의 단순성simplicity은 기획에도 시사하는 바가 큽니다.
'세상에서 가장 심플한 기획론'을 만들고 싶은 저의 꿈은
애플의 제품에서도 큰 영감을 받았습니다.
저의 '심플 기획론 만들기 작전명'을
〈쿠퍼티노* 프로젝트Cupertino project〉로 정한 이유이지요.
* 쿠퍼티노 : 애플 본사가 있는 미국 캘리포니아주 샌타클래라 카운티 내 도시

스티브 잡스는 어떻게 그런 궁극의 단순한 제품을 기획할 수 있었을까요?
바로 그의 철학 덕입니다.

다음 내용은 잡스의 전기에 소개된 그의 단순성에 대한 철학입니다.
이 철학 속에 기획이 단순해질 수 있는 해법이 있습니다.

'제품'이란 단어를 '기획'으로 치환해서 읽어보시지요.

단순하기 위해서는 매우 깊이 파고들어야 합니다.
깊이 들어가 **'제품'**에 대한 모든 것과
'제품'의 제조 방식을 이해하는 겁니다.
본질적이지 않은 부분들을 제거하기 위해서는
'제품'의 본질에 대해 깊이 이해하고 있어야 합니다.
우리는 정말로 본질적이지 않은 것은 전부 없애길 원했죠.
그러기 위해서 우리는 끊임없이 처음으로 돌아갔습니다.

-스티브 잡스의 전기 中

기획을 제품이라고 했을 때
저도 기획의 본질적이지 않은 것들은 전부 없애고 싶었습니다.
우리는 기획이라는 제품의 군더더기를 어떻게 버릴 수 있을까요?

스티브 잡스의 대답은 단순명료합니다.

본질essence만 남기고 나머지는 다 버리기 위해서는

<u>처음으로 돌아가라.</u>
<u>원점에서 대상을 다시 바라보라.</u>

'무인양품MUJI'의 디자인 책임자인 하라 켄야(原研哉)도
인포메이션information과 대비되는 '엑스포메이션exformation'론을 펼치면서,
아는 것들을 모두 버리고 '아무것도 모르는 처음의 상태'로 돌아가야
완전히 새로운 것이 보인다고 설파합니다.

즉
'제품의 원점0'으로 돌아가 제품의 본질을 다시 바라보았던
스티브 잡스처럼,
'아무것도 모르는 태초의 상태0'로 돌아가 대상의 새로움을 바라보았던
하라 켄야처럼,

우리는 기획의 원점, 즉 기획의 ㄱ으로 돌아가
기획을 다시 바라보아야 합니다.

기획의 ㄱ에서 기획의 본질을 다시 보기.
그리고 본질이 아닌 것은 다 버리기.

그것이 우리의 기획을 단순명료하게 만드는 통찰입니다.

기획의 원점, 기획의 ㄱ

SAW
창의적인 기획자들의 거짓말 같은 간증

'몰스킨 다이어리'를 보았습니다.
'튀김 요리'를 보았습니다.
'유니세프 부스'를 보았습니다.

보았을 뿐 saw이라고 말합니다.

그런데

<월간 윤종신>이 탄생했습니다.
<인스턴트 라면>이 탄생했습니다.
<토스 TOSS>가 탄생했습니다.

기획고수들의 이 거짓말 같은 간증(?)을 믿어야 할까요?
이쯤 되면 통찰력은 정말 초능력 내지는 천재성처럼 느껴집니다.
우리 같은 범인들은 이쯤에서 기획을 포기해야 할 것만 같은 자괴감도 느껴집니다.
하지만 진정해야 합니다.

통찰력은 기본적으로 '보는 능력'이지만
남들이 '못 보는 것을 보는 능력'입니다.
몰스킨과 튀김, 유니세프 부스는 우리 눈에도 잘 보입니다.

그들이 본 것이 정녕
몰스킨이었을까요?
튀김 요리였을까요?
유니세프 부스였을까요?

그들은 무엇을 보았던 saw 것일까요?

기획의 ㄱ으로 기획을 다시 바라보세요.
이전과 다르게 보일 겁니다.

기획 = 기회 + ㄱ

기획의 몽타주
기획의 비밀코드는 사람이다

기획은 'ㄱ'으로 기회를 만들고 그리는 일입니다.

기획의 '획(劃)'이 '칼(刀)'과 '그리다(畵)'의 합성어이므로
'기획은 기회를 (칼처럼 명확하게) 그리는 일'이라는 정의가 더 적확하겠습니다.
그러고 보니 'ㄱ'은 날카로운 '낫'처럼 생겼군요.

기획은 정보의 함수라고 했습니다.

수많은 정보 속에서
기회를 보고
기회를 잡고
기회로 만들고
기회를 실행하도록 만드는 것.

즉 '대상의 마음속에 새로운 기회의 그림을 그리는 일',
그것이 기획입니다.

〈월간 윤종신〉과 〈인스턴트 라면〉, 〈토스〉의 기획자는 천재가 아닙니다.
그들은 무언가를 보았을 뿐saw입니다.
그들이 보았던saw 것은
몰스킨도
튀김 요리도
유니세프 부스도 아닙니다.

그들이 보았던saw 것은
'기회'였습니다.

무에서 유를 창조한 것이 아니라,
유에서 기회를 보고
유에서 기회를 잡고
유에서 기회를 그렸을 뿐입니다.

기획자 스티브 잡스도 고백(?)했지요.
"사실, 창조적인 사람들은 진짜 창조적인 일을 한 것이 아니다.
단지 무언가를 보았을 뿐이다."
"Creative people didn't really create it, they just saw something."

그런데 이 시점에서 우리는 궁금합니다.
그들은 그들이 본 것이 '기회'라는 것을 어떻게 알았을까요?

기획 = 기회 + ㄱ

비결은 '기회'의 뒤에 암호처럼 걸려 있는 'ㄱ이라는 코드'입니다.

스티브 잡스가 말했던 대상의 핵심과 본질.
기획의 본질적 코드.
고수의 통찰적 사고의 비밀코드.

저는 〈플래닝코드planning code〉라고 부릅니다.

'ㄱ'이라는 비밀코드를 해독해야만
우리 눈에도 '기회'라는 것이 보이기 시작합니다.
우리도 창의적인 기획을 할 수 있게 됩니다.

ㄱ ㅣ ㅎ ㅗ ㅣ ㄱ

기획이란 두 글자를 해체해보면 ㄱ으로 시작해서 ㄱ으로 끝납니다.
왜 하필이면 ㄱ일까?
이런 실없는 생각을 해보았습니다.
그만큼 기획은 기본이 중요하다는 깊은(?) 뜻이 있는 것 아닐까요?

그런 의미에서
기획의 '기(企)'가 '사람 인'으로 시작되는 건(人 + 止)
우연이 아닌 운명일지 모릅니다.

즉 기획의 ㄱ은 '사람'입니다.

기획의 목적도
기획의 주체도
기획의 객체도
기획의 방법도
기획의 형식도
기획의 원리도 모두 '사람'입니다.

기획은
인간의, 인간에 의한, 인간을 위한 아날로그적 습작입니다.
바로 '인간'이 기획의 비밀코드 'ㄱ'을 해독할 수 있는 열쇠인 것이지요.

이제 우리는 기획을 오롯이 '인간'에 집중해서 바라볼 것입니다.

'인간'에 초점을 맞추어 기획을 다시 바라보면
본질적이지 않은 군더더기들이 모두 제거되고
'기획의 근본'만 남을 것입니다.

그것이 바로
우리가 그토록 찾아 헤매는 단순하고 강력한 기획을 만드는
비밀코드 ㄱ,

플래닝코드 planning code 입니다.

ㄱ의 통찰

기획의 본질은 문제-해결, 플래닝코드다

"기획(企劃)과 계획(計劃)의 차이점은 무엇인가요?"
강의에서 자주 받는 질문 중 하나입니다.

기획-계획.
'획(劃)'은 공통, 결국 '기(企)'와 '계(計)'의 차이지요.

가만 살펴보면
기(企)에는 인간(人)이 들어 있고
계(計)에는 인간(人)이 없습니다.

그것은 '도모하다(企)'와 '계산하다(計)'의 의미 차이로 구분되는데
'도모하는 것(企)'은 인간(人)만이 할 수 있는 일이고
'계산하는 것(計)'은 인간(人)만이 할 수 있는 일은 아니라는 깊은(?) 뜻입니다.

사실 '계산(計算)'은 인간보다는 기계가 조금(?) 더 잘하는 일이죠.
극단적으로 말하면 'How(어떻게 해야 하지?)'의 영역인 '계획(計劃)'은
컴퓨터에게 시켜도 할 수 있고 인공지능에게 시키면
훨씬 더 잘할 수 있는 일이기도 합니다.

하지만, 'Why(왜 해야 하지?)'와 'What(무엇을 해야 하지?)'을 도모하는 '기획(企劃)'은
제아무리 인공지능이나 슈퍼컴퓨터라도 절대 할 수 없는 영역입니다.

기획은 오직 인간만이 할 수 있는 일입니다.
그래서 기획의 ㄱ은 '인간'입니다.

인간(人)으로 집중해서 보면 기획의 '기(企)'는 다음과 같이 분해됩니다.
企(도모할 기) = 人(인간) + 止(발자국)

그런데 인간의 발자국을 형상화한 '止'는
'① 발돋움'이라는 뜻과 '② 멈추다'의 뜻을 동시에 내포하고 있어
'도모할 기(企)'는 다음 두 가지 의미로 해석됩니다.

① 사람이 발돋움하여 '멀리 바라보는' 형상.
② 사람이 발을 '멈추고 서 있는' 형상.

우리는 이런 맥락에서 다음의 네 가지 질문을 도출할 수 있습니다.

<u>하나, 인간은 왜 발돋움하여 멀리 바라보는 걸까요?</u>
<u>둘, 인간은 무엇을 바라보는 걸까요?</u>
<u>셋, 인간은 왜 발걸음을 멈추었을까요?</u>
<u>넷, 인간이 멈춰서 무엇을 할까요?</u>

① 기(企) ; 인간(人)이 발돋움(止)하여 무언가를 바라보다.

하나, 인간이 왜 발돋움하여 멀리 바라보는 걸까요?
인간은 만족이란 걸 모르는 존재입니다.
아무리 좋은 것도 금세 질리고 이내 새로운 것을 찾죠.
인간은 현재에 대해 늘 문제의식을 느끼는 존재입니다.
인간은 현재의 문제를 개선하여 더 나은 가치를 도모합니다.
그래서 인간은 발끝을 들고 담 너머 더 나은 세상을 바라봅니다.

둘, 인간은 무엇을 바라보는 걸까요?
한가롭게 담 너머의 아름다운 풍경을 감상하는 것이 아닙니다.
인간은 특정 과녁(的-과녁 적) 하나를 바라봅니다(目-눈 목).

즉 분명한 목적(目的)을 바라봅니다. [목적(目的) - 과녁(的)을 바라보다(目)]
기획은 인간이 '기획의 목적'을 명확하게 확립하는 것으로부터 시작되죠.
왜 이 기획을 해야 하는지(Why Planning?)에 대한 목표를 세우는 일입니다.
급기야 인간은 담을 넘어가 그 과녁을 향해 움직입니다.
그러다가 불현듯 발걸음을 멈추죠.

② 기(企) ; 인간(人)이 움직임을 멈추다(止).

셋, 인간은 왜 발걸음을 멈추었을까요?
더 이상 과녁에 다가갈 수 없게 '무언가'에 가로막혔기 때문일 겁니다.
목적을 달성하는 데 방해가 되는 특정 '장애물'을 만났기 때문입니다.

넷, 인간이 멈춰서 무엇을 할까요?
그렇지요. '생각'을 합니다. 인간은 문제를 만나면 사고(思考)하는 존재입니다.
문제를 제거하고 목적하는 과녁에 도달할 수 있는 '해결 방안'을 생각합니다.
해당 문제를 해결할 수 있는 가장 현실적이고 합리적인 가설들을 궁리합니다.
그중 최적의 대안을 선택해 해결의 가능성을 그리기(畵) 시작하죠.
'가능성'이 '해결책'이 될 수 있도록 칼로 재단하듯(刂) 논리를 다듬습니다.
그것이 바로 기획(企劃)의 '획(劃-그릴 획)'입니다.

이것이 기획의 전체 과정입니다.

이처럼, 기획이라는 전체의 과정을
기획의 본질인 '인간(人)'으로 오롯이 집중해서 바라보게 되면

기획(企劃)이란,
인간이 더 좋은 가치를 만들고자 의도적으로 어떤 일을 도모하는
인간 고유의 '문제의식(問題意識)'과 '해결 본능(解決本能)'이 어우러진
'아날로그적 사고(思考) 작업'이라는 것을 알 수 있습니다.

우리가 기획력(企劃力)을
'문제해결력(問題解決力)'이라고 지칭하는 이유입니다.

문제 없는 인간이 어디 있을까요? (단, 죽은 사람은 문제가 없습니다.)
특정 목적을 가진 인간이라면 누구나 문제라는 것을 만나게 됩니다.
문제는 인간의 영원한 친구입니다.
동서고금, 남녀노소, 귀천을 불문하고 문제는 늘 우리 옆에 있었습니다.

마찬가지로 우리가 몸담고 있는 기업도 '법인(法人)'이라 불리는 인간이기에
갖가지 문제를 가지고 있을 수밖에 없습니다.

그리고 인간이라면 누구나 자신의 문제를 해결하고 싶어 하듯이
기업도 그 문제들을 해결하고 싶어 합니다.

그것이 인간과 기업의 해결 본능입니다.

따라서
마케팅기획, 사업기획, 경영기획, 상품기획, 영업기획, 유통기획,
광고기획, 홍보기획, 브랜드기획, 서비스기획, 캐릭터기획, 강의기획,
디자인기획, 교육기획, 파티기획, 전시기획, 영화기획, 인사기획,
정치기획, 선거기획, 정책기획, 자재기획, 출판기획, 기사기획,
재정기획, 원가기획, 요리기획, 문화기획, 게임기획, 콘텐츠기획,
이벤트기획, 앨범기획, 방송기획, 공연기획, 웹기획 등등

문제problem 그리고
'플래닝코드'

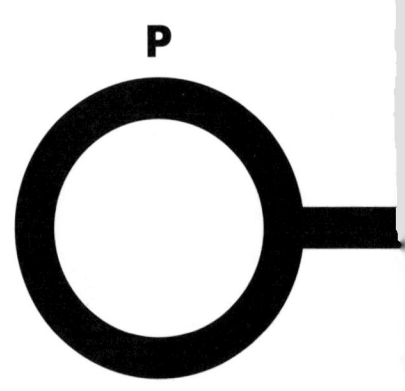

"THIS IS PLAN

이것이 기획의 군더더기를 모두 제거하고 남은
기획이라는 양파의 껍질을 더 이상 벗길 수

인간사(人間事) 모두 기획이고
사소한 기획부터 대단위 기획까지
모든 기획의 본질(本質)은 다름 아닌

문제(問提)를 해결(解決)하는 것입니다.

해결solution
입니다.

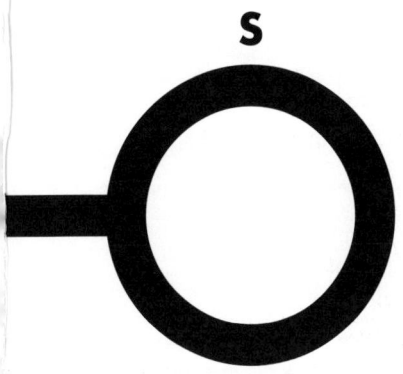

NING CODE."

더 이상 뺄 것이 없는 기획의 본질입니다.
없는 마지막 남은 단단한 알맹이입니다.

결국
기획의 고수들이 복잡한 정보 속에서 '기회'를 알아볼 수 있는 비결은
P코드(문제코드 problem code)와 S코드(해결코드 solution code).

이 두 개의 '통찰코드'를
늘 안경처럼 쓰고 다니기 때문입니다.

〈월간 윤종신〉, 〈인스턴트 라면〉, 〈토스〉의 기획자가
몰스킨에서, 튀김에서, 유니세프 부스에서 '기회'를 볼 수 saw 있었던 것은
기획자가 늘 '그 문제'에 대해 생각하고 있었기 때문이죠.

- <월간 윤종신>을 기획한 가수 윤종신은
  '노래의 창작 시기와 발표 시기 차이에서 오는 감정적 괴리'의 문제에 대해
  늘 궁리하고 있었고, 그러던 어느 날 문득 자신이 늘 가지고 다니던
  '몰스킨 먼슬리' 다이어리를 보고 saw 매달 수시로 순간순간 느껴지는
  감정과 생각을 즉흥적인 발표 형식으로 배출하고 기록해보면 어떨까라는
  '해결의 기회'를 만날 수 있었습니다.

- <인스턴트 라면>을 만든 안도 모모후쿠(安藤百福)는
  '어떻게 하면 밀가루 면을 오래 보존할 수 있을까?'라는 어려운 문제에
  초몰입하고 있었고, 우연히 아내가 만들어준 '튀김 요리'를 보고 saw
  밀가루 면을 기름에 튀겨 보관하는 이른바 '순간유열건조법'이라는
  기술을 만드는 '해결의 기회'를 잡을 수 있었습니다.
  세계 최초 인스턴트 라면 '치킨라멘' 탄생의 순간이었습니다.

- **<토스>를 창업한 이승건 리더는**
  '우리나라의 불편한 송금을 어떻게 간편하게 할 수 있을까?'라는 문제에
  심취해 있었지만 도무지 방법을 찾지 못하던 중 우연히 거리에서
  '유니세프 부스'를 보았고saw, 유니세프 기부금 자동이체 방식을
  송금에 접목해보는 '해결의 기회'를 잡았습니다.
  상대방 계좌번호를 몰라도, 보안카드나 공인인증서가 없어도
  간편하게 송금할 수 있는 서비스가 되었습니다.
  유니콘 기업 '토스'의 시작이었습니다.

어떤 기획자는
대형 음식을 먹는 유튜브 먹방에서 '점보라면'의 기회를 보았고saw
GS25의 <점보도시락/점보라면>

어떤 기획자는
어린 딸아이와 함께했던 도쿄 디즈니랜드에서
'동화 같은 카페'의 기회를 보았으며saw
GFFG의 <카페 노티드>

어떤 기획자는
칼군무와 걸 크러시 컨셉의 아이돌에게서
'청량함과 순수함의 아이돌'의 기회를 보았습니다saw.
어도어의 <뉴진스>

그들이 기회를 그냥 공(쏙)으로 알아볼 수 있었던 것이 아니지요.
'생각하고 있었기 때문에' 가능했습니다.
복잡한 생각을 했던 것은 아니었습니다.

문제,
해결

단 두 개의 '기획의 근본'을 생각하고 있었을 뿐입니다.

〈플래닝코드planning code〉라는 통찰의 안경 너머로
해결의 기회를 보았고
해결의 기회를 그렸을 뿐입니다.

기획 = 기회 + ㄱ

기획 = 기회 + ○—○

이것이 기획력의 비밀입니다.
기획고수의 비밀코드입니다.

I am a boy. You are a girl.
문제와 해결책을 2형식 문장으로 규정하라

'생각이 죽어 말이 되고 말이 죽어 글이 된다.'

민권운동가이자 문필가인 故함석헌 선생의 말씀입니다.
생각과 말과 글의 관계에 대한 훌륭한 통찰입니다.
기획자라면 특히 귀 기울여야 할 격언이라고 사료됩니다.

종교인에게 가장 중요한 것은 믿음, 소망, 사랑이고
그중에 제일은 사랑이듯이,
기획자에게 가장 중요한 것은 생각, 말, 글이고
그중에 제일은 '생각'이라는 깊은 뜻입니다.

기획자의 생각은 단순명료해야 한다고 말씀드렸습니다.
'생각'이 심플해야 '말'이 심플해지고 말이 심플해야
'글'이 심플해지기 때문입니다.

기획은 '복잡한 프로세스로' 생각하는 것이 아닙니다.
기획은 '심플하게 2형식으로' 생각하는 것입니다.

문제1
해결2

먼저 문제를 생각하고 그다음 해결을 생각하는 것이지요.

생각이 2형식으로 심플해지면 말과 글도 2형식으로 심플해집니다. 믿으십니까?

회의할 때, 프레젠테이션할 때, 기획서 쓸 때
가장 심플하게 표현할 수 있는 문장의 형태는 다름 아닌 '2형식'입니다.

중학교 3년, 고등학교 3년, 대학 4년.
대한민국 영어교육 10년의 역사에서 저의 뇌리에
가장 인상적으로 남아 있는 한 문장.
당시 너무 황당하고 충격적이어서 평생 잊히지 않는 영어 표현이 있습니다.

"I am a boy. You are a girl."
나는 남자고 너는 여자란다.

설마 이런 표현이 실제로 미국에서 쓰일까?
대한민국 영어교육에 살짝 의심을 품게 만들었던 '문제적 문장'입니다.
여담으로 말씀드리면 놀랍게도 모 할리우드 영화에서 이 표현을 목격한 바 있습니다.

어쨌든, 2형식 문장입니다. [2형식 : I (주어) + am (동사) + a boy (보어)]

'주어(S) + 동사(V) + 보어(C)'로 구성된 2형식 영어 문장구조를
우리말로 바꾸면, "____는 ___ 다."의 심플한 구조가 됩니다.
어떤 분야든 메시지를 쉽고 임팩트 있게 전달할 때 애용되는 형식입니다.

- "나는 가수다."
- "나는 솔로."
- "나는 자연인이다."
- "하나님은 사랑이시라."
- "그녀는 예뻤다."
- "그녀는 프로다. 프로는 아름답다."
- "침대는 과학입니다."
- "나이는 숫자에 불과하다."
- "사람이 먼저다."
- "책은 도끼다."
- "모든 비즈니스는 브랜딩이다." …

짧지만 강력한 임팩트와 울림이 느껴지지 않으시나요?

이것이 2형식 문장의 단순함에서 나오는 힘입니다.

"기획은 2형식이다."
이 책의 제목도 2형식입니다.

그런데
기획의 사고 thinking만 2형식이 되어선 안 됩니다.
문제와 해결의 기술 description도 2형식으로 심플하게 표현되어야 합니다.
회의를 하든 기획서를 쓰든 프레젠테이션을 하든

"Problem is _____."
(문제는 _____ 입니다.)

"Solution is _____."
(해결책은 _____ 입니다.)

심플하게 2형식 문장으로 디자인되어야 합니다.

쉬울 것 같지만 강의에서 실습해보면 적지 않은 기획자분들이 어려워하십니다.
"기획자가 무슨 카피라이터냐?"라고 반문하실지 모르지만,
네, 맞습니다. 이 시대의 기획자는 카피라이터가 되어야 합니다.
생각을 단순명료하게 글로 표현하지 못하는 기획자는 성공하기 어렵습니다.

정리하면 다음과 같습니다.

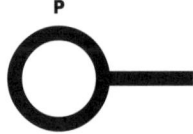

기획의 제1형식 :

'문제점'을 2형식으로 정의하기
목적을 달성하는 데 장애가 되는 문제를 찾고 그것이 왜 문제인지 증명하고 기술하기

기획의 제2형식 :

'해결책'을 2형식으로 제시하기
해결의 기회를 찾아 그것이 왜 기회가 되며 어떻게 하면 문제가 해결될지 보이고 기술하기

심플하게 생각하십시오.
기획은 사고도, 표현도 2형식입니다.

기획은 2형식입니다.

코드 플레이

사고도, 회의도, 기획서도, PT도 플래닝코드 하나로 끝낸다

기획자로서 우리의 문제는
너무 많은 걸 가지고 있다는 것입니다.
어려운 기획, 다 덜어내시고 〈플래닝코드 planning code〉만 생각하십시오.

'P코드', 'S코드'.
단 2형식입니다.

생각의 코드에서
회의의 코드,
기획서 작성의 코드, 프레젠테이션의 설득코드까지
모두 〈플래닝코드〉 하나로 잘할 수 있게 됩니다.

〈플래닝코드 planning code〉 = 사고의 코드 code = 회의의 코드 code = 기획서의 코드 code
= 프레젠테이션의 코드 code

즉 '플래닝코드(code)'는 사고부터 설득하는 글쓰기, 말하기에 이르는
'기획의 전 과정'이 일관된 하나의 코드로 하모니를 이루는
'플래닝코드(chord)'로 완성됩니다.

어떻게 그럴 수 있을까요?
'문제'와 '해결'은 기획의 본질이자 원형이기 때문입니다.

자, 이제
플래닝코드 chord of code로 기획을 연주해볼까요 play?

단 두 개의 코드로,

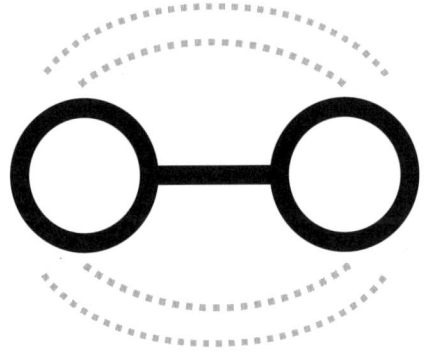

P코드와 S코드로 사고한다

***PLAY* - '사고의 방식'**

문제와 해결의 틀에 맞추어 생각하라는 것이 아니라
문제와 해결만 남겨두고 마음껏 자유롭게 생각하라는 것.
N극과 S극을 중심으로 철가루들이 배열되듯이
문제코드와 해결코드를 중심으로 정보를 구조화하고 재해석하기.

P코드와 S코드로 회의한다

PLAY - '회의하는 방식'
회의실에 모이면 제발 솔루션 아이디어부터 까지 말 것.
먼저 문제의 규정부터 아이데이션할 것.
문제 규정에 공감대가 형성된 후 아이디어를 논할 것.

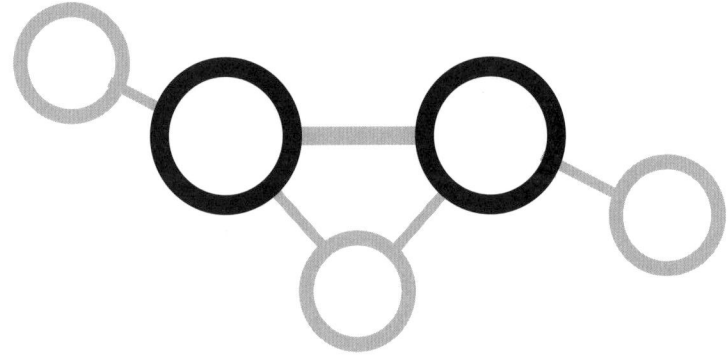

P코드와 S코드로 기획서 쓴다

PLAY - '기획서 작성 방식'

복잡한 기획서와 단순한 기획서의 구분 기준은
논리 안에 문제와 해결이 명확하게 드러나느냐의 여부.
문제와 해결만 명확하다면 수백 페이지의 기획안도 단순명료해지고
그렇지 못하면 단 한 페이지의 기획안도 복잡다단해지는 것.

논리구조의 뼈대도 '문제코드'와 '해결코드'를 중심으로 구성.
흥미로운 논리란 문제와 해결을 돋보이게 만드는 이야기의 흐름.

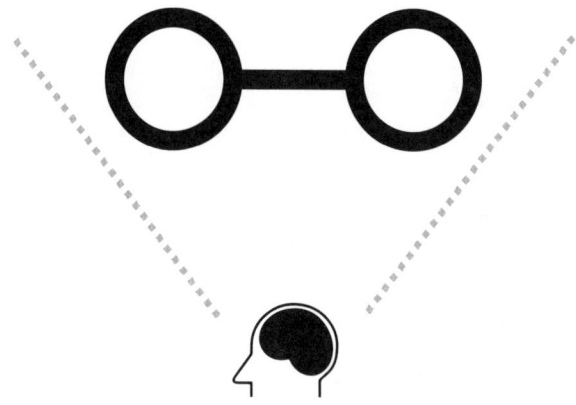

P코드와 S코드로 프레젠테이션한다

***PLAY* - '프레젠테이션의 방식'**
설득 프레젠테이션의 본질은
내 머릿속에 있는 문제와 해결의 그림을 상대의 머릿속에 똑같이 그려주는 것.
단, 내가 하고 싶은 이야기가 아닌 상대가 듣고 싶은 이야기로 그려주기.

"내 아이디어를 사세요."가 아니라
"당신의 문제를 이렇게 해결해줄게요."의 태도로 말하기.

이상한 그림

문제 규정에 관한 세 가지 오해

인간의 말과 행동이 일치한다면 세상은 어떻게 될까요?
좋을 수도 있지만 너무 예측 가능해서 재미없는 세상이 되진 않을까요?

"기획은 문제를 해결하는 것이고말고요. 기획자에겐 상식이죠."
모든 기획자들이 말은 이렇게 하지만 행동은 그렇지 않습니다.
재미있는 세상입니다.

"문제 그리고 해결, 플래닝코드 알고말고요.
일할 때 늘 그렇게 사고하고 회의하고 설득하고 있죠."

모든 기획자들이 말은 이렇게 하지만 행동은 그렇지 않습니다.
재미있는 세상입니다.

기획중수는 〈플래닝코드 planning code〉를 실제로 어떻게 활용할까요?
저울과 추의 그림으로 그려보았습니다.

중수의 플래닝코드 활용법

참고로 그림 속 추의 크기와 무게는,
기획자가 프로젝트에 투여하는 '시간'과 '노력'과 '열정'의 할당량입니다.

보시다시피 기획중수는
'문제'보다 '해결'에 훨씬 많은 시간과 노력과 열정을 투여합니다.
문제의 규정은 아예 하지 않거나 하더라도 대충 하지요.

그래서 중수 리더는 프로젝트 킥오프 회의에서 팀원들에게 이렇게 말합니다.
"자. 다 모였지? 그럼 각자 생각한 아이디어 까봐."

이런 식으로 회의를 하면 회의가 잘되지 않는 회의적인 경험을 하게 됩니다.
저는 '평행선 회의'라고 부릅니다. 서로 자기 이야기만 하다가 끝나는 회의죠.
본인의 아이디어만 고집하며 서로 비방하고, 상처받고,
결론은 안 나고, 아까운 시간과 에너지만 낭비하는 비생산적 회의죠.
문제를 명확하게 규정하지 않은 채 해결책부터 논하기 때문입니다.
의외로 우리 주변에서 쉽게 볼 수 있는 회의실 풍경입니다.
그런 회의는 10시간, 20시간을 해도 결과는 똑같습니다.

기획중수는 성급합니다.
'문제 파악'은 대충 건너뛰고 '회까닥한 아이디어'에 관심이 많습니다.
그래서 그들은 이런 책들을 좋아합니다.
아이디어 발상법, 아이디어맨 되기, 크리에이티브 프로세스, 창의력 십계명 등.

글쎄요, 저는 그런 책들을 읽고 기획력이 좋아진 분을
한 명도 목격하지 못했습니다. 그것은 신기루를 쫓는 일과 같습니다.

반면
기획고수는 〈플래닝코드planning code〉를 어떻게 활용할까요?
역시 그림으로 보여드리겠습니다.

고수의 플래닝코드 활용법

이들은 중수와 달리
S코드보다는 P코드에 훨씬 더 많은 시간과 노력과 열정을 투입합니다.
그림이 좀 이상하지요?
크고 무거운 추 쪽으로 기울지 않고 균형을 맞추는 기괴함(?)을 보여줍니다.
기획고수의 성향 역시 회의 시에 극명하게 드러납니다.

프로젝트가 시작되는 회의 자리에서 고수 리더는 이렇게 이야기합니다.
"자, 이번 프로젝트의 핵심 문제가 뭘까? 각자 의견 내봐."

'해결책'이 아닌 '문제'부터 논합니다.

아무리 프로젝트 마감일이 임박해도 문제 규정이 제대로 되지 않았다면
해결 방안으로 진도를 나가지 않습니다.
물론, 결국 기획의 결과물은 해결책이기 때문에 절대 소홀히 하지 않죠.
중력의 법칙을 거슬러 해결 방안과 문제 규정의 '균형'을 맞춰내고야 맙니다.
하지만 고수는 기본적으로 P코드를 훨씬 더 중요하게 생각합니다.

문제 규정에 관한 우리의 세 가지 오해가 있습니다.

첫째, 문제는 주어진 것이지 규정하는 것이 아니다.
둘째, 문제 규정은 창조성이 필요 없는 과정이다.
셋째, 문제 규정은 기획 과정의 극히 일부일 뿐이다.

기획에서 문제 규정, P코드가 그토록 중요한 이유가 뭘까요?
모든 해결책의 실마리는
이미 문제 안에 존재하기 때문입니다.

난센스 퀴즈입니다.

어느 날 산에 놀러 갔는데 곰을 만나 쫓기게 되었습니다.
쫓기다 더 이상 갈 곳 없는 낭떠러지에 이르게 되었지요.
앞은 곰, 뒤는 낭떠러지. 이 위기의 상황을 어떻게 극복하면 될까요?

네, 정답은 '곰을 뒤집는 것'입니다.
'곰'을 뒤집으면 '문'이 되고 그 문으로 도망치면 되는 것이지요.

곰 → 문

살짝 닭살이 돋으시는 이유는 썰렁해서만은 아닐 것입니다.
우리를 위협하는 '곰'은 '문제'인 동시에 '해결'의 가능성도 품고 있다는
메시지에 대한 작은 전율일 수 있습니다.

'해결의 기회'는 다름 아닌 '문제' 안에 살고 있다는 원리이지요.
'문제'는 이미 '해결의 씨앗'을 품고 있는 기특한 존재입니다.

7525

기획의 75%는 문제 규정이다

강의에서 어떤 분이 물으셨습니다.

"P코드에 더 많은 시간과 노력과 열정을 투여하라 하셨는데, 구체적으로 몇 퍼센트(%) 더 할당해야 할까요?"

좋은 질문이었지만 즉답하긴 어려웠습니다.
직감은 있지만, 수치로 딱 잘라 말하기란 쉽지 않으니까요.
하지만 이 질문, 아주 흥미로웠습니다.
기획 사고의 할당량을 정량화할 수만 있다면
현장의 기획자들에게 꽤 실질적인 도움이 될 테니까요.

그 후로, 답을 찾기 위해 여러 가능성을 생각해보았습니다.
지금까지 제가 참여했던 실제 프로젝트들을 복기하며 통계를 내보기도 했고요.
그러다 우연히, 아니 운명적으로 답을 발견하게 되었습니다.

미국의 16대 대통령, 에이브러햄 링컨Abraham Lincoln이 해답의 단초를 주셨지요.
목수 출신인 이분, 명언도 목수답게 남기셨습니다.

**"나에게 나무를 벨 시간이 8시간 주어진다면,
그중 6시간은 도끼의 날을 가는 데 쓰겠다."**

기가 막힌 말입니다. 보통 사람들이라면 8시간 중 6시간, 아니 그 이상의
최대한 많은 시간을 나무 찍는 데 쓸 텐데,
링컨은 반대로 대부분의 시간을 도끼의 날을 가는 데 쓴다고 합니다.
역시 링컨은 다릅니다. 플래닝코드를 좀 아는 분입니다.

링컨의 그 명언에서 저는 P코드의 본질을 읽었습니다.
제 방식대로 바꿔봅니다.

"나에게 기획을 할 시간이 8시간 주어진다면,
그중 6시간을 P코드를 정의하는 데 쓰겠다."

그래서 저는 주장합니다.
기획 사고는 '문제 규정'에 절반 이상의 시간을 할당해야 합니다.
정확하게는 8시간 중의 6시간, 즉 '75%'의 시간과 에너지를 써야 합니다.
자연스럽게 '해결 방안'에는 25%의 에너지만(?) 할당하는 것이죠.

저의 20여 년의 현장 경험 통계를 귀납적으로 적용해보아도
이 수치는 놀랍도록 부합합니다.

P코드에 75%,
S코드에 25%.

한 프로젝트에서, 기획자의 시간과 노력과 열정의 투여 할당량입니다.

링컨의 후예들

창의적인 기획자들은 해결책이 아닌 문제 규정이 다르다

문제를 해결하는 사람,
우리는 전문가라고 부릅니다.

그래서 기획자는 전문가입니다.
전문가는 '문제의 규정'부터 남다릅니다.
8시간 중 6시간을 문제의 규정에 할애하는 에이브러햄 링컨의 후예들입니다.

저의 개인적인 일화입니다.

1
저는 심한 비염이 있었습니다. 입으로만 숨 쉬며 살았습니다.
문제를 해결하고 싶어서 전문가를 찾기로 했습니다.
병원에 갔습니다. 의사가 말했습니다.

"코가 문제네요. 코뼈가 휘었어요."

그래서 솔루션은 '코 수술'이었습니다.
코 수술은 고통스러웠지만 비염은 사라졌습니다.
코에 라식을 한 느낌이었습니다. 코로 숨 쉴 수 있는 기쁨을 누렸습니다.

정확히 3개월 반 동안만요.
그 후엔 놀라울 정도로 비염이 완벽하게 원상 복구 되더군요.
무척 놀랐고 억울했고 실망스러웠습니다.

저는 상식적인 사람입니다.
그 의사는 전문가가 아닌 돌팔이로 결론 내렸습니다.
문제를 해결하지 못했기 때문입니다.

2
계속 힘겹게 입으로만 숨 쉬며 살던 저는
지인의 끈질긴 추천으로 이번에는 한의원에 갔습니다.
한의사가 말했습니다.

"폐가 문제네요. 폐가 차가워요."

'어? 코가 문제가 아니고?' 일단 문제의 진단부터가 달라 솔깃했습니다.
그래서 솔루션은 폐의 체질을 바꾸는 '약 처방'이었습니다.
수술 비용보다 훨씬 더 비쌌지만 마지막이라는 심정으로 그 처방을 따라보았지요.
수술처럼 금방 효과는 없더군요. 처방대로 수개월 복용해보았습니다.
현재 저는 비염에서 (상당 부분) 해방되었습니다.
저는 상식적인 사람입니다.
그 한의사를 '전문가'라고 인정하기로 했습니다.
문제를 해결했기 때문입니다.

전문가는 문제 진단부터 다릅니다.
우리가 전문가를 전문가라고 인정하는 것은
사실 그의 '솔루션'이라기보다는 그것을 만든 '문제 규정'에 있습니다.

제 에피소드에서 보듯이, 문제만 잘 정의되면 솔루션은 어렵지 않습니다.

'코'를 문제라고 규정하면? 솔루션은 '코 수술'입니다.
'폐'를 문제라고 규정하면? 솔루션은 '약 처방'이 됩니다.

상식입니다.
하지만 때로, 상식은 가장 강력한 마법이 되기도 합니다.

저는 '마법' 하면 2002년의 '히딩크의 마법'이 가장 먼저 떠오릅니다.
온 국민을 감동의 도가니로 몰아넣은 2002년 한일월드컵의 기적은
'마법의 힘'이 아니라 '기획의 힘'이었지요.
기획자 히딩크가 한국 축구의 문제를 해결했기 때문입니다.
문제와 해결의 플래닝코드로 한국 축구의 새로운 기회를 그렸습니다.
아시다시피 그 당시 우리의 목표는 명확했습니다.
월드컵 본선 사상 첫 승과 16강 진출이었지요.

당시 모든 사람들이 한국 축구의 문제는 '기술'이라고 말했습니다.
하지만 히딩크의 문제 규정은 달랐습니다.
히딩크는 한국 축구에 대한 각종 정보들을 '문제의 관점'으로 구조화하였고
면밀히 검토한 결과, 한국 축구의 진짜 문제는 '기술'이 아니라
'체력'이라고 규정하고 언론에 발표했습니다.
엄청난 논란이 일었습니다. 사람들은 유럽에서 날아온 외국인 감독에게
유럽 특유의 '기술력 전수'를 바라고 있었기 때문입니다.

히딩크는 두 눈을 부릅뜨며 말했죠.

"한국 축구가 체력과 정신력이 강점이라고? 기술이 문제라고? 천만의 말이다.
한국 축구선수들의 기술은 현대 축구를 치르기에 충분하다.
양발을 기술적으로 이렇게 잘 쓰는 선수들은 유럽에도 많지 않다.
오히려 이를 악물고 뛰는 투지만을 정신력으로 말하는 것과
90분 동안 쉴 새 없이 뛰지 못하거나 자신이 가진 체력을 효과적으로
분배해 쓰지 못하는 '체력'이 한국 축구의 '진짜 문제'다.
붕대 두르고 투지로 뛰는 것이 중요한 게 아니다."

이렇게 문제를 '체력'이라고 규정하면 해결책은 뭐가 될까요?
네. 당연히 '체력강화 훈련'이겠죠.

당시 히딩크가 내세운 체력강화 프로그램은
순간파워Explosive Power와 회복력Recovery Power의 향상이었습니다.
축구 경기에서 요구되는 체력은 1만 미터 오래달리기가 아니라
20미터 정도의 짧은 거리를 전력 질주하고
4~5초간 짧은 휴식으로 회복하는 게 관건이라는 것이지요.

일명 '공포의 삑삑이'로 불리던 20미터 왕복달리기에서
유럽 빅리그 선수들의 기준인 120회를 통과한 선수는
차두리와 이천수뿐이었습니다.
발탁 자격 논란에도 불구하고 히딩크가 차두리 선수를 선호했던 이유는
그가 유일하게 151회라는 압도적인 훈련 기록을 보였기 때문이지요.

만약 문제를 '기술'로 규정했다면 솔루션은 무엇이었을까요?
네. '기술강화 훈련'이었을 것입니다.

히딩크의 문제 규정과 처방에 대해 언론은 우려를 표했고
평가전에서 연패를 기록하는 등 명현현상(?)도 뒤따랐지만
결국 본 대회에서 4강 진출이라는 세계가 깜짝 놀랄 성과를 이루었습니다.

기획자 히딩크는 문제를 해결했을 뿐만 아니라 목표를 초과 달성했지요.
어떻게 그럴 수 있었을까요?

해결책이 회까닥해서? 아니죠.
문제를 제대로 규정했기 때문입니다.
문제 규정에 75%의 시간과 노력과 열정을 투여했기 때문입니다.

문제 규정의 P코드는
마법과 같은 성과를 만들어내는 놀라운 비밀코드입니다.

앞서 말씀드린 문제 규정에 관한 우리의 세 가지 오해.
이렇게 바꿔보겠습니다.

첫째, 문제는 주어진 것이 아니다. 규정하는 것이다.
둘째, 문제 규정은 가장 창의력이 필요한 과정이다.
셋째, 문제 규정은 기획 과정의 가장 핵심적인 파트다.

창의력에 관한 한 둘째가라면 서러워할 아인슈타인Einstein도
이렇게 말했습니다.
"문제정의는 문제 해결보다 훨씬 더 본질적이다."

제 식대로 바꿔보겠습니다.
"P코드는 S코드보다 훨씬 더 본질적이다."

이렇게도 말할 수 있습니다.

"당신이 문제를 어떻게 규정하느냐에 따라
그 문제를 해결할 수도 있고 그러지 못할 수도 있다."

상식과 용기

기획력은 능력이 아니라 태도다

대통령도 기획자입니다.
사회의 숱한 문제를 해결해야 하는 사람이니까요.
언젠가 모 대선 후보가 한 예능 프로그램에 출연했습니다.

"대선 후보로서, 우리 사회의 숱한 문제들에 대한 해결책을 가지고 있습니까?"
라는 MC의 질문에 그는 이렇게 답변입니다.

"'해결책'은 오히려 쉽습니다. 문제는 '문제 규정'이지요.
문제가 무엇인지 공감대를 형성하는 것이 더 어렵고 중요합니다."

플래닝코드를 좀 아는 분입니다.
그의 말처럼 P코드, 즉 문제 규정만 잘하면 S코드의 발상은 '오히려' 쉽습니다.
믿으실지 모르지만 거의 공(?)으로 흘러갑니다.

기획의 1형식인 '문제 규정'을 잘했다는 가정하에,
기획의 2형식인 '해결책을 발상'하는 기획자에게 가장 필요한 자질은
창의력이나 순발력, 기발함 따위가 아닙니다.

'상식'입니다.

문제 규정만 제대로 잘되면
해결 방안은 상식적으로 만들어집니다.

간혹 해결책을 잘 만들어놓고도
이 해결책이 너무 상식적이어서
너무 뻔한 건 아닐까? 크리에이티브하지 않은 것은 아닐까?
불안해하실 수도 있습니다.

그럴 필요 없습니다. 용기를 내십시오.

왜?

이미 당신의 '문제 규정'이 크리에이티브하기 때문입니다.
P코드가 창조적이기 때문에 S코드는 상식만으로도 충분합니다.

창의적 아이디어는 '상식' 두 스푼,
'용기' 한 스푼이면 충분합니다.

따라서 상식과 용기를 가진 사람이라면
누구나 탁월한 기획자가 될 수 있습니다.
상식과 용기는 선천적 재능이 아니라 후천적 태도이지요.

그래서 기획력은 '능력'이 아니라 '태도'인 것입니다.

맵

플래닝코드로 생각의 코딩을 시작하자

결론은 났습니다.

기획력이란, 한마디로
'어떻게 문제를 잘 찾고'(P코딩의 과정)
'어떻게 해결책을 잘 만들 수 있을까'(S코딩의 과정)의 게임입니다.

방법을 찾기 위해 우리는 각각의 코드를 탐험하는 여행을 떠날 겁니다.
당신의 상식과 용기, 이 두 가지만 배낭에 담고 말이죠.

맵이 필요합니다.

기획은 2형식,
그래서 맵도 심플하게 만들었습니다.

〈플래닝코드〉라는 이 생각의 지도는,
'문제-해결'이라는 두 개의 '핵심코드 basic code' 아래,
이를 뒷받침하는 몇 가지 '하위코드 sub-code'* 로 설계되었습니다.
*하위코드(sub-code) = 행동지침코드(action code) + 해독코드(decode)

이 비밀코드들을 모두 알게 된다면,
누구든지 창의적으로 기획할 수 있는 능력을 갖게 된다는 이야기죠.

P코드 ————————————→ S코

각 코드가 가진 능력의
곧 우리의 기획

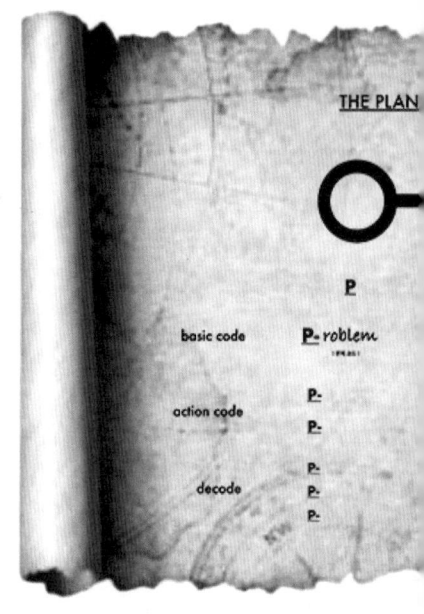

플래닝코드의 '핵심코드(basic
이제, 그 아래 숨겨진 '하위코드(sub-code)'의
p.s. 기억하기 쉽게, 하위코드 역시 'P'
이제 퍼즐을 맞출

자, 그럼 P코드부터

드 ⟶ P——S코드

비밀을 밝혀가는 과정이
여정이 될 것입니다.

code)'는 밝혀졌습니다.
정체를 하나씩 들여다볼 차례입니다.
와 'S'로 깔맞춤 해두었답니다.
시간입니다.

여행해볼까요?

code

P

기 획 의 제 1 형 식 · P 코 드 이 야 기

우리의 기획이 맛없고 복잡해지는 원흉은
기획의 1형식이 맛없고 복잡하기 때문이다.

문 제 의 문 제
The problem with problems

문제 자체를 인식하지 못하거나

문제가 뭔지 잘 모르거나

문제를 잘못 찾거나 너무 많이 찾거나

문제를 두루뭉술하게 규정하거나.

낯선

문제를 찾는다?
문제를 규정한다? 문제를 정의한다?

사실 우리에게 낯설고 생소한 개념입니다.
생각해보면
우리는 '문제를 찾는 것'보다 '문제를 푸는 것'에 훨씬 익숙하지요.
따지고 보면
우리는 '문제를 규정하는 법'을 제대로 배운 적이 없습니다.

초등학교 쪽지 시험부터 수능 시험, 중간고사, 취업 시험까지
주어진 문제를 '수동적으로' 푸는 방식이었지,
문제를 '능동적으로' 찾고 규정하는 방식은 거의 경험하지 못했지요.
그만큼 우리는 문제를 규정한다는 개념 자체가 낯설고 어색합니다.
실제로 현업에서 문제 규정에 관한 회의를 진행하다 보면
생각보다 많은 사람들이 문제의 규정을 아예 이해하지 못하거나
엉뚱한 것을 문제라고 주장하는 경우가 비일비재합니다.

어려운 것이 아닙니다. 낯선 것이지요.
약간의 원리, 약간의 훈련을 통해 누구나 문제 규정을 잘 할 수 있습니다.

지금부터, 문제를 푸는 사람이 아니라
문제를 찾는 사람이 되어보도록 하겠습니다.

기획의 1형식의 미션입니다.

문제를 찾아라.
진짜 문제를 찾아라.

문제는
어떻게
찾는가

"Where's Wally?"

월리를 찾아라

Identify The Problem

'월리를 찾아라 Where's Wally?'라는
추억의 숨은그림찾기 게임을 아세요?
수많은 인파 속에서 '월리Wally'라는 주인공 한 명을 찾는 미션게임입니다.
저는 어린 시절 참 재미있게 즐겼더랍니다.

20여 년간 기획을 하면서 늘 이 생각이 떠나지 않았죠.
'P코드 찾기는 월리 찾기와 닮았다.'

기획자가 문제를 규정할 때 가장 힘들어하는 것이
바로 문제로 추정되는 것이 너무 많아
어떤 것이 진짜 문제인지 헷갈린다는 것입니다.
가짜 월리들 속에 진짜 월리가 숨어 있는 것처럼
가짜 문제들이 복잡하게 얽혀 있는 가운데 진짜 문제가 숨어 있습니다.

월리를 찾는 건 쉽지 않지만 그만큼 찾는 순간 짜릿하죠.
'P코드 찾기'도 쉽진 않지만 월리 찾기처럼 짜릿하고 재미있는 게임입니다.
기획이라는 일이 힘들어도 제가 즐거워하는 결정적 이유입니다.

'숨은 월리'를 잘 찾으려면 약간의 '원리'를 알아야 합니다.
'숨은 문제'를 잘 찾으려고 해도 약간의 '원리'가 필요합니다.

그런데 '원리'라고 하면 왠지 딱딱하고 따분한 느낌이죠.
이 책에서는 '월리(=즐거운 원리)'로 지칭하겠습니다.

P코드를 찾는 '6가지 월리'를 소개합니다.

자, 함께 재미있는 월리 이야기를 나눠볼까요?

진짜 문제를 찾아라.
즐겁게 찾아라!

기본 월리

진짜 문제를 찾는 6가지 월리

6- Wallys Identifying Problem

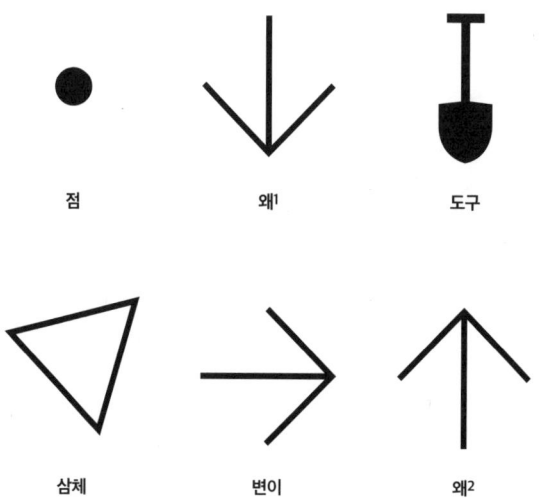

wally 1

●

점
기획에서 해결해야 하는 건, 문제가 아닌 문제점이다.
'문제의 현상'과 '문제의 본질'을 구분하라.

문제를 찾으려면
문제가 무엇인지부터 제대로 알아야 합니다.

문제problem란 무엇일까요?
강의에서 질문을 드리면 대체로 이런 답변이 나옵니다.

"문제problem란, 이상적인 목표와 그렇지 못한 현재 상태의 차이gap입니다."

아마 이 정의에 이의를 제기하실 분은 없을 겁니다.
우리는 상식적으로 '문제란 이상과 현실의 괴리'라고 말하고
그 차이를 좁히는 것이 곧 '문제의 해결'이라고 알고 있기 때문입니다.
이런 규정으로 우리는 세상의 크고 작은 문제들을 마주하지요.

깨끗한 지구환경이라는 이상적 목표와 지구온난화로 오염된 작금의 상황과의 괴리.
: [지구온난화 문제]

자살이 없는 건강한 사회라는 이상과 자살이 급증하고 있는 현실의 괴리.
: [자살 문제]

사회문제뿐만이 아니지요.
이런 방식의 문제 규정은 어디든 적용됩니다.

기업에서는,
요즘 매출이 떨어지는 게 문제고, : [매출 문제]
우리 브랜드의 인지도가 저조한 게 문제가 되며, : [브랜드 인지도 문제]

일상에서는,
우리 아이 성적이 떨어진 게 문제며, : [성적 문제]
요즘 연인과 자주 싸우는 게 문제가 됩니다. : [이성 문제]

우리는 이상적인 목표에 도달하지 못했을 때,
그것을 '문제'라고 부릅니다.

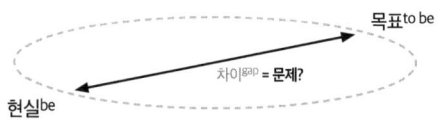

[문제 = 현실과 목표 사이의 괴리 : 문제의 횡적 사고]

가만 보면,
문제를 '횡적으로' 바라보는 사고방식에서 비롯된 것이지요.

그런데 여기서 생각해볼 필요가 있습니다.
그것이 진짜 문제일까요?

'김철수 씨'는 그것을 문제라고 생각해도 좋지만
'기획자 김철수 씨'는 그것을 문제라고 생각하면 곤란합니다.

그것은 '진짜 문제'라기보다는 '문제가 야기한 결과적인 상태',
즉 '문제의 현상(현상적 문제)phenomenon'으로 보는 것이
더 타당하지 않을까요?

· 지구온난화 자체가 문제가 아니라, 지구온난화를 유발한 '근본 원인'이 진짜 문제.
· 자살이 급증하는 것이 문제가 아니라, 자살 급증의 '직접 원인'이 진짜 문제.
· 매출이 떨어지는 것이 문제가 아니라, '왜 매출이 떨어지는지'가 문제의 핵심.
· 연인과 자주 싸우는 것이 문제가 아니라, '왜 자주 싸우게 되는지'가 본질.

진짜 문제, 즉 문제의 본질 problem을 해결하면,
그로 인해 발생한 문제의 현상 phenomenon은 자연스레 소멸하게 됩니다.

따라서, 기획자가 '해결해야 하는 문제'는
표면(面)으로 드러난 현상의 결과가 아니라,
그 현상을 유발한 직접 원인이 되는 지점(點)입니다.

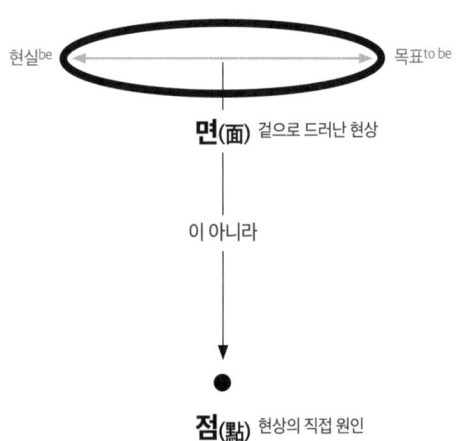

[문제 = 현상을 유발한 원천 지점 : P의 종적 사고]

문제적 현상을 야기하는 원천 지점(點).
문제의 지점(點),
문제점(點).

그것이 바로 기획에서 해결해야 하는 진짜 문제,
'P코드'입니다.

이것은 문제를 '종적으로' 바라보는 기획적 사고방식입니다.
보이는 문제가 문제가 아니라,
그 밑의 보이지 않는 문제가 진짜 문제인 것이지요.

SEE THE UNSEEN 'P'.

면(面)은 눈에 보이지만, 이면의 점(點)은 보이지 않습니다.

기획이란 것이 어렵고 힘들어도 재미있는 이유는
'눈에 보이지 않는' 문제점을 찾아내어
'눈에 보이는' 해결책으로 변환하는 과정이기 때문입니다.
보이지 않는 이면의 '문제의 본질'을 파악하는 능력.
이것이 기획의 제1형식인 P코드를 보는 눈,
이른바 '통찰력'입니다.

—

히딩크의 눈에 한국 축구의 문제는
눈에 보이는 '기술'이 아니라 보이지 않는 '체력'이었습니다.
한의사의 눈에 비염의 문제는
보이는 '코'가 아니라 보이지 않는 '폐'였습니다.

잘못된 진단은 잘못된 처방을 부릅니다.
문제의 규정이 틀리면 올바른 해결책이 나올 수 없습니다.

하지만 기획중수들은 여전히 문제를 정의할 때,
'종적 사고방식'보다 '횡적 사고방식'으로 보는 것에 더 익숙합니다.

이들은 '문제의 본질'을 깊이 파고들기보다는
'문제의 현상' 언저리에 머무르는 경향을 보입니다.
아리스토텔레스가 말했듯이, 현상은 복잡하지만 본질은 단순합니다.
본질을 제대로 파악하지 못하면 우리의 일, 사랑, 인생 전체가
복잡해지고 골치 아파질 수 있습니다.

연애 중수남의 '연애 문제'에서도 자주 볼 수 있지요.
연인이 싸웁니다.
"이제 그만 좀 화 풀어. 도대체 뭐 땜에 그래?" 남자가 따집니다.
"그걸 말로 해야 알아? 정말 실망이야." 여자는 화냅니다.
"알았다. 내가 미안하다, 미안해." 남자는 못내 사과합니다.
"미안하다고? 뭐가 미안한지 알고 미안하단 거야?" 여자는 더 화내죠.

그건 약과입니다.
문제의 핵심을 제대로 파악하지 못하면 인생 종 치기도 합니다.
대표선수가 영화 〈올드보이〉의 주인공 '오대수'입니다.

그 유명한 대사. 기억나시지요?
오대수(최민식 분) : 누구냐 넌? 왜 나를 15년 동안이나 감금한 거지?
이우진(유지태 분) : 아저씨는 참… 왜 내가 당신을 15년간 가두었는지가 아니라
왜 당신을 15년 만에 풀어줬는지를 궁금해하셔야지.

반대로
'문제의 본질'을 보는 눈은 우리에게 혜안을 줍니다.

축구 경기를 합니다.
후반 35분. 우리 대표팀이 1:0으로 지고 있습니다.
보통 이렇게 이야기합니다.
"아. 10분밖에 남지 않았어. 시간이 없는 게 문제네."

그런데 누군가는 이렇게 이야기합니다.
"문제는 10분밖에 남지 않은 게 아니라,
우리만의 플레이가 전혀 되지 않는다는 것이지."

저는 이런 본질적인 이야기가 좋습니다.
문제의 본질을 보는 눈은 본질을 말하는 입이 됩니다.

노홍철이 말했습니다.
"행복해서 웃는 게 아니라 웃어서 행복한 거죠."

-

우리는 기획자입니다.

"여친(남친)과 자꾸 싸우는 게 '문제'예요."
"우리 아이 성적이 떨어지는 게 '문제'야."
"'문제'는 남부지구 매출 하락이지요."
"우리 브랜드 호감도가 떨어지고 있다는 게 '문제'입니다."

라는 표현은 삼가야 합니다.

기획을 잘하기 위해서는
우리의 생각이 '문제의 표면이나 현상'에 머무르면 안 됩니다.

문제의 점으로
문제의 본질로

깊이

들어가야 합니다.

그것이

문제 규정의

첫 번째 '월리wally'입니다.

wally 2

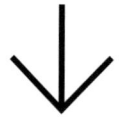

왜1
'점'을 찾을 땐 '왜'라는 질문을 던져라.
보이지 않는 문제점을 찾는 가장 심플한 방법이다.
안 찾아지면? 두 번 세 번 '왜'를 던져라.
그리고 당신을 믿어라.

그렇다면 문제의 본질은 어떻게 찾을 수 있을까요?
'문제의 면'에서 '문제의 점'으로 들어가는 마법의 한 글자가 있습니다.
눈치채셨지요?

왜why?

심플하게 '왜'라는 질문을 던지세요.
이 한 글자면 충분합니다.

당신은 이 단순한 질문 하나로
문제의 본질을 파악할 수 있는 통찰력을 갖추게 됩니다.
믿습니까?
이거 못 믿으시면 더 이상 진행이 안 됩니다.
믿으십시오.
당신은 이미 할 수 있을 뿐만 아니라 꽤 소질이 있습니다.
사실 '왜'라는 질문은 우리 모두의 어린 시절 유행어였지요. 떠올려보세요.
당신은 부모님에게 귀찮도록 "왜? 왜? 왜?"를 질문하던 아이였습니다.
어른이 되면서 점차 퇴색되긴 했지만
우리의 DNA에는 아직 '왜'가 남아 있습니다.

우리의 '왜' 유전자가 소멸되지 않았음을 증명해보겠습니다.

1

우린 모두 '토끼와 거북이' 우화를 알고 있습니다.
토끼에게 문제가 생겼습니다.
거북이와 경주를 했는데 그만 지고 말았지요.
물도 아닌 뭍에서 졌기 때문에 토끼의 자존심은 만신창이가 되었습니다.
심한 내상을 입고 폐인으로 지내던 토끼는 어느 날 정신을 추스르고
'기획 토끼'가 되기로 결심했습니다.
다시는 토끼의 역사에 이런 엄청난 비극이 재현되지 않도록
동료 토끼들에게 이번 사건의 교훈을 알리는
'가두 캠페인'을 벌이기로 기획한 것이지요.
오지랖 넓은 토끼는 〈플래닝코드〉를 주워듣고
그 기획의 월리대로 사고해보기로 했습니다.

기획의 1형식.
무엇이 진짜 문제였을까?
토끼의 문제는 무엇이었을까요?

아직도 토끼의 문제는 '경주에서 패한 것'이라고 하실 분은 없겠지요.
'토끼가 패한 것'은 문제problem가 아니라 문제의 현상phenomenon입니다.
'토끼가 경주에서 왜why 졌을까'가 문제이지요.

왜why 토끼는 졌을까요?

'낮잠을 자서'라고 답하시는 분이 부디 없었으면 좋겠습니다.
주로 7세 미만의 유치원생들에게 나오는 답이기 때문입니다.
정상적인 대한민국 성인들은 '토끼는 자만해서 졌다'라고 답합니다.

그렇죠. 문제의 본질은 '토끼의 자만심'입니다.

문제가 제대로 찾아지면, 해결책은 저절로 따라온다고 했습니다.
아마도 기획 토끼의 가두 캠페인 팻말에는 이런 메시지가 쓰일 겁니다.

"토끼 동지들이여, 인생은 예측 불허의 경주와 같다!
우리가 재능 좀 있다고, 지금 좀 잘나간다고 절대 자만하지 말자!
우리의 경쟁 상대는 거북이라는 적이 아니라 바로 우리 자신이다."

만약 문제를 '낮잠을 자서'라고 규정했다면 토끼의 팻말에는
이런 웃지 못할 글귀가 적히겠지요.

"동지들이여, 시합 전날은 늦게까지 넷플릭스 시청이나 비디오게임을 하지 말자!
내일의 좋은 컨디션을 위해 발 닦고 일찍 자도록 하자!"

"토끼의 문제는 자만심!"이라는 답이 입에서 몇 초 만에 나왔나요?
아마 2초도 걸리지 않았을 겁니다.
우리 안에 문제의 본질을 직관적으로 파악할 수 있는
슈퍼유전자가 존재한다는 증거입니다.

세상의 모든 문제가 이렇게 쉽게 밝혀진다면 얼마나 좋을까요.
하지만 삶은 그리 녹록지 않죠.
세상사 대부분의 문제는 훨씬 입체적이고 복잡하게 꼬여 있어서
토끼 이야기처럼 문제가 즉각적으로 파악되는 경우는 많지 않습니다.

하지만 흥미로운 사실은 '월리wally'는 다르지 않다는 것이지요.
아무리 복잡하고 어려운 상황에서도
'문제의 본질로 가는 월리'는 같습니다.

왜why?

이 한 글자를 던지는 겁니다.

2

오래된 아파트의 낡은 엘리베이터 이야기입니다.

오래된 연식으로 속도가 느려진 엘리베이터 때문에
주민들의 불만 접수가 끊이지 않았습니다.
결국, 반상회를 열어 비용이 들더라도 '새 엘리베이터'로 교체하기로 했지요.
아마도 반상회는 '느린 속도'를 문제로 규정한 모양입니다.

녹록지 않은 세상에 사는 우리는 늘 이런 의문을 가져보아야 합니다.
과연 그것이 진짜 문제일까?

'주민들의 불평'은 근본적 문제problem가 아니라 현상적 문제phenomenon이지요.
'왜' 주민들이 불평하느냐가 '문제의 본질'입니다.

왜일까요? 정말 엘리베이터의 속도가 느려서일까요?
〈플래닝코드〉 강의를 들은 것으로 추정(?)되는 여성 엘리베이터 관리인이
이렇게 말합니다.

**"음, '속도'가 문제라기보다는 '지루함'이 문제 아닐까요?
주민들은 엘리베이터 안에서 느끼는 시간이 지루하게 느껴져
낭비된다고 생각하는 것 같아요."**

문제를 제대로 규정하면 해결책은 어렵지 않다고 했습니다.
주민들이 엘리베이터 안에서 '지루함을 느끼지 않게 만드는 방법'을
찾으면 되는 것이죠.

"어떻게 하면 엘리베이터 안에서 지루하지 않을 수 있을까?"

그림을 걸어놓을 수도 있고, 잡지나 신문을 비치할 수도 있습니다.
거울을 붙이거나 음악을 틀 수도 있고, 심지어 미니게임기를 설치할 수도 있겠죠.
누구나 생각할 수 있는 상식적인 방안들이지요. 정답은 없습니다.
엘리베이터 관리인은 그 대안들 중 '거울'을 선택했을 뿐입니다.
엘리베이터 문 앞과 내부에 실제로 거울을 부착했죠.

그러자 정말 주민들의 불만이 점차 사라졌습니다.
거울을 통해 옷매무새를 정리하고, 머리카락을 넘기며, 표정을 고쳐보는 등
주민들은 엘리베이터를 기다리는 시간이 더 이상 지루하지 않았습니다.
자신을 위한 시간으로 활용한다고 느끼기 시작한 것이죠.

문제는 해결되었습니다.
그것도 훨씬 비용효율적인 방법으로요.
오티스 엘리베이터Otis Elevator에 거울을 부착하게 된
역사적 실제 에피소드입니다.

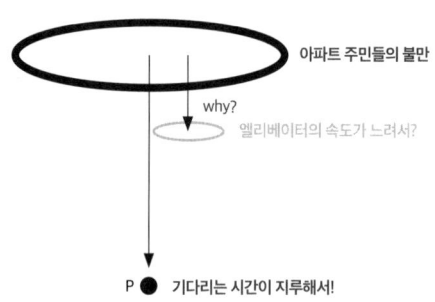

[오래된 엘리베이터의 P코드]

토끼 이야기보다는 좀 난이도가 높지만,
이제 슬슬 감이 오시지요?

우리의 복잡한 비즈니스 현장에서도
'왜why의 월리'는 다르지 않습니다.

3

미국 자동차 시장에서 현대자동차의 존재감을 각인시켰던
파격적인 마케팅 기획안이 있었죠.
그 유명한 〈실직자 보장 프로그램 assurance program〉입니다.

2008년 미국 시장은, 서브프라임 모기지 사태로 어려워진 경제 상황에서
모든 자동차회사들이 심각한 매출 부진을 겪으며
이를 타개할 방법 찾기에 고심하고 있었지요.
현대자동차는 고객이 현대차를 구매한 후 1년 이내에 해고를 당할 경우
그 차를 되사주겠다는 파격적인 기획으로 오히려 매출이 늘고
점유율이 높아지는 등 시장의 뜨거운 반응을 얻었습니다.
이 대박 기획이 탄생한 비결도 다름 아닌 심플한 이 질문이었습니다.

왜 why
미국 소비자들은 자동차 구매를 꺼릴까?

일반적이라면 '차 값이 부담스러워서' 혹은
'브랜드력이 약해서' 정도로 핵심 문제를 규정했겠지요.
그랬다면 창의적인 〈실직자 보장 프로그램〉은 탄생할 수 없었을 겁니다.
의례적인 '할인 판매'나 '할인 무이자', 또는
통상적인 '브랜드 이미지 광고'를 집행했겠지요.
실제로 혼다, 토요타, 포드 등 경쟁 차종들은 그런 방안들을 실행했습니다.

하지만 현대차 기획자는 문제의 현상 phenomenon 에 머무르지 않고
'왜'라는 질문을 던지며 문제의 본질 problem 로 깊이깊이 들어가
'미래의 불안함'이라는 P코드를 찾아냈기 때문에
미국 시장에서의 최대 위기를 최고의 기회로 바꿀 수 있었습니다.

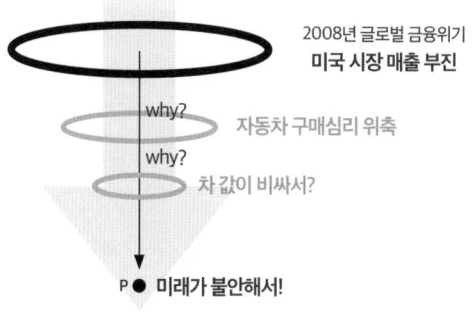

[현대자동차의 P코드]

물론, 한 번의 '왜'로 답이 쉽게 찾아지지 않을 수 있습니다.
그럴 땐? 당황하지 말고 다시 한번 '왜'를 던지세요.
언제까지? 찾을 때까지. 더 이상 '왜'라는 질문이 나올 수 없을 때까지.

앞서 이야기한 2002년 한국 축구의 근본적인 문제를
'기술'이 아닌 '체력'으로 정의했던 히딩크 감독은
과연 몇 번의 '왜'를 던졌을까요? 최소한 세 번 이상일 것으로 사료됩니다.

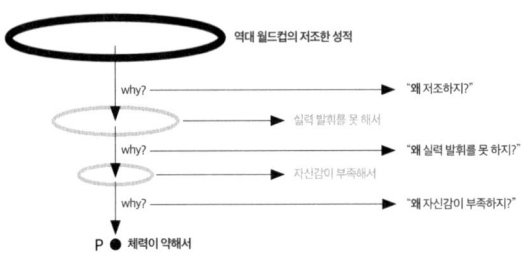

[2002년 한국 축구의 P코드]

글로벌 기업 토요타 자동차는
혁신을 위해서는 5번의 '왜'를 던져야 한다는,
이른바 '5 Whys 이론'이라는 논문도 발표한 바 있지만,
5번이 정해진 숫자는 아니겠지요.
10번이든 20번이든 집요하게, 끈질기게 던져야 합니다.

언제까지?

답을 찾을 때까지!

4

'자동차가 나오지 않는 자동차 광고'로 화제가 된 기획이 있습니다.

일명 〈자동차에 감성을 더하다〉 광고캠페인입니다.
국민 세단으로 불리는 S차의 광고로서, 기존의 자동차 광고와는 차원이 다른
창의적인 접근을 보여준 기획이었습니다.

자동차 광고에서 흔히 볼 수 있는 주행 장면, 스펙을 자랑하는 내용이 없습니다.
성우의 중후한 내레이션도, 경쾌한 배경 음악도, 멋진 모델도 등장하지 않습니다.
대신, 선루프에 떨어지는 빗소리, 자동차 창문을 타고 흐르는 빗방울,
빗속을 바삐 뛰는 사람들, 비를 즐기는 아이들의 웃음소리 등
비 오는 날 차 안에서 운전자가 느낄 수 있는 감성적 풍경들이 잔잔하게 펼쳐지죠.
마지막에는 '자동차에 감성을 더하다'라는 카피와 함께 마무리됩니다.

이 기획은 각종 광고 크리에이티브 상을 휩쓸었을 뿐만 아니라
S차의 매출까지 크게 증대시키며 두 마리 토끼를 모두 잡은
성공적인 광고캠페인으로 평가받았습니다.

역시, 문제를 제대로 규정했기 때문에 가능했던 일입니다.

기획의 시작은,
국민차 입지를 굳건히 지켜오던 S차에게 위기가 감지되면서였습니다.
당시 수년째 이어지던 S차의 매출 하락세가 가속화되고 있었습니다.
매출이 떨어지는 것은 문제의 현상phenomenon일 뿐이죠.
진짜 문제problem는 매출이 '왜why' 떨어지느냐입니다.

"왜 S차의 매출이 지속적으로 하락하고 있을까?"

담당 마케터는 이 핵심 질문으로 동료들과 회의를 시작했습니다.
의견은 의외로 쉽게 모였습니다.

"S차의 브랜드 이미지가 고루하고 올드해서."

사실, 내부에서 줄곧 지적되던 문제였습니다.
국민차로서 오랜 세월 사랑받아왔지만,
새로움과 매력이 점차 떨어지고 있다는 의견이 꾸준히 제기돼왔죠.

실제 고객조사에서도 자주 나타나던 내용이었고요.
그러나 문제의 본질을 찾는 기획자라면 모두가 아는 사실에서 멈출 순 없죠.
담당 마케터는 그 답에 또 한 번 '왜why'를 붙입니다.

"왜why 특히 지금, S차의 올드한 이미지가 더 부각되는 걸까?"
동료들과 논의했고, 역시나 곧바로 답이 나왔습니다.

"요즘 뜨는 경쟁자 K차의 인기 때문이다."
당시 새롭게 출시된 경쟁 차종 K차는 선풍적인 인기를 끌고 있었습니다.
더 깊이 들어갑니다. 그 답에 다시 '왜'를 던집니다.

"K차는 왜 그렇게 인기가 많은 거지?"

경쟁 차 인기의 본질을 탐색합니다.

"디자인 때문에."

소비자 조사 결과,
고객들은 K차를 젊고 세련된 이미지로 인식하고 있었고
이는 다이내믹한 디자인 덕분이었습니다.
반면, 상대적으로 S차는 디자인이 고루하다는 반응이 나왔습니다.
이 지점에서 기획자는 문제의 본질을 직감합니다.

"그래, 문제는 디자인이야!
요즘 소비자들은 디자인이 멋진 중형차를 원하는 거야!"

당장 새로운 디자인의 신차를 내놓는 것은 불가능했기에
대신, S차의 디자인을 어필하는 광고를 만들기로 했습니다.
디자인이라는 게 사실 취향의 문제이고, S차의 디자인도 나름 훌륭한데
고객들이 그 진면목을 몰라준다고 판단한 것이죠.
빨간색의 S차가 그 디자인 자태를 뽐내며 도심을 역동적으로 주행하는
감각적이고 스포티한 광고가 제작되었습니다.

결과는 어땠을까요?

네, 예상하신 대로 대실패였습니다.
매출과 브랜드 이미지 모두 하락세를 반전시키지 못했을 뿐 아니라,
오히려 K차의 광고를 따라 하는 짝퉁 이미지가 생기기도 했습니다
오랫동안 지켜온 중형차의 리더 이미지에도 상처를 입은 것이죠.

'아, 진짜 문제는 디자인이 아니었구나.'
담당 마케터는 크게 실망했지만, 포기하진 않았습니다.
대신, 더 깊이 파고들기로 합니다. 다시 한번 그 답에 '왜'를 걸었지요.

"그렇다면, 진짜 문제는 디자인 자체가 아니라,
소비자들이 디자인을 '왜' 중요하게 여기는지 아닐까?"

그는 동료들과 함께 소비자가 중형차를 선택할 때
유독 '디자인'을 중시하는 이유에 대해 탐구하기 시작했습니다.
그 결과, 소비자들은 '중형차의 품질이 상향평준화'되었기 때문에
변별력을 줄 수 있는 요소가 '디자인'밖에 없다고 생각한다는 것을 발견했습니다.

즉, 진짜 문제는 '디자인'이 아니라,
'중형차 품질은 이제 거기서 거기'라는 소비자 인식이었던 것이지요.
문제정의가 달라지니 해결책도 달라졌습니다.

[S차의 P코드]

더 이상 '디자인의 우위'를 어필하는 광고는 답이 아닌 것이죠.
오히려 '품질의 우위'를 소구하는, 정반대의 해결 방안이 필요해졌습니다.

그래서 S차는, 경쟁 차종인 K차 등과는 완전히 차별적으로
오랜 시간 쌓아온 품질과 역사를 강조한 '감성 품질력'이라는
다른 차원의 광고전략을 전개했습니다.

빗소리, 사람들의 뛰어가는 모습, 아이들의 웃음소리…
앞서 설명한 비 오는 날 운전자의 감성을 터치하는 광고가 탄생합니다.
자동차의 기능이나 디자인을 강조하는 뻔한 방식을 뛰어넘는
신선하면서도 세련된 S차만의 '감성 품질력'을 강조합니다.
심지어 자동차가 광고에 등장하지 않아도 괜찮습니다.
S차는 모두가 아는 국민차이기 때문이지요.
다른 경쟁 차종들은 절대 따라 할 수 없는 광고전략이었습니다.

광고캠페인 집행 결과,
앞서 말한 매출과 브랜드 이미지, 두 마리 토끼를 다 잡는 성공을 거두었죠.
성공의 비결은 기획자의 천재적 창의성이 아니었습니다.
'왜'라는 질문으로 문제의 본질을 파고들었던 기획자의 근성이었지요.

단순하지만 강력한 '왜why'의 파워였습니다.

−

이처럼 'P코드 찾기'는
누가 더 끊임없이, 끈질기게 '왜'라는 질문을 던지며
문제의 본질로 더 깊이 파고들 수 있는지penetrate에 달린 게임입니다.
생각에도 근육과 체력이 있지요. 하지만 우리가 꼭 명심해야 할 것이 있습니다.
기획자의 생각은 머리로만 하는 것이 아니라 발로 하는 것입니다.

답은 책상 위가 아니라 현장에 있기 때문입니다.

5

TV 부속품 원자재 제조업체에 문제가 발생했습니다.

최근 수년간 생산성이 급격히 낮아졌는데 그 원인을 도무지 알 수 없었습니다.
결국, 플래닝코드로 문제를 해결하는 외부 컨설턴트에게 도움을 요청했죠.

기획의 1형식.
컨설턴트는 한 글자의 질문, 왜why를 던집니다.

"왜 생산성이 이렇게 낮아졌을까?"

컨설턴트는 답을 찾기 위해 회사의 모든 생산 데이터를 뽑아 살펴보았습니다.
일반적으로 제조업은 각각의 공정 단위로 생산성을 측정하는데,
모든 공정의 생산성이 조금씩 하락한 것이 확인되었습니다.

그래서 처음에는 '공정의 효율성 문제'라고 생각해
효율성을 높이기 위한 다양한 해결책을 고안했습니다.
이를테면 '기술 업그레이드, 시스템 개선, 매뉴얼 개편, 직원 재교육' 등이었죠.

하지만 컨설턴트는 왠지 께름칙했습니다.
'이런 통상적인 해결 방안으로 정말 생산성이 나아질까?
특정 공정이 아니라 모든 공정에서 고르게 생산성이 떨어지는 것도 이상해.'
확신이 서지 않자, 다시 한번 '왜'를 던집니다.

"왜 특정 공정이 아닌, 모든 공정에서 생산성이
조금씩, 고르게 낮아지는 걸까?"

이번엔 공정별 로우 데이터까지 전부 뽑아 분석해보았습니다.
몇 날 며칠 데이터와 씨름하며 해당 원인을 찾아보았지만
답은 도무지 찾아지지 않았습니다. 마치 블랙박스에 갇힌 느낌이었지요.

결국 탁상에서 답 찾기를 포기한 컨설턴트는 현장으로 나갔습니다.
각 공정 담당자들을 전부 만나 인터뷰했습니다.
그래도 단서가 잡히지 않았습니다. 끝까지 포기하지 않았습니다.
이번엔 최소 제조 단위의 말단 담당자들까지 만나면서
끈질기게 질문에 대한 답을 파고들었습니다.

왜↓
모든 공정에서 고르게 생산성이 새고 있는 걸까?
왜↓
왜↓

그러던 어느 날,
한 말단 실무자가 무심코 던진 한마디가 컨설턴트의 귀를 사로잡았습니다.
"생산 공정이 따로 없는데도 받는 주문이 있었어요."

"그게 무슨 말이죠?"
그 실무자를 붙잡고 자초지종을 물었습니다.
1~2년간 특정 인치의 화면이 트렌드가 되면서 인기를 끌었는데,
그 크기의 TV 부품 주문이 많이 들어왔다는 겁니다.

'주문은 받아놨는데 그걸 담당 중인 공정이 없었다?'
컨설턴트는 이상하다 싶어 '인치별로' 생산 데이터를 다시 만들어 살펴보았고
그제서야 문제의 실마리가 풀렸습니다.

해당 인치를 담당할 별도 공정이 없다 보니,
주문을 아무 공정에나 임의로 불쑥불쑥 끼워놨던 겁니다.
결과적으로 해당 인치 주문량이 올라갔지만,
다른 인치의 생산성은 고르게 낮아졌던 것이죠.

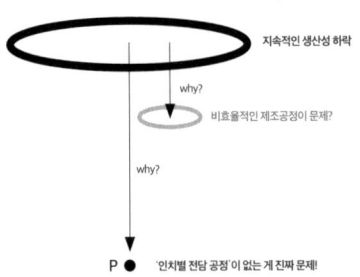

[TV 부속품 제조업체의 P코드]

즉, 겉으로 보기에는 '공정의 비효율성'이 문제처럼 보였지만,
실상은 '인치별 전담 공정의 부재'가 진짜 문제였던 겁니다.

결국, 컨설턴트는 '인치별 공정 부재'라는 P코드를 기어코 찾아냈고,
'인치별 공정을 따로 세우면 생산성 문제가 해결될 것'이라는
명쾌한 해결책을 제시할 수 있었습니다.

문제의 본질을 파고드는 집요함으로 성공한
어느 현직 CEO의 커리어 초년 시절 실제 에피소드입니다.

—

기획의 형태는, 분야마다 사안마다 제각각이지만
월리wally는 다르지 않습니다.

끈질기게, 집요하게
온몸으로 문제의 본질을 파고드세요penetrate.

"왜↓"
이 한 글자면 충분합니다.

토끼가 거북이에게 졌습니다.

왜↓

'잠을 자서'가 아니라 '자만해서'였습니다.

아파트 주민들이 낡은 엘리베이터에 불만을 늘어놓습니다.

왜↓

'속도가 느려서'가 아니라 '지루해서'입니다.

역대 월드컵에서 한국 축구 성적이 생각보다 저조합니다.

왜↓

'기술이 안 좋아서'가 아니라 '체력이 안 좋아서'입니다.

금융위기로 자동차 판매가 부진합니다.

왜↓

'차 값이 부담스러워서'가 아니라 '미래가 불안해서'입니다.

wally 3

도구
조사는 하지 마라. 꼭 해야 한다면 제대로 해라.
데이터는 도구일 뿐, 매몰되지 마라.
조사를 믿지 마라. 조사하는 사람을 믿어라.

'왜why'를 찾는 데 도움을 주는 중요한 도구가 있습니다.

'조사research'입니다.

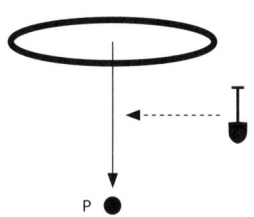

제가 말하는 조사는 일반적인 정량·정성 조사를 넘어서
자료수집, 팩트 파인딩, 데이터분석, 트렌드분석, 사례조사, 관찰조사 등
정보와 데이터를 다루는 모든 과정을 포함합니다.

기획은 정보의 함수라고 말했듯이
기획 과제에 관련된 정보를 철저히 수집하고 분석하지 않으면
우리의 '왜why'라는 질문은 제대로 작동하지 않습니다.
그래서 조사는 기획자에게 필수적입니다.

주의사항 말씀드립니다.

이 조사라는 도구를 너무 믿고 의지하지 마십시오.
주객이 전도될 수 있습니다.

조사가 목적이 되고 사람이 도구가 되는,
이른바 '조사를 위한 조사'의 함정에 빠지면,
숫자와 데이터라는 지표에 매몰되어 전체의 흐름을 놓치게 됩니다.
결국 기획자의 통찰은 흐려지고,
우리가 찾으려는 P코드도 제대로 파악할 수 없게 되지요.

숫자와 데이터에 지배당하지 말고,
당신의 통찰로 그들을 지배하세요.

특히 오늘날 'AI, 빅데이터 시대'의 기획자들에게 중요한 건,
데이터 자체가 아니라 인간의 해석과 통찰입니다.

결국 중요한 것은
'빅데이터big data'가 아니라 '빅사이트big sight'인 것이죠.

앞서 소개해드린 현대차의 〈실직자 보장 프로그램〉 사례에서도
물론 대규모의 정량, 정성 조사가 진행되었지만
P코드를 찾을 수 있었던 것은, 숫자 이면의 진실을 발견하고자 했던
담당 기획자의 끈질긴 호기심과 아날로그적 통찰 덕이었습니다.

〈TV 부속품 제조업체〉 사례도 마찬가지입니다.
컨설턴트가 진짜 문제를 밝혀낼 수 있었던 것은 데이터의 힘이 아니라,
현장 실무진들과 직접 대화를 나눈 덕분이었습니다.

조사는 도구일 뿐, 목적은 P코드를 찾는 것입니다.
도구는 목적에 따라 얼마든지 변형할 수 있습니다.
즉 조사 방법은 기획 과제에 맞춰 변화무쌍하게 설계될 수 있지요.

최신 조사 방법론을 일일이 설명하지는 않겠습니다.
대신 고전 사례classic case 하나를 소개하겠습니다.
최신과 클래식은 결국 통하니까요.

1940년대 후반 네슬레에서 획기적인 상품을 기획했습니다.

바로 인스턴트커피(네스카페)입니다. 네슬레 마케터는 대박 예감에 매우 흥분했지요.
당시에는 원두커피 시대였기에 뜨거운 물로 바로 커피를 즐길 수 있는
인스턴트커피의 성공은 떼놓은 당상이었기 때문입니다.
용이성과 편리성을 중시하는 현대인들의 니즈에 딱 맞는 제품이었지요.

그래서 제품 컨셉도 '편리함'으로 정하고 대대적인 마케팅 활동을 시작했습니다.
그런데 이게 웬일. 예상외로 판매 실적은 저조했습니다.
커피 소비의 메인 타깃인 대다수의 주부들은 인스턴트커피를 구매하지 않았습니다.

기획의 1형식. 무엇이 문제일까?

네슬레는 서베이조사를 했습니다.
주부들은 원두커피에 비해 '맛이 없기 때문'이라고 대답했습니다. 좀 이상했습니다.
커피 출시 전 진행됐던 블라인드 테스트에서는 대다수가
원두커피와 인스턴트커피의 맛을 구분하지 못했기 때문입니다.

1950년, 네슬레의 의뢰를 받은 메이슨 헤어Mason Haire 교수는
'투사법'을 실시하여 주부들의 숨겨진 P코드를 발견하게 됩니다.
그는 100명의 주부를 두 집단으로 나누고 쇼핑 리스트를 주었는데
그 쇼핑 리스트는 모든 항목이 같았지만 유일하게 커피 항목만 달랐습니다.
그는 주부들에게 주어진 쇼핑 리스트를 보고 '쇼핑하는 주부'를 묘사하라고 했지요.
두 그룹은 완전히 다른 묘사를 했습니다.
[a 리스트] : 기존 원두커피를 구매하는 주부는 검소하고 절약하며 분별력 있는 여자로,
[b 리스트] : 인스턴트커피를 구매하는 주부는 게으르고 생각 없이 사는 여자로 묘사되었지요.

즉 네슬레는 투사법을 통해 인스턴트커피를 구매하지 않는 진짜 이유가
'맛이 없어서'가 아니라 게으르고 분별력 없는 주부로 보일지 모른다는
'죄의식' 때문임을 밝힐 수 있었고 그 P코드에 따라 마케팅 전략을 전면 수정하여
인스턴트커피 전성기를 열 수 있었습니다.

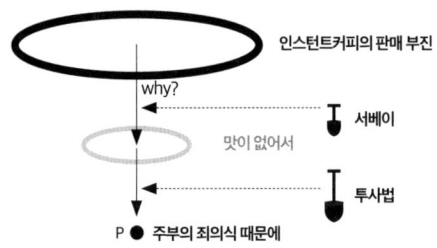

[네슬레의 P코드]

여기서 잠깐.
정말 '조사'라는 것이 문제점을 찾아준 걸까요?

아닙니다.
헤어 교수가 찾은 겁니다.

그는 수많은 조사 방법 중에
왜 하필 '쇼핑 리스트를 활용한 투사법'을 사용했을까요?

헤어 교수에게는 이미 '주부의 죄책감'을 포함하여
문제점에 대한 몇 가지 가설hypothesis이 있었습니다.
그 가설들을 검증해보기 위해서는
기존 '서베이조사'로는 한계가 있다고 판단했지요.
'투사법projective tests'이라는 새로운 도구가
살짝 필요했던 것뿐입니다.

―

SK텔레콤의 <TTL 캠페인>은 국내 마케팅 역사의 혁신 사례로 손꼽힙니다.
1999년, SK텔레콤은 경쟁사 대비 취약점으로 지적받던
20대 젊은 층을 타깃으로 한 새로운 통신 서비스를 출시하기 위해
그들의 내면에 숨겨진 P코드를 찾아야 했습니다.
그때나 지금이나 젊은 세대의 욕망과 기대를 읽어내는 일은 쉽지 않죠.

SK텔레콤의 마케팅 기획자들은
통상적인 조사 방식인 좌담회 focus Group Interview 대신,
타깃층과 함께 생활하고 행동하며 경험을 공유하는
'문화인류학적 조사'를 시도했습니다.

프로젝트 초기엔 기획자 나름의 몇 가지 논리적인 가설들을 가지고 있었지만
젊은 타깃 무리에 섞여 실제로 그들과 생활하고 어울리는 동안
자신들의 생각이 틀렸음을 자각하고 모든 가설을 과감히 기각해버립니다.

그리고, 당시 20대의 내면에 숨겨진 P코드를
'Unidentified', 즉 '정의할 수 없는'으로 규정합니다.

당시 세기말 20대의 정체성은 논리적으로 명확하게 규정되는 것이 불가능할 뿐 아니라,
규정하는 것 자체가 무의미하다는 것을 그들과 함께한 생활 속에서 체득한 것이죠.
이 모호한 정체성을 반영한 'TTL'이라는 의미 불명의 네이밍부터 시작해,
신비로운 광고, 정체불명의 TTL 소녀, 그들만이 즐길 수 있는 문화 이벤트와
독특한 혜택과 서비스 등은 젊은 층의 폭발적인 공감을 얻었고,
결국 마케팅적으로 엄청난 성공을 거두게 되었습니다.

—

기획자의 통찰과 가설이 우선입니다.
그러나 기획자는 조사를 통해 자신의 가설이 틀렸다는 것이 입증되면,
기꺼이 그 가설을 기각할 수도 있어야 합니다.

CJ제일제당은 국내 최초로 냉장 수산물 간편식 제품을 개발했습니다.
이 제품은 생선 비린내를 잡고 전자레인지로 1분만 조리하면
일반 생선구이와 같은 맛을 즐길 수 있는 신박한 제품입니다.
'비비고 생선구이'는 출시되자마자 간편하고 깔끔하게 생선구이를 즐기려는
집밥족들에게 큰 인기를 끌었지요.
그러나 어느 순간부터 고공 행진하던 매출이 정체되기 시작했습니다.

'맛의 문제일까? 가격이 비싸서? 경쟁 제품의 등장으로? …'

비비고 생선구이의 담당 마케터는
타당해 보이는 여러 가설들을 가지고 마트로 뛰어가
주부 고객들을 직접 대면하며 자신의 가설들을 일일이 검증해보았습니다.

현장 대면 조사를 통해 밝혀진 진짜 문제는,
전혀 예상치 못했던 '생선 가시'였죠.
미취학 자녀들이 생선의 잔가시 때문에 먹기를 꺼린다는
뜻밖의 진실을 발견했습니다.

그러자, 마케터는 과감하게 자신의 사전 가설들을 모두 기각하고
'생선 가시'를 문제의 본질, 즉 P코드로 규정합니다.

그리고 내부 상품 개발팀을 만나
'생선 가시'를 없앨 방안을 찾아달라고 요청했지요.
힘든 설득의 과정 끝에 결국, '순살 생선구이'라는
업그레이드 상품을 출시할 수 있었습니다(가격은 500원 상승).

매출은 다시 오르기 시작했고,
사랑받는 상품으로 자리 잡을 수 있었습니다.

이제 기획자는
자신의 기획 가설을 검증하기 위해
기존의 조사뿐만이 아니라
각종 데이터들을 활용할 수도 있습니다.

더 손쉽고 빠르게 기획자의 통찰을 테스트할 수 있는
환경이 마련된 것이죠.

현대의 기획자는 데이터에 친숙해야 하며
능숙하게 다룰 줄 알아야 합니다.
오늘날의 기획 조직은 곧 데이터 조직이 되어야 하는 이유죠.
이처럼 숫자와 데이터는 중요합니다.

그런데요, 중요하지만
그것이 본질은 아닙니다.

본질과 도구를 혼동하지 마십시오.
숫자와 데이터는 중요한 도구일 뿐, 본질은 아닙니다.
통찰이 먼저, 데이터는 그다음입니다.

먼저 당신의 통찰을 바탕으로 가설을 세우고,
그 가설을 검증할 최적의 도구를 찾으세요.

없으면 만드세요.

우리의 최종 목표는 오직
진짜 문제, 즉 P코드를 밝혀내는 것입니다.

wally 4

삼체
'사실적 문제', '현상적 문제', '본질적 문제'를 구분하라.
'사실'은 '현상'에 영향을 끼치는 요인이지만 원인이 되는 '본질'은 아니다.
해결할 수 없는 것은 문제가 아니다.

'왜?'라는 질문과 '조사'라는 도구로 문제를 찾을 때
봉착하는 또 다른 문제가 있습니다.
이놈도 문제인 것 같고 저놈도 문제인 것 같아 헷갈린다는 거죠.
생각해보면 당연합니다.
우리네 세상사 원인은 여러 가지로 뒤엉켜 발생합니다.
수많은 문제들 중에서 어떤 놈이 진짜 문제인지
가려낼 수 있는 월리도 필요합니다.

1
비가 왔습니다.
한 초등학생이 방과 후 집에 오는 길에 비를 맞아 감기에 걸렸습니다.

무엇이 문제problem일까요?

'감기에 걸린 것'은 문제가 아니라 '문제의 현상'이라고 했습니다.
'왜↓감기에 걸렸는지'가 진짜 문제죠.
우리는 여러 가지 원인을 생각해볼 수 있습니다.

비가 와서?
엄마가 데리러 오지 않아서?
아이의 체질이 허약해서?
우산을 미리 챙기지 않아서?

이 중에 어떤 놈이 진짜 문제일까요?
우리가 범하는 가장 흔한 오류입니다.
"비가 와서요!"

네. '비'는 감기라는 결과에 분명히 영향을 미치긴 했습니다.
하지만 비를 맞은 사람 모두가 감기에 걸리는 것은 아니죠.
감기에 걸린 본질적인 원인으로 보기 힘든 이유입니다.

백번 양보해서 '비가 온 것'이 문제라고 가정해보죠.
그럼 해결책이 뭘까요? '비가 오지 않게 하는 것'이죠.
그런데 그건 인간의 영역이 아니라 신의 영역입니다.
기획은 인간의 아날로그 작업이라고 했습니다.
인간이 해결할 수 없는 것은 문제가 될 수 없습니다.
개선 가능하고 대처 가능한 원인만이 문제가 될 수 있습니다.

따라서 '비' 자체는 문제가 아닙니다.
아이가 감기에 걸리는 데 악영향을 끼친 '사실적 요인'일 뿐이지요.
즉 '현상'에 영향을 미친 객관적인 '사실fact'로 보아야 타당합니다.

'현실적으로 해결할 수 없는' 요인도 문제가 될 수 없습니다.
개선 가능한 요인이라 하더라도
예산과 기간을 초월하거나 나의 권한을 벗어나는 문제는
사실상 해결이 불가하기 때문입니다.

따라서 '아이의 허약한 체질'도 '문제'가 될 수 없습니다.
허약한 체질은 '개선 가능한 현상의 주요한 요인'일 순 있지만
그것은 현실적으로 단기간에 개선되기 힘든 요인이기 때문입니다.

고백합니다. 그 초등학생은 어린 시절 저입니다.

'엄마가 데리러 오지 않아서'

그 시절 저는 문제를 이렇게 규정했습니다.
'다른 엄마들처럼 우산 들고 데리러 오지 않는 엄마가 문제야.'
충분히 타당하고 논리적인 문제 규정이라고 생각한 저는
떳떳하게 엄마를 원망했죠.

그런데 문제를 그렇게 규정하니 매번 비를 맞게 되더군요.
엄마는 언제나 바쁘셨습니다. 문제가 해결되지 않았습니다.
그때 깨달았습니다. 아, 이게 문제가 아니구나.
더 깊이 들어가야 했습니다.

진짜 문제는,
저 스스로 '우산을 미리 챙기지 않은 것'이었습니다.
저는 그 후로 해가 쨍쨍해도 혹시 몰라 우산을 챙겨 다니는
준비성 철저한 학생이 되었습니다.
문제가 해결되었습니다.

그림으로 말씀드립니다.

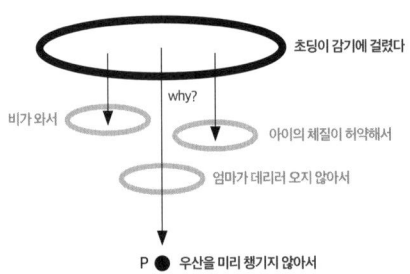

[초등학생의 P코드]

2

비가 오지 않았습니다.
가뭄이 들었습니다. 땅이 갈라졌습니다.
농부가 정성 들여 키우던 농작물이 말라 죽었습니다.

농부의 문제problem는 무엇일까요?

농작물이 말라 죽은 것은 현상phenomenon일 뿐이죠.
농작물이 말라 죽는 직접 원인이 문제problem입니다.

이제 '비가 오지 않아서'라는 대답은 아니 됩니다.
그건 문제라기보다는 제약조건, 즉 '문제의 사실fact'이기 때문이죠.
'비가 오지 않는다'라는 객관적 사실을 문제로 규정할 경우
해결책으로 '기우제'를 제시하는 오류를 범하게 됩니다.
우리 선조들은 실제로 '비가 오지 않는 것'을 문제로 규정했었지요.
사실이 아닌 진실을 향해 더 깊이 들어가야 합니다.

네, 문제의 본질은 단순히 비가 오지 않는 것이 아니라,
'물이 부족하다는 것'입니다.

문제를 이렇게 정의하면,
물을 공급하기 위해 호스를 끌어오거나, 간이 개간 사업이나 댐 건설,
헬기 살수와 같은 다양한 해결책을 모색할 수 있습니다.

(시간과 예산에 따라 현실적으로 선택)

간혹 어떤 분들이 질문하십니다.
"문제를 '비가 오지 않는 것'으로 규정하나 '물이 부족한 것'으로 규정하나
결국 같은 말 아닌가요? 그냥 말장난 아닌가요?"

저는 이렇게 반문합니다.
"기획자 맞으신가요?"

'김철수 씨'는 양자의 문제 규정을 똑같다고 말해도 되지만
'기획자 김철수 씨'는 양자를 선명하고 민감하게 구분해야 합니다.
완전히 다른 문제 규정입니다. 왜?

해결책이 완전히 다르게 도출되기 때문입니다.
(전자는 '기우제'로, 후자는 '개간 사업'이나 '헬기 살수' 등으로 해결책 도출)

그림으로 말씀드립니다.

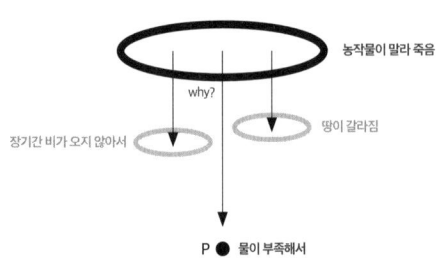

[농부의 P코드]

이렇듯 '문제'는 하나인 듯 보이지만, 사실 세 놈으로 구성된 한 몸입니다.
'현상적 문제phenomenon'라는 놈, '사실적 문제fact'라는 놈,
'본질적 문제problem'라는 놈, 이 셋입니다.

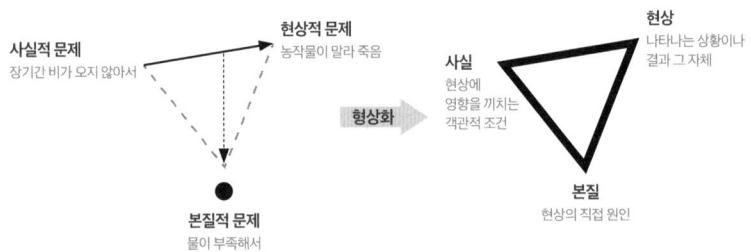

넷플릭스의 SF 드라마 〈삼체3 Body Problem〉의 제목처럼
'문제의 삼위일체'라고나 할까요. 세 놈의 이름은 모두 '문제'입니다.
하지만 그들의 성격과 정체성은 제각기 다릅니다.
'사실적 문제fact'는 '현상적 문제phenomenon'에 분명히 '영향'을 끼치지만
직접 원인이 되는 '본질적 문제problem'는 아니지요.

위의 농부 사례에서 '비가 오지 않아서'라는 사실fact은 분명히
'농작물이 말라 죽음'이라는 현상phenomenon에 '영향'을 주긴 하지만

그 결과를 초래한 '직접 원인problem'은 아닌 것과 같습니다.
직접적 원인은 '물, 즉 수분이 부족해서'라고 보는 것이 타당하죠.

기획자라면 '문제의 삼체 메커니즘3 body problem'을
확실히 이해하고 구분할 수 있어야 합니다.
그래야 '진짜 문제'를 찾을 수 있습니다.
그런데 제 경험상, 현장의 문제 규정에서 가장 많이 범하는 오류의 패턴이
바로 '사실'을 '문제'로 잘못 규정하는 경우입니다.

즉 위의 두 가지 사례에 대입해보면
'비가 와서(초딩)' 그리고 '비가 오지 않아서(농부)'라는 사실fact 자체를
문제problem로 규정하는 오류를 범하는 경향이 많다는 거죠.

"에이, 실제 기획할 때 누가 그런 식의 오류를 저지르겠어?"
반문하실 수 있지만 천만의 말씀입니다.
비일비재합니다.

대표 사례를 보여드리기 위해
타임머신을 타고 1952년 12월의 대한민국으로 떠나봅니다.

—

| 황량한 유엔묘지 |

한국전쟁 중이었습니다. 많은 유엔군들이 전사했습니다.
전쟁 중이었지만 희생자들을 추모하기 위해 부산에 세계 유일의 유엔군 묘지가 조성되었습니다.
그런데 미국 대통령 당선인 신분으로 한국을 방문 중이었던 아이젠하워Eisenhower가
갑자기 부산 유엔묘지를 찾겠다고 했습니다.
한겨울에 을씨년스럽게 방치된 묘지로 안내할 수 없었던 미 제8군사령부는
한국 측에 '푸른 잔디'를 입혀달라는 요구를 했고 이에 여러 건설회사들을 입찰했습니다.
그런데 한겨울에 푸른 잔디가 있을 리 만무하지요.
입찰에 참여한 건설사 대표들 중 그 누구도 할 수 있다는 사람이 없었습니다.
故정주영 회장을 제외하곤 말이지요.
정주영 회장은 잔디 대신 '낙동강 변의 보리싹'을 파다가 수십 대의 트럭으로 옮겨 심어
5일 만에 '황량한 유엔묘지'를 '푸른 공원'으로 만들었습니다.

아이젠하워는 크게 만족했고 미 제8군사령부는 정 회장에게 두 마디를 전했다 하죠.
"Wonderful. You are genius."
이후 미군 공사는 현대건설의 독무대가 되었다는 전설과 같은 이야기입니다.

정주영 회장은 왜 성공했고, 다른 대표들은 왜 실패했을까요?
정 회장은 다른 대표들과는 달리 문제를 제대로 규정했기 때문이죠.
다른 대표들은 '사실'을 '문제'로 규정하는 오류를 범했기 때문입니다.

'겨울에는 잔디가 없다'라는 해결할 수 없는 '사실' 자체를
'문제'로 규정하였기 때문에
(계절을 바꿀 순 없으니) 아무런 해결책도 제시하지 못한 것이죠.

하지만 정주영 회장은 문제를 다르게 규정했습니다.
문제의 본질은 '겨울이라 잔디가 없는 것'이 아니라
'푸름이 없는 것'이라고 보았던 겁니다.
'푸름이 없는 것'을 문제로 규정하면 갖가지 해결책을 모색할 수 있죠.

'푸른 물감'으로 화사하게 잔디를 색칠할 수도 있고
'푸른 천'이나 '종이'로 묘지를 덮는 방법도 생각해볼 수 있습니다.
해결책에 정답은 없습니다. 정주영 회장은 여러 해결의 대안들 중에서
겨울에도 푸른색을 잃지 않는 '보리싹'이라는
차선의 현실적인 해결책을 제안하고 성공을 쟁취한 것이지요.

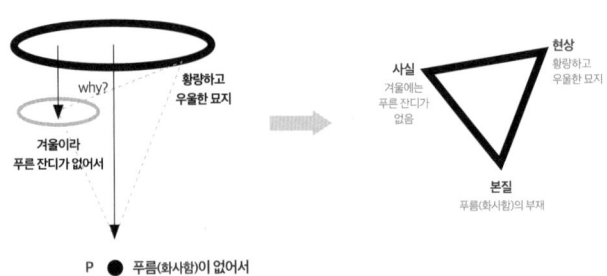

'사실'을 '문제'로 규정하는 오류는 때와 장소를 가리지 않습니다.
우리 사회의 '정책기획'에서도 빈번히 만날 수 있죠.

—

'골목상권 침체 문제'의 해결책으로
우리 정부가 내세운 핵심 정책이 무엇이었습니까?

네. '대형마트 의무휴업'입니다.
정기적으로 대형마트의 문을 강제로 닫게 했죠.

결과는 어떤가요?
정부의 취지와는 달리, 골목상권과 전통시장의 활성화 효과는
미미하였을 뿐 아니라 대형마트 정기휴업으로 인해
일자리 감소, 소비자 불편이 가중되는 부작용까지 발생했지요.

이런 부실한 정책을 기획하게 된 비결은 무엇일까요?

역시, 기획의 1형식의 오류입니다.
골목상권 침체의 문제를 '대형마트'로 규정했기 때문이죠.
'대형마트'가 문제라면, 해결책은 '대형마트 문을 닫는 것'입니다.
상식적으로 실천했습니다(대형마트 점포 휴무제 시행).

골목상권 침체라는 현상에서 '대형마트의 존재'는
문제의 본질이 아닙니다.
그것은 하나의 '제약조건' 또는 '객관적 사실'일 뿐이지요.

근본적인 문제는
'골목상권 자체의 미약한 경쟁력'이라고 보는 것이
더 타당하지 않을까요?

실제로 미국에서는 이와 유사한 상황에서
'골목상권의 자체 경쟁력'을 문제의 본질로 규정했고
색다른 해결의 기회를 모색할 수 있었습니다.

그 사례를 만나러 이번엔 미국으로 떠나봅니다.

| 스몰 비즈니스 새터데이 Small Business Saturday |

이 기획은 대형 쇼핑일인 '블랙프라이데이'와 '사이버먼데이' 사이의 토요일을
'영세 소상점을 위한 날 Small Business Saturday'로 지정하여, 당일 소상점에서 물건을 구매하면
각종 할인과 혜택을 제공하는 일종의 '소상점 구매 장려 운동'이었습니다.
미국 정부와 아메리칸 익스프레스 Amex의 공동 기획으로 시작된 이 운동은
단순한 구매 장려 운동을 넘어 자체 비즈니스 경쟁력이 취약한 골목 상점에게
무료 광고, SNS 미디어 교육 등 마케팅·홍보의 노하우를 지원하는 플랫폼이었습니다.
당시 오바마 Obama 대통령도 트위터로 이 운동을 홍보하여 국민적 공감대를 형성했지요.
이 운동에 참여한 소상점들의 매출은 전년 동기 대비 20~50% 증가했으며,
결과적으로 15억 달러에 해당하는 미디어 노출과 함께
소셜미디어상의 관심도가 자그마치 350% 상승하는 효과를 얻습니다.
무엇보다 미국 국민의 65%가 인지하게 되면서 더욱 탄력을 받은 이 운동은
골목상권과 소상인들의 자체 비즈니스 경쟁력을 근본적으로 높이는
매우 중요한 마중물이 되었습니다.

우리의 '대형마트 휴무제'와는 달리 강압적 성격을 띠지 않은
자발적 소상인 돕기 운동의 장이 펼쳐진 것이죠.
대형마트, 골목상권, 소비자가 원원하는 구조가 만들어진 것입니다.

아이디어가 창의적인 게 아니었죠.
문제를 다르게, 제대로 정의했을 뿐입니다.

이런 것이 바로 '창조 기획'입니다.

—

오늘날 '극장'이 위기라고들 합니다. 사라질 거라고 합니다.
2030 세대를 중심으로 관객 수가 급격히 줄어들고 있기 때문입니다.

극장은 정말 사라질까요?
이 문제도 전적으로 우리의 기획적 사고에 달려 있습니다.

많은 이들이 극장의 위기를 '코로나19 사태' 때문이라고 말합니다.
어떤 사람들은 '넷플릭스'가 핵심 원인이라고도 합니다.
팬데믹 동안 OTT 서비스가 극장의 대안으로 완전히 자리 잡았기에
극장은 이제 존재 가치가 없다는 주장이죠.

과연 그럴까요?

플래닝코드로 사고해보면,
먼저 '코로나19'는 천재지변이므로 문제로 성립하지 않습니다.
'넷플릭스 등 OTT의 인기'도 문제의 본질이 아닌
제약조건 또는 객관적 사실에 불과합니다.

마치 농작물이 말라 죽는 문제의 본질을
'비가 오지 않아서'로 규정하는 것이나,

황량한 유엔묘지 이슈의 P코드를
'겨울에는 푸른 잔디가 없다'라고 규정했던 것,

골목상권 위기의 핵심 원인을
'대형마트의 존재'라고 정의하는 것과 다르지 않습니다.

'사실' 그 자체를 '문제'로 착각하는 오류입니다.

그렇다면,
이 디지털 시대에 극장이 외면받는 근본적인 문제점,
P코드는 무엇일까요?

우리가 극장의 문제를 다른 방식으로 정의하고
새로운 해결의 기회를 모색할 수 있다면
오히려 극장의 새로운 전성시대를 열 수 있을지도 모릅니다.

—

지금, 당신의 기획은 어떻습니까?

혹시, '사실fact'과 '현상phenomenon'을
'본질problem'로 혼동하고 있지는 않으신가요?

wally 5

변이
기획자에게 '문제'는 곧 '과제'다.
기획자의 긍정 마인드는 '문제'를 '해결 과제'로 전환한다.
'Problem'에서 'Project'로의 경이로운 변이다.

한 가지 짚고 넘어가야 할 문제가 있습니다.
우리는 '문제'를 '부정적인 것만으로 보는' 문제가 있다는 것입니다.
문제를 '안 좋은 것', '나쁜 것' 등으로 매도(?)하곤 하지요.

오해하지 마세요.
문제는 '나쁜 것'이 아니라 '해결해야 하는 것'입니다.

문제는 이미 '해결책의 씨앗'을 품고 있으며
그 안에 '엄청난 창조 에너지'를 가지고 있는 좋은 녀석입니다.
'문제'란, 그 자체로 '잠재적 해결 과제'입니다.

문제를 문제 그대로 두느냐,
해결하기 위한 과제로 설정하느냐는
기획자의 마인드 차이입니다.

기획통들은
문제를 문제로 내버려두지 않습니다.

$$p \rightarrow q$$

'문제problem'를 '긍정의 질문question'으로 바꿔 해답을 구합니다.
즉 '문제'를 '해결해야 할 과제'로 전환합니다.

일반적으로 '과제'라고 하면 'Task'를 떠올리기 쉬운데
'Task'는 기획자의 사전에 없는 용어입니다.

Task
(힘든, 하기 싫은) 일, 과업, 과제

Task의 사전적 의미가 '하기 싫은 과제'이기 때문입니다.
Task의 어원이 Tax(세금)와 같다고 하니
'왠지 하기 싫은데 억지로, 의무적으로 해야 하는 일' 같은 느낌입니다.
기획고수들에게 '과제'는 'Task'가 아닌 'Project'입니다.

Project
(연구·생산·개선을 위한) 기획 / (흥미·관심을 끄는) 활동

접두사 pro는 forward(앞으로)라는 의미로 진취적인 의미이고,
-ject는 '쏘다, 발사한다'라는 어원을 가지고 있습니다.
즉 Project는 진취적 마인드로 더 높은 곳을 향해 쏘아 올린다는 뜻입니다.
의무적이고 수동적이고 따분한 과제가 아니라
더 높은 수준으로 점프하는, 흥미롭고 가슴 뛰는 과제입니다.

즉 기획에서 '문제'가 '과제'로 바뀐다는 것은,
수동적인 성질의 'Problem'에서 적극적인 성질의 'Project'로
질적인 변화가 이루어지는 순간을 의미합니다.

저는 이 과정을 'P코드의 경이로운 변이'라고 부릅니다.

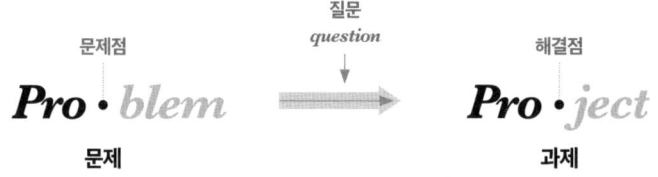

'문제'는 '질문'을 통해 '과제'로 환골탈태한다.

Problem이 '문제점'이니 Project는 '해결점'인 셈입니다.
기획의 패러다임이 '문제의 점'에서 '해결의 점'으로 이동하는 순간이지요.
Task가 아닌 Project를 하는 기획자는 활력이 넘칩니다.
새롭고 긍정적인 일을 만든다는 생각에 행복감을 느낍니다.

대표적인 예가 MBC 김영희 PD*입니다.
*<몰래카메라>, <칭찬합시다>, <양심 냉장고>, <느낌표> 등 공익 예능의 개척자로 불리는 프로듀서
가슴 뛰는 Project를 다시 하고 싶어서 임원에서 현업으로 자진 복귀했고,
복귀 후 <나는 가수다>라는 음악 예능을 기획했습니다.

그는 먼저 당시 가요계의 '문제적 현상'을 보았죠 saw.
당시 가요계는 아이돌그룹과 댄스음악으로 지나치게 편향되어 있었고,
이에 대해 '왜'라는 질문으로 문제의 본질에 다가갔습니다.

아이돌그룹들과 댄스음악으로 편향된 방송 가요계

Q.
왜 TV를 틀면 음악방송에 댄스가수들만 나올까?
A.
왜긴. 대중이 원해서지.
Q.
왜 대중은 춤을 잘 추는 아이돌가수들만 원할까?

A.
왜긴. 그들은 멋지니까. 어리고 예쁘고 잘생긴 가수들이
역동적으로 춤추는 무대는 시각적으로 강렬하잖아.

Q.
왜 대중은 어리고 춤을 잘 추는 가수만 멋지다고 생각할까?
노래 잘하는 기성 가수들도 충분히 멋진데. 노래가 주는 감동이 얼마나 큰데.

A.
그런가? 가창력 좋은 기성 가수들의 무대를 TV에서는 자주 볼 수 없어서.
아마 마니아 팬들이나 콘서트에 직접 가서 보는 경우가 많겠지?

—

이러한 질문들은 결국
'일반 대중은 가창력 뛰어난 가수들의 무대를 접할 기회가 거의 없다'는
본질적 문제Problem를 발견하게 해주었습니다.

Problem
일반 대중은 가창력 뛰어난 가수들의 무대를 접할 기회가 없다

물론, TV 심야 음악프로그램에서
가창력 가수들을 간간이 볼 수 있긴 했지만
마니아적 성격이 강해 일반 대중과 소통하기에는 무리가 있었죠.

그렇게 규정된 문제점problem은
'대중이 안방에서 가창력 뛰어난 가수들의 멋진 무대를 볼 순 없을까?'라는
그다음 질문question을 통해
'가왕들의 프라임타임 라이브 무대 만들기'
과제project로 변이됩니다.

Project

가왕들의 프라임타임 라이브 무대 만들기 프로젝트

즉 '가왕들의 감동적인 라이브 무대'를
콘서트장이나 심야 라디오방송이 아닌,
온 가족이 모이는 주말 저녁 황금시간대에
안방극장에서 보여주는 기획을 한 것입니다.

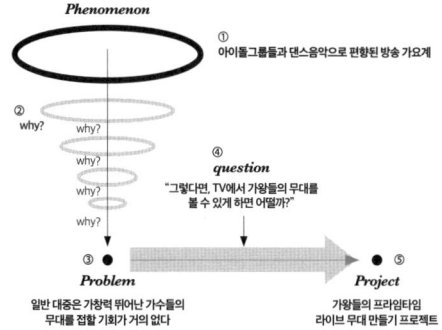

[P코드의 경이로운 변이 : <나는 가수다>]

김영희 PD는 가창력이 주는 감동을 극대화하기 위해
'경연 시스템'을 도입했습니다.
대한민국 최고의 가수들을 한자리에 모아 경연을 시키고,
순위를 매기는 방식은 당시 최초인 만큼 논란이 되었고
참여 가수들에게도 큰 부담이 되었습니다.

이로 인해 가수 섭외 과정도 난관이 있었지만
김영희 PD의 설득과 집념으로 해결할 수 있었습니다.

결과는? 대성공이었습니다.

여러 논란과 어려움이 있었지만,
그동안 TV에서 보기 어려웠던

가왕들의 감동적인 라이브 무대에 대중의 반응은 폭발적이었고,
전국이 '나가수 열풍'으로 뜨거워졌습니다.
이후 이 프로그램은 총 세 개의 시즌으로 장기 제작되었고,
훗날 중국에 기획 포맷이 수출되는 성과까지 거두었습니다.

그러나 무엇보다 중요한 성과는, 〈나가수〉를 통해
그동안 우리가 잊고 있던 가수들의 노래 자체가 주는 감동을
모두가 다시금 느끼고 공감하게 되었다는 점이죠.
이 프로그램을 기점으로 〈불후의 명곡〉, 〈히든싱어〉,
〈판타스틱 듀오〉, 〈복면가왕〉, 〈싱어게인〉 등
이른바 고품격 음악 프로그램들의 전성시대가 열리게 됩니다.

좋은 기획은 또 다른 좋은 기획의 기폭제가 되지요.
〈나가수〉 기획은 대중에게 이렇게 묻는 듯했습니다.

"가수란 본디, 노래 잘하는 사람 아닌가요?"

―

중요한 건 이겁니다.

Pro는 Problem을 Project로 변이시킨다는 것.
뒤집어 말하면, Pro는 Project의 원천을 Problem에서 가져온다는 것.
결국 Problem이 모든 창조의 출발점이라는 것.

그러니, 오해하시면 아니 됩니다.

기획에서 '문제problem를 정의하는 것'은
단순히 약점을 찾아 보완하는 소극적인 과정이 아닙니다.

더 창조적인 해결책solution을 도출하기 위해
골치 아픈 '문제problem'를 가슴 뛰는 '과제project'로 변이시키는
경이로운 과정인 것입니다.

토끼의 문제는 '자만심'이었습니다. 그 문제problem는 기획자에 의해 '자만심 방지 프로젝트project'로 멋지게 변이됩니다.

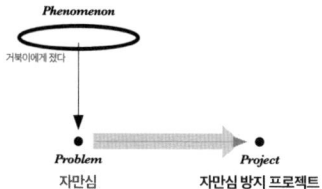

낡은 엘리베이터에 대한 불만의 진짜 문제는 '지루함'이었습니다.
그 문제는 기획자에 의해 '안 지루하게 만들기 프로젝트'로 진취적으로 변이됩니다.

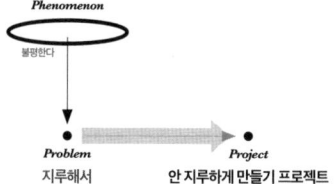

자동차 판매 부진의 진짜 문제는 '미래가 불안해서'라는 인식이었습니다.
그 문제는 기획자에 의해 '고객의 불안 해소 프로젝트'로 긍정적으로 변이됩니다.

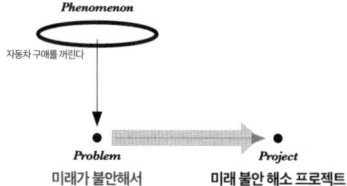

reframing

The problem with most problems is not **reframing** the problem in the first place.

대부분의 문제 규정의 문제는 무엇보다 문제가 재해석되지 않는다는 것이다.

_레이 이나모토 Rei Inamoto, I&CO 공동 창업자

wally 6

왜2
상사에게 과제를 받았는가?
'숙제'를 할 것인가, '프로젝트'를 할 것인가?
프레임을 바꿔라. 이 질문을 던져라.
"이거 왜↑ 해야 하지?"

우리 현장의 기획은 주로 어떤 루트로 시작되나요?

일반적으로
상사boss나 고객사로부터 과제task가 툭 떨어지면서 시작되죠.
그런데 그 과제들은 대체로 모호하고 두루뭉술하게 떨어지는 편입니다.

'과제project'는 '문제problem'가 변이된 것이라고 했습니다.

즉 상사나 고객이 '모호한 과제'를 주었다는 건
'문제 규정이 제대로 되어 있지 않은 상태의 과제'를 의미합니다.
일반적으로 상사나 고객이 규정한 문제는 '문제의 본질problem'이 아닌
'문제의 현상phenomenon'에 머물러 있는 경우가 많습니다.
상사의 두루뭉술한 과제를 전문용어로 '오다order'라고 부릅니다.
오더 아니지요. 오다 맞습니다.

따라서 상사의 어설픈 오다는 이른바 '과제의 재해석'이 필요하고
그것은 곧, 담당 기획자인 당신이 직접 '문제의 본질problem'을 찾아
제대로 된 과제로 다듬고 재구성해야 함을 뜻합니다.

즉
Project에서 Problem으로의 역(逆)변이이자,
Problem에서 Project로의 재(再)변이입니다.

$$Pro\textit{ject} \underset{②}{\overset{①}{\rightleftarrows}} Pro\textit{blem}$$

상사를 욕할 필요가 없습니다.
하나, 그분은 바쁘십니다. '문제의 본질'까지 파헤칠 시간이 없습니다.
둘, '문제의 본질을 밝히는 일'은 그분이 아닌 내가 해야 할 일입니다.

하지만 걱정할 필요 없죠.
우리는 이미 '문제의 본질을 밝히는 방법'을 알고 있습니다.
"왜why?"
상사로부터 오다를 받아도 이 한 글자를 던지시면 됩니다.
"이 오다 왜why 해야 하지?"

예를 들어볼까요?

"의자를 만드시오."

상사에게 이런 막연한 오다를 받았다고 합시다.
과제를 받으면 즉시 이렇게 질문해봅니다.

Q.
왜why 의자를 만들어야 하지? 의자는 왜why 존재해야 하지?

정상적인 성인들은 이렇게 답합니다.

A.
왜긴, 사람들이 편안하게 앉으라고 만들지.
끝.

'의자 만들기 숙제'가 단숨에
'앉을 것 만들기 프로젝트'로 재해석되었습니다.

어떤 분들은 '의자 만들기'와 '앉을 것 만들기'가
무슨 차이가 있느냐며 따지기도 합니다.
하늘과 땅 차이입니다. 전혀 다른 이야기입니다.

'의자를 만들자'라는 과제로는
통상적인 방식의 엇비슷한 의자가 생산될 것만 같고
'앉을 것을 만들자'라는 과제는
기존의 의자와는 전혀 다른 의자를 탄생시킬 것 같지 않나요?

관점perspective이 달라졌기 때문입니다.

'의자를 만들자'는 '나의 관점'이고
'앉을 것을 만들자'는 '상대방의 관점'입니다.

기획의 본질은 '인간'이라고 했습니다.
인간은 같은 것이라도 규정한 언어와 관점perspective에 따라
동기부여가 달라지는 미묘하고 흥미로운 존재입니다.
과제를 수행하는 사람의 마인드를 완전히 달라지게 합니다.

사실, 상사나 고객이 기획자인 당신에게
진정으로 기대하는 것은 기발한 해결책이 아닐지도 모릅니다.

그들이 진짜 기대하는 것은
주어진 과제에 대한 당신의 재정의와 관점의 전환,

즉, 리프레이밍reframing입니다.

reframing
과제의 재해석, 재정의, 관점의 전환

'의자 만들기'라는 숙제(A)를
'앉을 것 만들기'라는 프로젝트(B)로 재해석·재정의reframing하는 것.

과제를 재정의하면
새로운 관점perspective의 해결책을 찾을 기회가 열립니다.

이런 맥락에서, 기획자의 진짜 역할은
단순히 '새로운 해답'을 제시하는 것이 아니라
'새로운 해석reframing'을 하는 것이라고 말할 수 있는 것이죠.

과제의 재해석과 재정의, 어떻게 할 수 있을까요?
이렇게 하시면 됩니다.

1) 과제를 받으면, 그 즉시 왜why라는 질문을 던진다.
2) 과제의 본질problem이 보인다.
3) 과제가 재정의reframing된다.

지금 막 상사나 고객에게 과제를 받으셨나요?
즉시 이렇게 질문해보세요.

"이 과제 왜why 해야 하지?"
(안 하면 안 되나? 꼭 필요한 일인가? 진정 무엇을 위해 하는 거지?)

'왜 해야 하는지'라는 과제의 목적why을 궁리하다 보면
거짓말처럼 '문제의 본질problem'이 보입니다.

앞 장에서 소개한 '왜↓ 그런 거지?'라는 질문은
현상의 원인을 불도저로 파고들어 문제점을 찾아내는 방식입니다.

이번 장의 '왜↑ 해야 하지?'라는 질문은
전체를 조망하기 위해 헬리콥터 타고 올라가 문제를 바라보는 방식이죠.

따라서 기획자라면 이 두 가지 질문,
'왜↓'와 '왜↑'를 모두 던져야 합니다.

'왜↓ 그런 거지?'로 문제를 깊이 파고들기만 하면,
시야가 좁아져 문제 자체에 매몰될 위험이 있습니다.

'왜↑ 해야 하지?'를 던짐으로써,
전체 판을 조망할 수 있는 넓은 시야를 확보하게 됩니다.
전체의 '판'을 봐야 부분의 '점'을 볼 수 있기 때문입니다.
장기에서 옆 사람이 훈수를 잘 두는 비결은 딴 게 없습니다.
전체 판을 볼 수 있어서입니다.

즉
기획에는 두 개의 위대한 '왜 why'가 존재하는 셈입니다.

great 2Whys

왜↓ 그런 거지?
불도저처럼 본질로 파고들며 원인을 분석

왜↑ 해야 하지?
헬리콥터처럼 높이 올라가 전체를 조망

이 위대한 두 개의 '왜why'는
자연스럽게 세 가지 P코드층P-layer을 만듭니다.

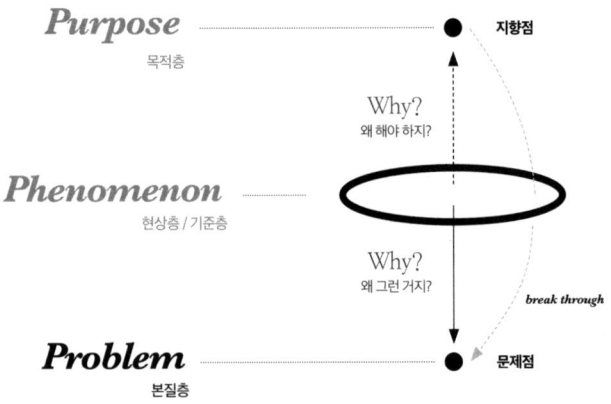

[세 가지 P코드층 ; 3P - layers]

- **Purpose (목적층)** : '왜↑ 해야 하지?'라는 질문을 통해 드러나는 과제의 본질
- **Phenomenon (현상층/기준층)** : 눈앞에 보이는 표면적 현상
- **Problem (본질층)** : '왜↓ 그런 거지?'라는 질문을 통해 밝혀지는 문제의 본질

현상층phenomenon은 표면을 상징하는 '타원'으로,
본질층problem은 문제점을 상징하는 '점'으로,
그리고 목적층purpose의 다른 이름은 '지향점'이므로
역시 '점'으로 형상화할 수 있겠습니다.

결국, 이 세 개의 P코드층을 통해
사고의 중심이 되는 P코드, 본질점problem이 더욱 입체적으로 드러나
기획의 방향성이 구체화될 수 있는 것이지요.

자, 다시 한번 시간 여행을 떠납니다.
두 분의 지혜로운 창의 기획자가 당신을 기다리고 있습니다.

1
"친모를 찾아주세요."

솔로몬에게 숙제task가 떨어졌습니다.
솔로몬을 지혜의 아이콘으로 데뷔시킨 그 유명한 '친모 판결 사건'이지요.
한 아기를 두고 두 명의 여인이 서로 친모임을 주장합니다.
당시에는 DNA 검사를 해볼 수도 없고…
제아무리 똑똑한 솔로몬이라도 참 막막했을 텐데요.
기가 막힌 해결 방안을 제시합니다. 어떻게 했지요?

네, "아기를 반으로 잘라서 나눠 가져라!"라는
지혜로운 판결을 내립니다.

그러자 깜짝 놀란 진짜 친모가 아이를 포기하면서
그녀가 진정한 친모라고 밝혀진 것이지요.

어떻게 이런 크리에이티브한 해결 방안을 생각할 수 있었을까요?

솔로몬은 단순히 두 여인의 주장(과제task)에 매몰되지 않고,
문제의 본질을 파악하려고 했습니다.
자신에게 주어진 과제task를 재해석reframing하기 위해서입니다.
과제를 재해석하는 방법은 뭐라고 했지요?

'왜!'를 던집니다.

헬리콥터 타고 높이 올라가 버드뷰bird view로 전체 판을 바라봅니다.
저 아래 '문제의 본질'이 보입니다.

Q.
왜↑ 친모를 찾아야 하지?

A.
왜긴, 아이를 위해서지. 아이가 더 행복할 수 있게.

Q.
아이의 행복을 위해서라면 꼭 친모일 필요가 있나?
왜 반드시 친모여야 하는데?

A.
왜긴, 아무래도 친모가 아이를 '**더 진심으로 사랑**'해줄 테니까.
끝.

'왜↑'를 던지니,
문제의 본질이 보이시죠?

문제의 본질은
'친모'가 아니라 '사랑'이었습니다.
문제의 본질을 밝히니, 자연스럽게 과제가 재해석reframing됩니다.

기획자 솔로몬은 '친모 감별 숙제'를
'사랑 감별 프로젝트'로 재정의했습니다.

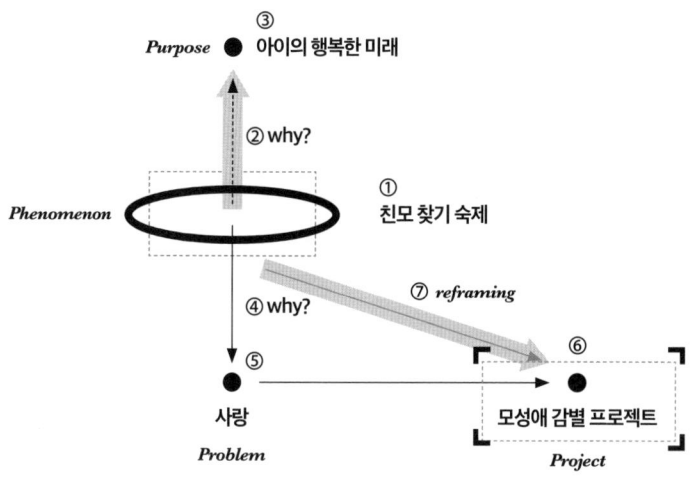

[솔로몬의 과제 재해석]

'친모'에서 '사랑'으로의 프레임 전환 reframing은 그야말로 아트 art입니다.
'친모'를 감별하기는 어렵지만 '모성애'를 감별하기는 상대적으로 쉽습니다.

'사랑'은 문제의 본질이자 해결의 열쇠이기 때문입니다.
진짜 사랑을 증명할 수 있는 가장 확실한 방안은 무엇일까요?

정답은 없습니다.
솔로몬은 '죽음'이라고 보았죠.

'아이를 (반으로 잘라) 죽인다고 하면 누가 양보를 할까?
아이를 진정으로 사랑하는 친모가 양보하겠지?'
친모는 아이를 더 '사랑하기 때문에'
기꺼이 포기할 것이라는 기획적 가설을 세운 것이죠.

2
"잔디를 깔아주시오."

앞서 소개한 '정주영 회장의 유엔묘지 일화'입니다.
기획적 관점에서 보면 미군이 한국 측에 과제task를 준 것이죠.
과제를 받는 즉시 기획자가 해야 할 일은?

왜↑를 던지기.

Q.
'왜↑' 미군은 잔디를 깔려고 하지?
A.
왜긴, 국가원수가 온다잖아.
Q.
국가원수가 오는데 왜 잔디를?
A.
왜긴, 국가원수가 유엔군 희생자 참배하는데 주변이 황량하면 분위기 우울하잖아.
아직 전쟁 중인데 사기도 저하되고.
Q.
아. 분위기가 침울해지지 않기 위해서구나.
그런데 지금 유엔묘지 분위기는 '왜↓' 침울한 걸까?
A.
왜긴. **'화사함'**, **'밝음'**, **'푸름'**이 없어서 그런 거지.
끝.

정주영 회장은 '푸름의 부재'라는 문제의 본질을 파악했고,

그 결과,
'잔디 깔기 숙제'를 '푸르게 만들기 프로젝트'로
재정의reframing할 수 있었습니다.
내가 아닌 상대의 관점에서 전체 판을 읽었기에 가능한 일이었습니다.

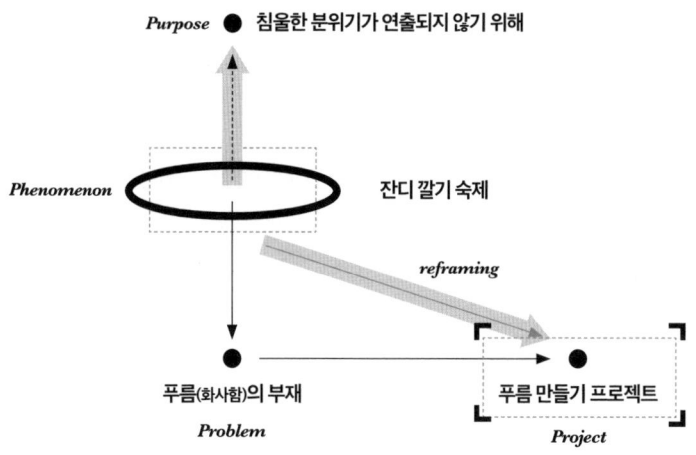

[정주영 회장의 과제 재해석]

―

기획고수는 상사나 고객사의 무모하고 모호한 과제에 불평하지 않습니다.
아이러니하게도 그 두루뭉술한 과제 자체가
창조적 기획으로 이어질 수 있는 훌륭한 디딤돌이 되기 때문입니다.

"세상을 깜짝 놀라게 할 신상품을 기획하시오!"
"한 번도 경험하지 못한 신개념 이벤트를 기획하시오!"
"MZ세대와 베이비붐세대 모두 좋아할 캠페인을 기획하시오!"

이런 식의 밑도 끝도 없는 오다는 우리 기획중수들을 멘붕에 빠뜨리며
흔히 '개떡 같은 오다'라는 불평을 쏟아내게 만듭니다.
하지만 기획고수는 다릅니다. 개떡 같은 오다에 당황하지 않고
그 오다를 찰떡으로, 더 나아가 아트^{art}로 만듭니다.

"시장의 판도를 바꿀 블록버스터급 혁신적인 치킨을 만드시오!"

이런 밑도 끝도 없는 오다order로 대박 국민치킨 〈뿌링클〉이 탄생했습니다.

"전 세계를 열광시킬 환상적인 걸그룹을 기획하시오!"

이런 이상적인 오다로 글로벌 히트작 〈뉴진스NewJeans〉가 탄생했습니다.

"비스폰서도 월드컵 특수를 누릴 수 있는 매복 마케팅을 제안하시오!"

이런 오다로 세계적 이슈가 된 SKT의 〈붉은 악마〉 캠페인이 탄생했습니다.

모두 '두 개의 위대한 질문great 2Whys'을 통해
'문제의 본질problem'을 찾고
과제를 새롭게 '재정의reframing'할 수 있었기 때문에
가능했던 일입니다.

창조 기획의

힘은

P코드에 있습니다.

summary

기획의 P코드를 찾는
6가지 월리를 극단으로 단순화하면
.
.
.

동그라미circle 하나와
점dot 하나입니다.

동 그 라 미 에 서1

점2

으

로

생각이 피상적 문제1에 머무르지 말고 본질적 문제점2으로 들어가라.

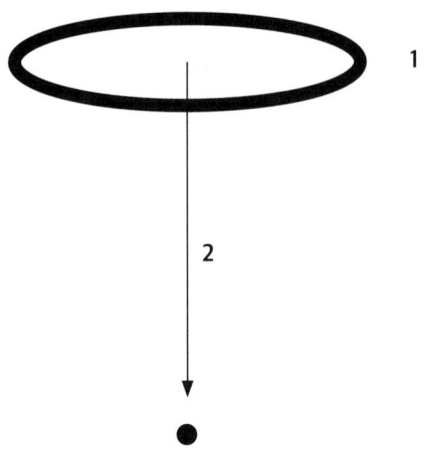

[기획적 사고의 옆면]

그런데
지금까지의 P코드를 찾는 과정은
이미 발생한 문제들의 원인을 찾아내는 사고의 과정이었습니다.

그러나
세상에는 이미 발생한 문제들만 있는 것이 아니지요.
앞으로 발생할 잠재적 문제들도 산재합니다.

그리고
이제는 이러한 잠재적 문제를 찾아내는 선구안이
점점 더 중요해지고 있는 시대입니다.

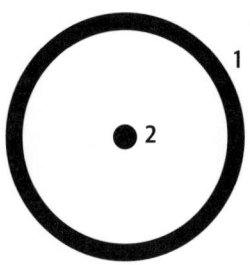

[기획적 사고의 윗면]

'생각'이라는 것은 '입체'라고 했습니다.
'생각'을 위에서 바라보세요.
향후 발생할 잠재적 문제를 포착하는 눈eye이 됩니다.

현대의 기획자는 레이더 같은 예리한 눈으로
잠재적 문제를 민감하게 포착하고,
선제적으로 기획안을 제안할 수 있어야 합니다.

단순히 주어진 문제를 푸는 사람이 아니라
능동적으로 문제를 찾아내는 사람,

우리는 '선제적 기획자'라고 부릅니다.

응용 월리

선제적 기획의 2단계 월리

2- Steps Creating Proactive Proposal

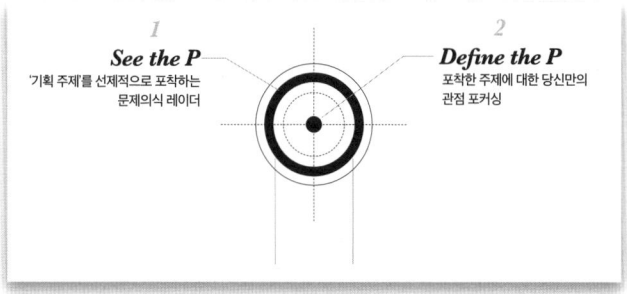

step 1
SEE THE PHENOMENON
문제의식 레이더로 기획 주제를 포착하기

좋은 기획 주제를 발견하기 위해, 의미 있는 현상적 문제phenomenon를 선제적으로 포착한다.

step 2
DEFINE THE PROBLEM
포착한 주제를 당신의 관점으로 정의하기

포착한 그 현상의 본질점problem에 또렷하게 초점focus을 맞춘다.

step 1
SEE THE PHENOMENON

당신의 문제의식 레이더

당신의 레이더는 어떤 문제를 포착하는가?
이른바 '발생형 문제'만 보는 수동형 기업은 더 이상 생존할 수 없다.
능동적으로 '탐색형 문제', '설정형 문제'를 감지하라.
기획안을 선제안하라.

1-1
당신의 레이더엔 '문제의식'이 있는가

당신의 레이더는 주로 어떤 문제를 포착하나요?

일반적으로 우리의 눈에는
매출 하락, 불량품 발생, 안전사고 발생, 브랜드 선호도 감소, 고객 컴플레인 등
'이미 발생한 문제의 현상들'이 주로 감지되곤 합니다.

그것도 무리가 아닌 것이
지금까지 우리가 함께 살펴본 '문제의 현상들 phenomenon'을 돌아보면
모두 그런 유의 문제들이었지요.

'현상적 문제 phenomenon'에는 세 가지 유형이 있습니다.
'발생형 문제', '탐색형 문제', '설정형 문제'가 그것입니다.

'발생형 문제'란 쉽게 말해 '엎질러진 물'입니다.

눈에 빤히 보이는 빨리 수습해야 하는 문제.
지금까지 주로 언급되던 안전사고, 불량품 발생, 과잉재고, 매출 하락 등
목표 기준에 미달하여 발생하는 가장 일반적인 문제.

'탐색형 문제'란 '이게 최선입니까'입니다.

지금도 나빠 보이지는 않지만 더 좋게 개선하자는 성질의 문제.
생산성 10% 향상, 브랜드 인지도 20% 향상, 고객 컴플레인 30% 감소, 재고 20% 감축 등
발생하지는 않았지만 개선 가능한 문제들을 찾는 것.

'설정형 문제'란 '내일은 뭐 먹고 살지'입니다.

신규 사업이나 블루오션 전략 등
미래 시점에서 어떻게 해야 할 것인가를 고민하는 문제.
잘 보이지 않기 때문에 가장 '창조적 문제'라 불림.

지금과 같은 초디지털 시대에서는
이른바 '발생형 문제'만 다루는 기업은 더 이상 성공할 수 없습니다.
능동적으로 새로운 문제를 발굴하고 정의할 수 있어야 합니다.
퍼스트무버로의 모드전환을 선언한 한국 기업들은
앞으로 이른바 '탐색형 문제'나 '설정형 문제'와 같은 창조적인 문제를
미래 기획 과제로 삼겠다는 의지를 밝히고 있습니다.

그래서 이 시대의 기획자는 무엇보다
잠재적 문제까지 포착할 수 있는 예리한 눈을 가져야 합니다.
문제를 감지하는 P-레이더의 성능을 업그레이드해야 한다는 것이죠.
어떻게 하면 될까요?

제가 좋아하는 미드 〈뉴스룸THE NEWSROOM〉의
첫 번째 시즌, 첫 번째 에피소드, 첫 번째 씬, 7분 45초 만에
주인공 윌 매커보이Will McAvoy가 다음의 'P코드적 명언'을 남깁니다.

"The first step in solving any problem is
recognizing there is one."
"문제를 해결하는 첫걸음은 문제가 있다는 걸 인식하는 것이다."

기획의 시작은 '문제의식(問題意識)'입니다.

현상을 단순히 '그냥 현상'으로 보느냐,
아니면 '문제의 현상'으로 보느냐는 마인드의 차이입니다.
소위 '문제의식'이 있다면 '평범해 보이는 현상'도 기획의 주제가 될 수 있는
'문제의 현상'으로 보일 것이고,
'문제의식'이 없다면 멋진 기획 주제가 될 수 있는 '의미 있는 현상'도
'그저 뻔한 현상'으로 지나쳐버리겠죠.

매사에 좋은 게 좋은 거인 낙천주의 성향보다는
매사에 시니컬하고 비판적인 성향이
기획을 잘할 잠재력이 더 클 수 있는 이유입니다.

"성공으로 가는 첫걸음은 불만족이다."라고 말한 오스카 와일드Oscar Wilde.
"만족하지 말고 늘 갈망하라Stay hungry, Stay foolish."라고 했던 스티브 잡스가
강조한 것도 다름 아닌 '문제의식'이죠.

즉 우리의 레이더에 '문제의식'이 장착되어 있다면
소위 '발생형 문제'만이 아닌 '탐색형 문제'와 '설정형 문제'도 잡히게 됩니다.
이 시대가 요구하는 창의적인 기획을 할 수 있는 기회가 잡히는 것이지요.

회사에 이런 분들 있죠.

"뭐가 문제라는 거야?
실적도 나쁘지 않고 고객 컴플레인도 뜸하고 재무구조도 좋은 편인데
왜 긁어 부스럼 일으켜 일을 만들어?"

문제가 없는 게 아니라 생각이 없는 겁니다.

장 프랑수아 만초니Jean Francois Manzoni 인시아드INSEAD 교수는 이 증상을 일컬어
보고 싶은 것만 보는 '확증편향'이라고 말합니다.
올해 4분기까지 최대 실적을 냈더라도 당장 내년 1분기에는
곤두박질칠 수 있는 것이 이 시대의 기업 환경입니다.

가장 큰 문제는 아무 문제도 없다고 생각하는 문제입니다.

혁신기업으로 칭송받던 '위워크WEWORK' 같은 기업이
왜 한순간에 무너졌을까요?

세계 최고의 시가총액을 자랑하는 '애플Apple'은
왜 아이폰에 만족하지 않고 애플워치, 애플비전, 애플링, 데스크톱 로봇 등
새로운 기획의 시도를 멈추지 않는 걸까요?

국내 최초의 대기업 엔터사인 하이브HYBE는 왜 BTS에 만족하지 않고
IT와 게임, 플랫폼비즈니스를 기획할까요?

기획을 멈추면 도태되기 때문입니다.

저는 앞서, 기업(企業)이란
'기획(企劃)으로 업(業)을 이루는 조직'이라고 정의했습니다.
기업의 미래는 현재 구성원들의 기획력에 의해 좌우됩니다.
지금 당신 주변의 동료들을 둘러보십시오.

'문제의식' 없는 기획자들은 일이 없으면
몇 날이고 몇 주고 몇 달이고 네버엔딩으로 팽팽 놉니다.
그런 사람들이 즐비한 조직은 희망이 없습니다.
우리의 현장에는 기획자의 등급이 존재합니다.

C등급
눈치 없이 염치없이 하염없이 노는 기획자

B등급
눈치와 염치 둘 중 하나는 가지고 노는 기획자

A등급
눈치 있게, 염치 있게, 성실하게 공부하며 준비하는 기획자

그렇다면 S등급은?
이른바 '선제적 기획안'을 올리는 기획자이지요.

그만의 P-레이더를 민감하게 작동시켜
시키지도 않았는데, 스스로, 기특하게, 센스 있게
새로운 문제problem를 감지하고, 과제project로 변이시켜
상사나 고객에게 역으로 선제안proposal하는 기획자입니다.

일 잘하는 사람들의 전형적인 특성이자
기획적 사고방식을 가진 이들의 도드라진 패턴입니다.
그들은 문제가 전혀 없어 보이는데 문제를 굳이 찾아내어
과제로 만드는 고생을 사서 하십니다.

당신의 레이더는 어떤가요?
쓸 만합니까?

'문제의식'이란 게 장착되어 있나요?

1-2
그들의 레이더엔 '문제의식'이 있다

'발생한 문제'만이 문제가 아닙니다.
더 중요한 문제는 발생할 문제, 이른바 '잠재적 문제'일 수 있습니다.

혁신 제품도, 1등 서비스도, 최고의 브랜드도, 그 밖의 대단한 것도
문제없는 것은 단 하나도 없습니다.

우리들의 완벽한 '블랙핑크'에게도
과연 '문제'라는 것이 존재할까요?

기획자라면 '굳이' 문제를 찾아내야 한다고 했습니다.
그래야 새로운 가치가 창조되니까요. 새로운 기획이 만들어지니까요.
괜히 가수들의 소속사 이름이 '기획사'가 아니죠.

어떤 뛰어난 기획자는
블랙핑크를 비롯해 에스파, ITZY, 르세라핌, 아이들 등
인기 절정의 현세대 아이돌그룹들의 문제를 '굳이' 찾아냅니다.
그런데 듣고 보니 제법 공감이 갑니다.

Problem

카리스마와 섹시 퍼포먼스로 일관하는 걸크러시 이미지와
복잡한 세계관에서 오는 피로함

민희진 프로듀서는
완벽해 보이는 블랙핑크 등 대세 아이돌그룹들에게
'자극과 피로함'이라는 잠재적 문제를 굳이 한발 앞서 포착하고,
세계관도 없고, 칼군무, 걸크러시도 없는
편안하고 담백한 대안 상품을 기획합니다.

그것은 바로,

뉴진스 New Jeans

데뷔 1년도 지나지 않아 글로벌 메가 히트 상품이 된 뉴진스는
청량감 있고 순수한 스타일과 남녀노소 모두에게 쉽고 편안한 노래로
기존 걸그룹들과는 정반대의 매력을 장착한 기획 작품이죠.

그런데 말입니다.
뉴진스에서 예전의 어떤 걸그룹이 연상되지 않으세요?

20여 년 전, 청량감의 상징이었던 2세대 걸그룹 '소녀시대'와
빼닮았다는 의견들이 많았죠.
네, 기획자가 같습니다. '소녀시대'의 기획자도 민희진입니다.
흥미로운 점은, 그녀가 성공시켰던 소녀시대, f(x), 레드벨벳 등도
지금의 뉴진스와 같은 방식으로 기획했다는 점인데요.

이른바 '정-반-합 기획'으로 불리는 그녀의 기획법은
가장 큰 대세의 흐름인 '정(正)', 그 반대편에 있는 역의 흐름인 '반(反)',
그 양자를 통합한 '합(合)'으로 승화시키는 헤겔적(?) 방식입니다.

이를테면 소녀시대는, 당시 '대세(正)의 흐름'이던
S.E.S와 핑클의 비현실적으로 예쁜 '요정 컨셉'과는 '정반대(反)'로
일상적이고 친근한 '소녀 컨셉'으로 기획해 성공시킨 케이스죠.
2009년 〈Gee〉로 9주 연속 음원 1위 기록

그러나 자신이 창조한 소녀시대의 친근한 이미지가 어느새
'정(正)'의 흐름이 되자, 이에 '반(反)'하는 강렬한 사운드와 발칙한 가사,
개성적 이미지를 보여주는 걸그룹, 'f(x)'를 기획했습니다.
이후에는 소녀시대와 f(x)의 상반된 이미지를 '합(合)'하여
강렬한 레드와 부드러운 벨벳 컨셉의 '레드벨벳'을 기획하죠.

이처럼 '반(反)'이라는 코드는 '문제의식'을 장착한 P코드를 의미하며,
그 문제의식의 대상은 문제와는 가장 거리가 먼,
현재의 대세코드인 '정(正)'을 정면으로 겨냥하는 것입니다.

이처럼, 문제 하나 없이 완벽해 보이는 '정(正)'의 대상들에게
'문제의식(反)'이라는 딴지를 걸어 새로운 가치를 창조해내는 기획은
비단 엔터테인먼트 분야에만 국한된 것이 아닙니다.

-

대한민국에서 신제품이 가장 성공하기 어려운 시장은 어디일까요?

인스턴트 커피믹스 시장이 그중 하나입니다.
시장 1등인 동서식품 '맥심'의 점유율은 무려 85%가 넘습니다.

수많은 도전자들의 무덤이 되어버린 난공불락의 그 시장에서
남양유업 '프렌치카페 카페믹스'가 유일한 성공을 거둘 수 있었던 비결도
인스턴트 커피믹스 시장의 절대자인 맥심에게 향했던
남양유업 기획자의 날카로운 '문제의식 레이더' 덕분이었습니다.
이 시장에서 맥심은 감히 딴지를 걸 수 없는 '정(正)'의 대상입니다.
소비자에게 '커피믹스 = 맥심' 그 자체이기 때문이죠.
소비자들은 커피믹스가 생각나면 그냥 습관적으로 맥심을 삽니다.
가장 어려운 마케팅은 고객의 습관을 바꾸는 일입니다.

남양유업의 마케팅 기획자는
그런 절대자 맥심에게 용감하게 딴지를 걸었습니다.
'건강 문제'를 제기합니다.

한국인의 맥심 구매 습관을 만든 K-믹스커피 맛의 핵심 원동력이자
맥심의 최강점, '프림'을 '화학적 성분'이라고 문제 삼았던 것이죠.
그리고 남양의 신제품 프렌치카페는 '프림' 대신
'우유'를 첨가한 제품이라고 소개합니다.

순식간에 맥심의 프림은 강점이 아닌 약점이 되어버렸죠.
소비자들은 왠지 '프림 = 건강에 안 좋은 화학 성분'일 거라 생각하고
'우유 = 건강에 좋은 천연 성분'이라고 인식하게 됩니다.

프렌치카페 카페믹스는 소위 '카세인나트륨 논쟁'을 일으키며
시장의 확고한 이인자로 자리매김하게 되었습니다.

-

우리는 1등이라서, 완벽해서, 상황이 좋아서, 문제가 없어서
해결할 것이 없다고 하시는 분들,
경쟁자가 1등이라서, 대단해서, 완벽해서, 제기할 문제가 없어서
해결할 수가 없다고 하시는 분들,

세상 제아무리 대단한 것도 문제 없는 대상은 없습니다.
능동적으로 잠재적 문제를 발생시켜보세요. 과제를 창조해보세요.

어떻게?
당신의 문제의식 레이더를 켜세요.
딴지 레이더를 작동시켜보세요.

지금 당신 앞에 펼쳐지는 모든 현상을 '그냥 현상'으로 보지 마세요.
'문제적 현상'으로 바라보세요.
예상치 못했던 멋진 기획이 시작될 수 있습니다.

신문 기사의 사회문제, 요즘 뜨는 트렌드, 경쟁사의 인기 상품,
사람들의 불만, 고객들의 칭찬, 지인들의 관심사,
심지어 사장님이 무심코 하신 말씀, 동료들과 나누던 잡담 등

눈앞에 보이는 그 어떤 현상도 기획의 소재나 주제가 될 수 있습니다.
당신이 '문제의식'만 갖고 있다면 말이죠.

문제의식만 있다면
'당연한 불편'도 새로운 문제가 될 수 있습니다.

1
"왜 식당은 항공, 호텔처럼 실시간 예약이 안 될까?"

우리는 식당 한번 예약하기 위해 엄청난 품을 팝니다.
일일이 맛집 검색, 메뉴 탐색, 가격 확인을 하고 전화를 걸어 예약 가능 여부까지 문의하죠.
맛집에 가려면 당연히 감수해야 하는 불편이라고 생각합니다.
하지만 누군가 문제의식을 가지면 달라질 수 있습니다.
어떤 기획자가 그 문제의식을 갖고 수많은 시도와 시행착오 끝에
호텔이나 항공처럼 실시간으로 한 번에 내 취향에 맞는 식당을 예약할 수 있는
세상 편리한 모바일 서비스를 개발해냈습니다.
예약부터 웨이팅까지 품을 팔지 않는 세상이 되었습니다.

2
"왜 버거는 지저분하게 흘리면서 먹어야 할까?"

우리는 수제 버거나 대형 버거를 먹을 때마다 불편합니다.
패티와 야채가 잔뜩 들어가 있는데 버거 빵이 분리돼 있어 깔끔하게 먹기 어려웠죠.
버거는 원래 그런 것일 수 있지만 '원래'에 딴지를 걸면 달라질 수 있습니다.
'위아래 버거 빵'을 붙이면 이 불편은 간단하게 해결될 수도 있지요.
위아래 빵을 붙이니 유에프오UFO 모양입니다.
그래서 이름도 '유에프오 버거'입니다.

3
"아이스팩… 그냥 버리거나 쌓아놔야 할까?"

집에서 식품 배송을 받고 나면 아이스팩 처리가 고민입니다.
화학물질인 아이스팩을 버리자니 환경오염이 되고
냉동실에 보관하자니 계속 쌓여 처치 곤란 상태가 지속되죠.
불편하지만 어쩔 수 없습니다. 식품 주문을 안 할 수는 없으니까요.
그런데 한 홈쇼핑의 기획자는 이 당연한 불편에 문제의식을 가지고
나름의 해결 방안을 경영층에 선제안했습니다.
환경보전을 위해 모아둔 아이스팩을 무료로 수거해주자는 아이디어로
범사회적인 공감과 반향을 일으키고 대통령 표창까지 받게 된
〈북금곰 서포터즈〉 아이스팩 캠페인의 시작이었습니다.

문제의식만 있다면
'작은 해프닝'도 새로운 문제가 될 수 있습니다.

1
<나이키 플러스 기획>

나이키 러닝화 홈페이지가 트래픽 증가로 과부하를 일으켰습니다.
나이키는 그 원인을 조사하던 중 러닝화 홈페이지에 침투한 웜이
애플의 아이팟 구매 홈페이지를 거쳐서 왔다는 사실을 알게 되죠.
이 현상이 누군가에게는 '단순 해프닝'으로, 누군가에게는 '새로운 문제'로 보입니다.
누군가 이 현상을 '문제의식'으로 바라보고 조사한 결과,
나이키 소비자들의 50%가 조깅을 하면서
아이팟으로 음악을 듣는다는 사실을 알게 되죠.

혁신적 서비스 <나이키 플러스Nike+>는 그렇게 시작되었습니다.

2
<삼성전자 비스포크 기획>

그녀가 오랫동안 꿈꾸던 새집으로 이사를 했습니다.
취향대로 집을 꾸미기 위해 큰맘 먹고 인테리어까지 공부했습니다.
벽지, 바닥재, 타일, 가구까지 모든 것이 완벽했습니다.
그런데 예상치 못했던 주방에서 문제가 생겼습니다.
'냉툭튀'.
냉장고가 주방 가구들 사이에서 툭 튀어나온 것입니다.
다른 인테리어는 조정할 수 있었지만, 냉장고는 어쩔 도리가 없었습니다.
냉장고가 완벽한 이사 프로젝트의 옥에 티로 남아야 할까요?
어떤 이에게는 그저 '웃픈 해프닝'일 수 있지만
그녀에게는 해결해야 할 '새로운 과제'였습니다.
그녀는 삼성전자 가전 사업 기획자였습니다.

"왜 가구는 내 마음대로 바꾸는데, 냉장고는 안 될까?"

이 문제의식은
빌트인 옷장처럼 냉장고 도어 패널의 크기와 색상과 소재를
내 취향대로 선택하고 교체할 수 있는 신개념 가전을 만들었습니다.

그렇게 <비스포크BESPOKE>가 탄생했습니다.

3
<곰표 콜라보 마케팅 기획>

한 의류 쇼핑몰에서 대한제분('곰표'를 생산하는 회사)과의 사전 협의 없이
'곰표' 로고를 새긴 티셔츠를 제작해 판매하고 있었습니다.
대한제분 실무 직원이 이 사실을 알게 되어 경영진에 알렸지요.
일반적으로 기업은 이런 식의 '상표의 무단 도용'에 대해서는
강하게 항의하거나 법적 조치를 통해 엄중하게 문제 삼습니다.
만약에 이 해프닝을 그런 식의 관례대로 처리했다면
대박이 났던 '곰표 콜라보 마케팅'은 세상에 빛을 보지 못했을 겁니다.

곰표의 기획자는 그 해프닝을 '상표 도용'이 아닌 '새로운 기회'로 보았고
해당 의류 쇼핑몰에 항의 대신 오히려 콜라보 협업을 제안합니다.
그 결과, 5가지 디자인의 티셔츠와 패딩 등으로 구성된
'곰표 의류 컬렉션'을 기획하여 출시했고,
이 협업은 향후 곰표 콜라보 시리즈의 핵심 마중물이 되었습니다.

—

기억하세요.
'현상'이라는 건 단순히 눈에 보이는 결과입니다.
하지만 '문제의 현상'이라는 건
그 현상을 문제로 바라보는 이에게만 보이는
선제적 기획의 씨앗입니다.

사소한 해프닝도, 당연한 불편도,
능동적으로, 과감하게
당신의 '기획 주제'로 삼아보세요.

세상은 넓고 해결할 문제는 많습니다.

1-3
안 보이면 쪼개서 보라

이런 반문을 하실 수 있습니다.

"제 문제의식 레이더는 아직 성능이 뛰어나지 않아요.
열심히 봐도 문제가 잘 보이지 않네요. 어떻게 하면 좋을까요?"

방법이 있습니다.

잘 안 보이면, 쪼개서 보세요.

당신에게 보이는 현상 phenomenon을 인위적으로 조각내어 보세요.
각각의 조각 단위에 당신의 '문제의식 레이더'를 작동시키면,
잘 보이지 않던 문제들도 새롭게 포착될 수 있습니다.

–

전 세계를 열광시킨 디즈니 애니메이션 〈겨울왕국〉이
디즈니 사내 주니어 구성원들의 선제안 기획이었던 걸 아시나요?

아무도 시키지 않았는데 몇몇 주니어 기획자들이
'디즈니 애니메이션 콘텐츠의 잠재적 위기'라는 주제로
리포트를 작성해 경영층에 제출했다고 합니다.
매출 실적이 나쁘지 않았던 시점이었기에 모두 의아했지요.

이 리포트는, 디즈니사의 전체 매출은 여전히 양호하지만
고객 데이터를 연령대별로 '쪼개서 보면' 어린 세대층을 중심으로
잠재적 이탈 현상 발생이 감지된다고 지적하며
이 문제는 결코 작은 문제가 아니라고 경고하는 내용이었습니다.

왜냐하면 그 핵심 원인이 '디즈니 애니메이션의 플롯 구조'가
왕자에 의존하는 공주 이야기 등 여전히 구시대적인 남존사상이나
권선징악에 머물러 있다는 분석 때문이었지요.

이 리포트는 이후 디즈니 애니메이션 서사 전략의
방향성을 바꾼 결정적 계기가 되었고
독립성과 진취성을 가진 두 공주 이야기인 〈겨울왕국〉이라는
메가 히트 콘텐츠가 탄생한 시발점이 되었습니다.

–

겉으로는 모든 것이 좋아 보이고, 아무 문제 없는 것처럼 보이지만,
'쪼개서 보면' 문제란 반드시 드러납니다.

더 본격적으로 쪼갤 수도 있습니다.
현상을 조각조각 더 잘게 나누어 문제가 안 보일 수 없게 만드는
이른바 '심화(?) 버전의 쪼개기' 방식입니다.

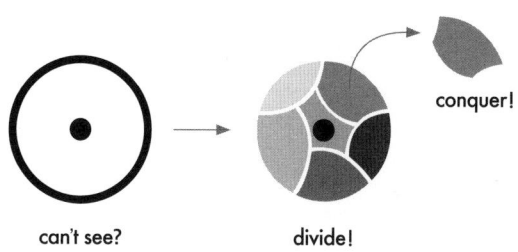

문제를 해결하기 위해 나눌 수 있는 가장 작은 단위의 문제를 쪼개고(divide),
각각의 작은 문제 조각들의 답을 구한 뒤(conquer), 도출한 답을 통합하여 전체 문제의 해답을 찾는 방식

[divide and conquer]

김위찬, 르네 마보안Renée Mauborgne 교수가 저서 ≪블루오션 전략≫에서 제시했던 고객 경험 사이클6 stages of the buyer experience cycle이 대표적인 예입니다.

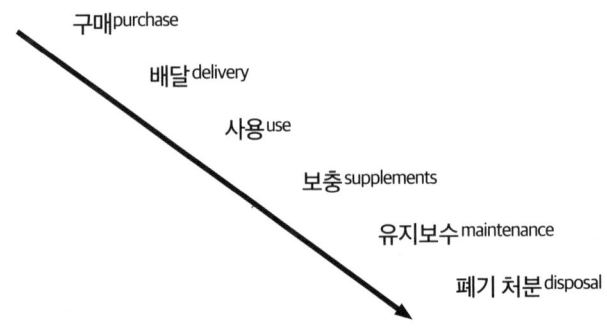

쉽게 말해
기획자가 직접 고객의 입장이 되어 고객의 구매 경험을
총 6단계의 조각으로 잘게 나누고,
그중 가치 집중도가 낮은 조각을 선택하여 그곳의 P코드를 찾아내고
이를 해결하는 새로운 솔루션을 고안하는 방식이지요.

조각내는 기준은 무엇일까요?

없습니다.
기획자 마음입니다.

시간으로 나누기도 하고,
행동으로 나누기도 하고, 단계나 용도로 나누기도 하죠.
라이프스타일로 나눌 수도 있고요.

'내 관점'이 아닌
'고객 관점'으로만 조각내면 됩니다.

인지 awareness → 흥미 interest → 고려 consideration → 전환 conversion → 충성 loyalty

일명 '깔때기 마케팅'으로 잘 알려진
디지털 마케팅의 핵심 방법론 〈풀퍼널 마케팅Full Funnel Marketing〉 역시
고객이 유입되어 구매를 하기까지 구매 여정 전반을 4단계로 조각내어
각 조각의 P코드를 찾아 종합적인 개선 사항을 관리하는 개념이지요.

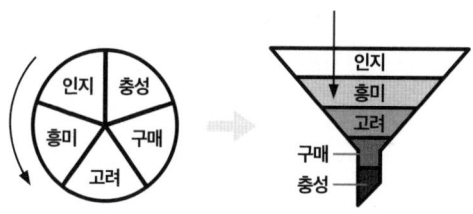

단, 조각낸 합이 '레이더 동그라미'에 모자람 없이 꽉 채워져야 합니다.
이른바 'MECE*'가 되어야 합니다.
가위바위보, 동서남북, 봄 여름 가을 겨울 등을 생각하시면 쉽습니다.

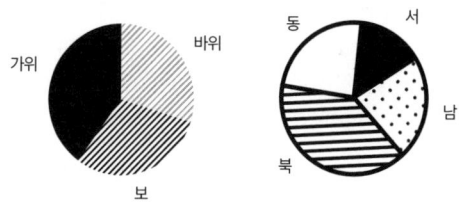

*MECE : Mutually Exclusive Collectively Exhaustive, 중복 없이 누락 없이 합하면 전체를 차지하는 형태

예를 들어,

자동차회사가
젊은 고객들의 카라이프 전반의 문제를 해결하기 위해
'자동차 구매 경험 단계'를 기준으로
'PRE(구매 전)-ON(소유 중)-POST(처분 시)'라는 MECE로 쪼개어
각 단계의 신개념 카라이프 서비스를 기획해본다든가,

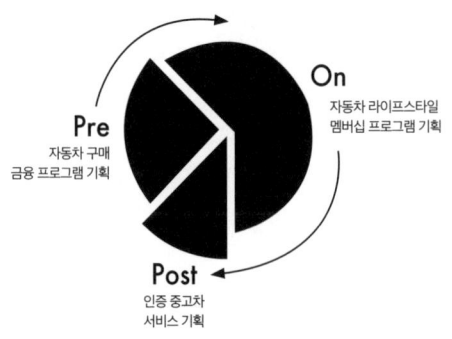

'고객 라이프사이클'을 기준으로
'싱글 – 결혼 – 승진 – 이직 – 은퇴' 등으로 중복 없고 누락 없이 나누어
각 조각의 문제를 해결하는 서비스를 기획해보는 식이죠.

또는,
제과회사가
세상의 모든 과자를 '주원료'를 기준으로 MECE로 잘게 조각내고
각각의 조각에 짠맛, 단맛, 고소한 맛, 해물 맛, 옥수수 맛 등
'맛'이라는 기준을 교차로 적용해 새로운 기회를 찾아낼 수도 있습니다.

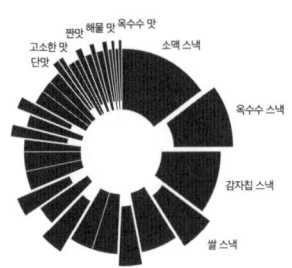

해태제과는 그런 기준으로 이른바 '과자맛 지도'라는 개념을 만들고,
과자맛 지도에서 소맥 스낵, 옥수수 스낵, 쌀 스낵군은 모두
짠맛, 고소한 맛, 해물 맛, 옥수수 맛, 그리고 '단맛 제품'이 포함되어 있었지만,
유독 감자칩 스낵에는 '단맛 제품'이 전무하다는 틈새를 발견해냈지요.
국내 최초 '달콤한 감자칩'을 기획할 기회를 잡아냅니다.
훗날 공전의 히트작이 된 〈허니버터칩〉의 시작이었습니다.

−

현상을 잘 쪼개면 업계 꼴찌가 1등이 될 수도 있습니다.

−

해외 체크카드 시장 꼴찌였던 하나카드는
고객의 해외여행 경험 전 과정을 중복 없이, 누락 없이 쪼개 보았습니다.
그리고 살펴보니, 항공권 – 숙박 – 액티비티 예약은 다 온라인화되었는데
유일하게 '환전'만 오프라인에서 불편하게 이루어지는 문제를 발견하고
이를 해결할 '모바일 환전 서비스'를 기획하게 됩니다.

〈트래블로그〉로 명명된 이 서비스는 24시간 365일 모바일 환전으로
현금 없이 카드 하나만으로 해외여행을 가능케 한 업계 최초의 시도였지요.
폭발적인 반응으로 출시 2년여 만에 가입자 수 500만 명을 돌파하며
해외 체크카드 시장 1등으로 등극하는 큰 성과를 만들어냈습니다.

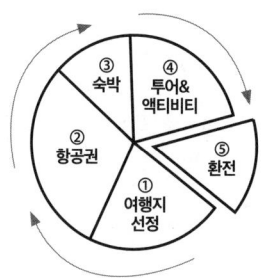

애플과 현대카드가 창의 기획의 명수라고 알려져 있지요.
사실은 '쪼개서 문제 보기'의 명수입니다.

애플은,

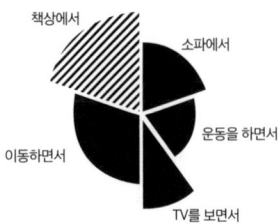

현대인 일과의 모든 동선을 MECE로 쪼개고
각 동선 조각의 문제를 해결하는 최고의 제품을 만드는 방식으로
시장 전체의 지배력을 키워나가죠.
'책상'에서는 맥북, '이동 중'엔 아이폰, '소파'에선 '아이패드'
'운동 중'엔 애플워치, 이런 식으로요.

현대카드는,

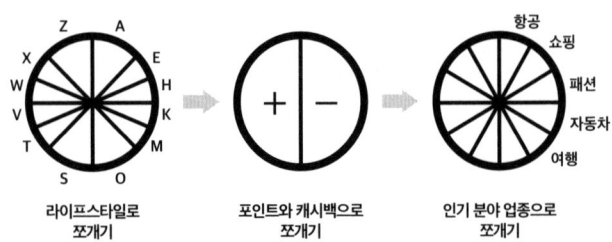

현대인의 라이프스타일을 26개의 알파벳으로 조각내어
각 알파벳 테마별 고객 라이프스타일의 문제를 해결하는
새로운 방식의 신용카드 상품을 시장에 선보여 성공을 거두었죠.
(M : 자동차 라이프 / S : 쇼핑 라이프 / W : 여행, 레저 라이프 / U : 대학생 라이프 등)

신용카드의 복잡한 혜택들의 문제를 '포인트'와 '캐시백',
두 개의 조각으로 크게 나누어 편집하는 과감한 시도도 했고요.

그뿐 아니라, 고금리 시장 환경이 지속되며
신규 카드 고객 확보가 어려워진 위기 상황에서는
국내 산업 분야를 MECE로 쪼개어(모빌리티/테크/유통/정유/패션/금융 등)
분야별 충성고객을 가장 많이 확보한 1등 기업들과 독점 파트너십을 맺고
국내 최초로 PLCC*라는 새로운 시장을 기획하기도 했습니다.

*PLCC ; Private Label Credit Card, 상업자 표시 신용카드

한발 더 나아가,
'쪼개서 문제 보기'를 아예 경영 모토로 삼는 기업도 있지요.

별다방 스타벅스Starbucks입니다.

스타벅스는 고객이 커피를 구매하는 온오프라인의 전 과정을
MECE의 경험 단위로 쪼개고 각 조각의 문제를 치밀하게 개선합니다.

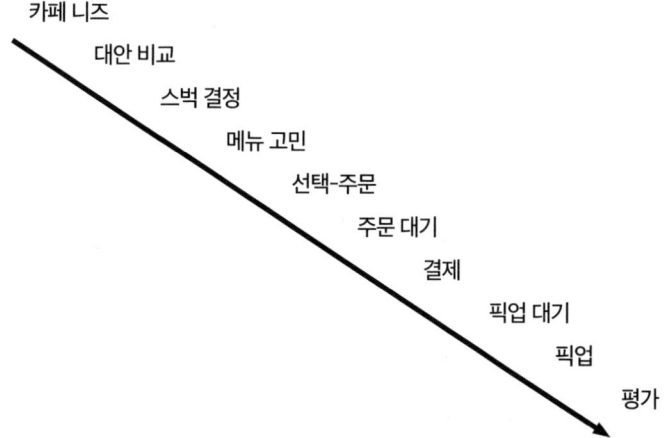

대표적인 사례가 〈사이렌 오더Siren Order〉 서비스입니다.
〈사이렌 오더〉는 매장 반경 6km 내 고객이 원하는 커피와 스낵을
모바일앱으로 미리 주문하고 결제하는 원격 주문 서비스입니다.

출근 시간이나 점심시간처럼 혼잡한 시간대에도 줄을 서지 않고
빠르게 주문할 수 있어서 직장인들의 열광적인 호응을 얻었죠.

스타벅스의 서비스 기획자는
고객의 커피 구매 경험의 전 과정을 초경험 단위로 조각낸 후,
그중에서 가장 시급한 우선순위 문제로
'주문 → 결제 → 픽업' 과정의 조각을 픽업합니다.

스타벅스는 상대적으로 옵션이 많아
주문 대기시간이 길고 진동벨도 없어서 언제 메뉴가 나올지 몰라
카운터 앞에서 우왕좌왕 긴 줄을 서야 합니다.
메뉴 주문 시 대기시간으로 인한 부정적인 감정은 치명적일 수 있죠.
다른 서비스에 대한 불만으로 이어지는 도화선이 될 수 있으니까요.

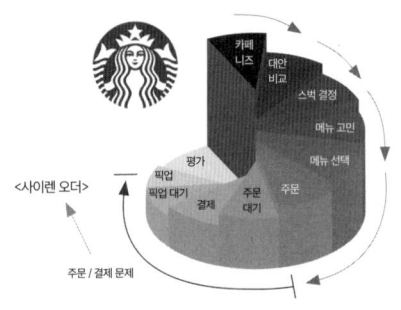

[스타벅스의 고객 경험 쪼개서 보기]

스타벅스는 이 문제를 해결할 수 있는 IT 주문 시스템을 기획했고
3년여의 개발 끝에 혁신적인 〈사이렌 오더〉를 출시하게 됩니다.
그 결과, 주문 대기시간을 획기적으로 줄이며
문제를 해결하고 고객 편의성을 크게 향상시켰죠.

또한, 모바일앱 내에서 실시간 쿠폰 발행, 별 마일리지 적립 등
개인 맞춤형 마케팅 커뮤니케이션이 가능하도록 구축하여,
고객충성도를 높이고 매출까지 증대시키는
1석 3조의 성과를 거두었습니다.

더욱 흥미로운 점은,
이 서비스가 스타벅스의 금융 사업의 가능성까지 열었다는 것입니다.

모바일앱 내에 현금을 자동으로 충전할 수 있는
'선불 충전 기능'을 탑재한 것이 신의 한 수가 되었죠.
〈사이렌 오더〉에 만족한 고객들이 선불 충전 기능을 적극 활용하면서
스타벅스는 은행과 맞먹는 현금을 보유하게 됩니다.
국내에서는 선불 충전금이 토스, 카카오페이 등
간편송금업체들과 견줄 만큼 커졌고,
미국에서는 1년 만에 주요 지방은행의 현금 보유량을 넘어섰죠.

'스타벅스 이코노미', '스타벅스 금융회사'라는
신조어가 나오게 된 이유입니다.

〈사이렌 오더〉 기획의 성공은
전 세계적으로 스마트 오더링 서비스의 도입을 촉발하며
창의적인 IT 서비스의 아이콘이 되었지요.

그런데 말입니다.

스타벅스의 이 혁신적인 글로벌 서비스가 처음 기획된 곳이
다름 아닌 한국이라는 사실을 알고 계셨나요?

〈사이렌 오더〉는 스타벅스코리아 디지털 기획팀의
선제적 기획으로 탄생했습니다.

이 팀은 고객 경험의 갖가지 불편을 능동적으로 분석하고,
스스로 문제를 정의하며, 주체적으로 해결 과제를 설정했습니다.
그리고 이를 디지털 기술로 해결할 방안을 고안해 경영진에 제안했죠.
승인을 받은 후에는 지난한 개발 과정의 고통도 기꺼이 감수했고요.

그렇게 한국에서 성공적으로 런칭된 〈사이렌 오더〉는
미국 본사를 시작으로 영국, 캐나다, 홍콩 등에 역수출되며
명실상부한 글로벌 시그니처 서비스로 자리매김합니다.

사람들은 〈사이렌 오더〉의 성공을 '기술 혁신의 사례'로 이야기합니다.
하지만 저는 '기획 혁신의 사례'라고 말하고 싶습니다.

물론, 스타벅스코리아 팀의 높은 수준의 디지털 기술력과
우리나라의 뛰어난 IT 인프라가 성공의 중요한 기반이 되었죠.
그러나 그것이 성공의 본질은 아닙니다.

본질은,
문제를 바라보는 기획자의 선구안이었지요.

아무도 시키지 않았지만, 고객의 시각에서
능동적으로 문제를 쪼개어 보고, 선제적으로 문제를 포착하는 눈.
그 기획자의 눈이 〈사이렌 오더〉 혁신의 본질입니다.

—

〈사이렌 오더〉가 출시된 후
스타벅스 창업자인 하워드 슐츠Howard Schultz가 스타벅스코리아에
직접 이메일을 보낸 일화는 유명하죠.

딱 한 단어가 적혀 있었다고 합니다.

"**Fantastic**(환상적이네요)!"

—

창조 시대의 기획자는
문제가 주어지기를 기다리는 사람이 아닙니다.

늘 '문제의식' 레이더를 통해
선제적으로 상황과 현상을 집요하게 쪼개어
기어코 환상적인 fantastic 잠재 문제를 찾아내는 사람입니다.

남이 시켜서 하는 기획이 아닌
내가 주도적으로 하는 기획,

우리는 '선제안 기획'이라 부릅니다.

선제안이 진짜 기획입니다. 기획의 백미는 선제안입니다.
능동적으로 문제를 찾으세요.
당신만의 새로운 과제를 창조하세요.

그것이 이 시대가 요구하는 '창조 기획'입니다.

당신의 문제의식 레이더로
'기획의 주제'를 선제적으로 포착했다면

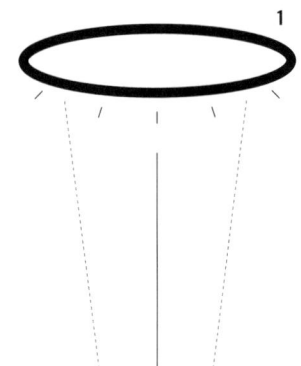

이제, 그 주제에 대한 당신만의 관점에
초점을 맞출 차례입니다.

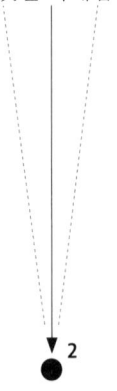

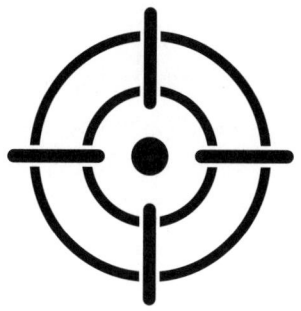

step 2
DEFINE THE PROBLEM

당신의 초점, 당신의 관점

문제점의 규정은 미세한 영점조정의 과정이다.
초점이 흐려지면 과제가 두루뭉술해진다.
과제가 두루뭉술하면 해결책이 모호해진다.

문제의 초점을
뾰족하고
심플하게
규정하라.

당신의 초점은 당신의 관점이 된다.

2-1
문제점의 범위를 조정하라

제 플래닝코드 강의에서 빠지지 않는 중요한 과정이 있습니다.
'팀별 문제 규정 실습'입니다.

주어진 과제 속에서 진짜 문제를 직접 찾아보고 규정하는 과정,
이른바 'P코딩 작업'은
직접 경험하지 않으면 체득할 수 없는 역량이기 때문입니다.
참가자들은 팀원들과 함께 토론하고 논쟁하며,
수많은 문제점들 중에서 진짜 문제점을 찾아 정의해봅니다.
그리고 다른 팀들과 결과를 비교하고 발표하는 시간을 가지며
문제를 바라보는 힘을 길러갑니다.

이 실습 과정에서 흥미로운 점은,
의외로 많은 분들이 문제를 규정할 때
'문제점의 범위'에 대해 고민하고 어려움을 느낀다는 것입니다.

문제점의 범위를 너무 좁게 규정하면 지엽적인 해결책이 도출되고,

문제점의 범위를 너무 넓게 규정하면 두루뭉술한 해결책이 나옵니다.

문제점은 너무 좁지도, 넓지도 않게 규정하는 것이 포인트입니다.

예를 들어보죠.
실제 강의 실습에서 진행한 과제입니다.

'K리그*의 활성화를 위한 기획안을 만들어보세요.'
*K리그 - 대한민국 최상위 프로축구 리그

2002년 월드컵 4강 신화 이후, 한국인의 축구에 대한 관심은
20년이 넘도록 꾸준히 이어지고 있습니다.
국가대표 A매치는 언제나 매진을 기록하고,
손흥민, 이강인, 김민재, 이재성 선수 등 유럽리거들의 활약은
국가대표의 인기를 더욱 견인하고 있죠.
하지만 국내 K리그의 인기는 사뭇 다릅니다.
반짝할 때를 제외하면 여전히 대중적인 인기는 많이 아쉽죠.

이에, 팀별로 프로축구연맹의 실무 기획자가 되어
K리그의 대중적 인기를 저해하는 문제점을 규명하고,
나름의 해결책을 모색하는 기획 실습을 진행했습니다.

기획의 제1형식은 '진짜 문제를 찾는 것'.
실습에 참여한 모든 참가자들이 열띤 토론을 통해
다양한 문제점들을 도출해냈습니다.

실습에서 가장 많이 언급된 문제점들입니다.

1) 한국은 프로야구의 인기가 높아서
2) 슈퍼스타가 없어서 3) 경기가 재미없어서
4) 마케팅을 못해서 5) 우승 상금이 적어서
6) 유니폼 디자인이 구려서 등등

틀린 문제는 하나도 없습니다.
하지만 진짜 문제는 보이지 않네요.

먼저,
1) 야구 등 경쟁 프로스포츠의 인기, 2) 슈퍼스타의 부재는
'문제의 사실'을 '문제의 본질'로 규정하는 오류라고
앞 장에서 자세히 다루었습니다.

만약 이들이 진짜 문제라면 해결책은
각각 '한국에서 프로야구를 철폐'하거나
'수천억 원을 들여 해외 스타플레이어를 영입하는 것'이겠지요.
하지만 그것은 프로축구연맹 실무자가
현실적으로 제안 가능한 기획이 아닙니다.

나머지 문제들이 흥미로운데요,
문제 규정의 범위 설정에 있어 양극단을 보여줍니다.

3) 경기가 재미없어서 4) 마케팅을 못해서
vs.
5) 우승 상금이 적어서 6) 유니폼 디자인이 구려서

전자의 '경기가 재미없어서'와 '마케팅을 못해서'는
문제 규정의 범위가 지나치게 넓고
후자의 '우승 상금이 적어서', '유니폼 디자인이 구려서'는
문제 규정의 범위가 지나치게 좁죠.

문제점이 이런 식으로 규정되면 해결책을 도출할 때 문제가 됩니다.

즉 '경기가 재미없어서', '마케팅을 못해서'라는 문제 규정의 경우,
각 해결책은 'K리그를 재미있게 만들자', '마케팅을 잘하자'로 도출되죠.
이는 지극히 당연하면서, 동시에 광범위한 방향성인지라
'문제점'이라기보다는 오히려 '대전제'에 가깝습니다.

반면 '우승 상금이 적어서', '유니폼 디자인이 구려서'라는 문제 규정은
'상금을 현재 5억에서 30억으로 올리자', '유니폼을 세련되게 만들자'와 같은
해결책 도출이 가능한데, 이는 너무 좁고 지엽적이고 단편적인지라
'핵심 문제'라기보다는 '하위 문제'라고 보는 편이 맞습니다.

우리의 기획 현장에서도 이처럼
'문제점의 범위 조절'에 실패하는 경우가 자주 발생합니다.
문제점은 지나치게 넓지도, 너무 좁지도 않게
적정한 범위로 규정되어야 합니다.
범위 조절에 실패하면 비현실적이거나 엉뚱한 과제가 도출됩니다.

우리 회사 이미지는 너무 올드한 게 문제야. → 젊게 만들자!
우리 제품은 맛이 없는 게 문제야. → 맛있게 만들자!
우리 프로그램은 재미없는 게 문제야. → 재미있게 만들자!
우리 광고는 새롭지 않은 게 문제야. → 새롭게 만들자!

문제 규정의 범위가 지나치게 넓습니다.
언급했듯이 이는 '문제'라기보다는
기획의 '대전제', '가이드라인'이라고 보아야 합니다.

반면에,

<u>우리 브랜드의 낮은 선호도는 인스타그램을 안 해서야. → 인스타그램을 하자!</u>
<u>우리 제품의 매출 부진은 패키지 폰트가 안 예뻐서야. → 예쁜 폰트로 교체하자!</u>
<u>내가 연애를 못 하는 건 경차를 타기 때문이야. → 중형차로 바꾸자!</u>

문제 규정의 범위가 지나치게 협소합니다.
이는 '핵심 문제'라기보다 지엽적인 문제,
즉 각론의 '하위 문제'라고 보는 게 맞죠.

이처럼,
너무 넓게 규정해서 틀린 문제도 있고
너무 좁게 규정해서 잘못된 문제도 있습니다.

문제 규정에는 범위 설정이 매우 중요합니다.
정교한 '영점조정'이 필요합니다.

-

문제점과 대전제를 구분하시고
핵심 문제와 하위 문제를 구별하세요.

2-2
문제점을 킹핀으로 구조화하라

"문제점은 반드시 하나로 규정해야 하나요?"

문제점에 관해 정말 많이 받는 질문입니다.
이렇게 답변드립니다.

"반드시 하나일 필요는 없지만,
되도록 하나로 규정하는 것이 좋습니다."

기본적으로 도출된 문제점이 여러 개라면 좋을 게 없습니다.
문제점이 여러 개면 해결책도 여러 개가 되니까요.
초점은 흐려지고, 내용은 복잡해지며, 자원도 분산되어 실행 효과도 떨어지죠.
모든 문제를 다 해결하자는 건,
사실상 아무것도 해결하지 말자는 것과 같은 말입니다.

'되도록' 하나로 규정하는 방법을 말씀드립니다.

먼저, 앞서 살펴본 '놈놈놈 메커니즘'을 사용해
'사실적 문제', '현상적 문제', '본질적 문제'를 다시 한번 점검해보세요.
내가 찾은 문제점들 중, 혹시 사실적 문제나 현상적 문제는 없는지
꼼꼼히 검토하고, 그렇다면 과감히 걸러내세요.
이 과정에서 생각보다 많은 문제들이 정리될 겁니다.

그럼에도 타당해 보이는 문제점들이 여러 개가 남아 있다면,
이제부터는 다른 조치가 필요합니다.

실제 현장의 기획서들을 살펴보면
문제점의 규정을 이렇게 병렬식으로 나열하는 경우가 많습니다.

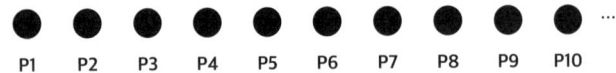

박 사장 : 우리 신제품 매출이 3분기 연속 하락세를 보이고 있네. 문제가 뭔가?
김 과장 : 네… 가격경쟁력이 약하고, 대리점 영업력이 부족하며,
경쟁 제품의 인기가 높고, 광고 모델의 파워가 떨어지고요. 그리고 또…
박 사장 : @.@ 뭐래는 거야?

문제점을 이렇게 파편적으로 늘어뜨리면 답답해집니다.
어디서부터 어떻게 해결해야 할지 머릿속에 그림이 그려지지 않죠.
이 수많은 문제들을 언제 다 해결할까요?
모든 문제를 다 해결할 수도 없고 그럴 필요도 없습니다.
경영컨설팅 업계의 대가인 오마에 겐이치(大前研一)는
경험상 문제는 절대적으로 하나로 규정될 수밖에 없다며
그 근본적인 문제점 한 가지를 해결하면
부수적 문제들은 도미노처럼 순차적으로 해결된다고 말합니다.

즉 문제점은 복잡하게 병렬로 나열하는 것이 아니라
'구조화structuralization'해야 합니다.

근본 문제 중의 근본 문제를 찾으세요.
가장 핵심이 되는 하나의 문제점을 중심으로 '재배열'하세요.

마치 볼링핀처럼 말이지요.

일명,
킹핀king pin 구조화.

볼링에서는 10개의 핀을 모두 쓰러뜨려야 스트라이크가 됩니다.
스트라이크를 치려면 어떻게 해야 할까요?

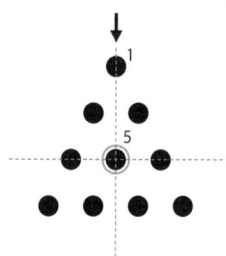

초보자와 중수는 10개의 핀 전체를 겨냥합니다.
반면, 고수는 단 하나의 핀, 이른바 킹핀king pin을 공략합니다.

흥미로운 점은, 그 킹핀은 맨 앞의 1번 핀이 아니라
뒤쪽에 숨어 있는 5번 핀이라는 사실입니다.
가장 먼저 보이는 1번 핀이 아닌, 보이지 않는 5번 핀을 정확히 타격하면
나머지 9개의 핀은 도미노처럼 연쇄적으로 쓰러진다는 원리입니다.

'문제점'을 '볼링핀'에 빗대어 본다면,
'P코드'란 곧 그 문제의 '킹핀king pin' 한 놈을 공략하는 것입니다.
근본 원인이 되는 타점을 정확히 공략하면,
나머지 문제들도 순차적으로 해결된다는 동일한 원리죠.

즉
우리가 현업과 현실에서 마주하는 복잡한 문제들도
킹핀이라는 핵심 문제점을 중심으로,
볼링핀처럼 단순하고 명확하게 '구조화'할 수 있다는 것입니다.

그렇게 하면
복잡한 문제들의 흐름을 한눈에 파악할 수 있고,
'핵심 문제'와 '부차적 문제'를 즉각 구분하여
자원을 더 효율적으로 배분할 수 있습니다.

나아가,
복잡한 문제점들을 단순하고 명확하게 구조화하면
프로젝트에 참여하는 동료들과 의사결정자 간의
소통, 설득, 실행이 쉬워지고 일의 진행도 훨씬 더 원활해집니다.

—

정책기획 이야기로 예를 들어봅니다.

기본적으로 정책기획은
여러 사회문제들이 복합적으로 얽혀 있어 난도가 높지만,
그중에서도 우리 시대의 가장 어렵고 중요한 과제는
단연 '저출생 문제'가 아닐까 합니다.
이미 대한민국의 저출생 문제는 세계적인 연구 대상이지요.

'0.65'
[2023년 4분기 대한민국 합계출산율, 통계청 23년 인구 동향 조사]

충격적인 한국의 출산율입니다.
1.0을 지나 마의 0.7의 벽이 깨졌고 하락세는 멈추지 않고 있습니다.
세계 꼴찌인 것은 물론, 국가 소멸의 시그널로 치부되는 숫자입니다.

이 문제적 현상을 두고 지난 20여 년 동안 정부와 언론, 사회단체의 리더들이
대한민국의 비정상적인 저출생 과제를 진단하였고
9개가량의 주요 문제점들을 도출했습니다.

P1	P2	P3	P4	P5	P6	P7	P8	P9
●	●	●	●	●	●	●	●	●
미혼과 만혼 증가	일자리 부족	돌봄 시설 부족	양육비 부담	주거비 부담	독박 이슈 젠더 이슈	유명무실한 육아휴직 제도	수도권 집중화	경직된 가족구조

하나하나 저출생 문제의 원인이 맞습니다.
하지만 문제점들이 구조화되지 않고 나열되어 있어 복잡하고 어지럽습니다.

이제 킹핀을 찾아 문제점을 구조화해보겠습니다.
이 중에서 킹핀은 무엇일까요?

'(P1)미혼/만혼의 증가'?
'(P3)돌봄 시설의 부족'?
'(P9)경직된 가족구조'?

이렇게 문제별로 하나씩 시뮬레이션해보는 겁니다.
먼저 '미혼자 증가'와 '만혼에 따른 고령 출산 기피'가
핵심 원인으로 지목될 수 있겠지요.
실제로 어떤 정책 기획자는 젊은 세대가 결혼을 기피하는 원인으로
예능 프로그램 〈나 혼자 산다〉를 지목하기도 했습니다.
독신을 미화하거나 반려견 양육을 찬양하는 예능 프로그램들이
미혼과 만혼을 부추기는 문제가 된다는 주장인데, 논하지 않겠습니다.
느끼시듯이 '미혼/만혼의 증가'는 킹핀이 되기에는
피상적인 현상에 가까운 문제이기에 부적격이고
그런 생각을 한 기획자도 부적격입니다.

'(P3)돌봄 시설의 부족'은 어떨까요?
킹핀이 될 수 있을까요?

시설이 늘어나면 도움은 되겠지만
압도적인 숫자의 공급이 아니라면 쏠림현상과 과열경쟁으로
비용 부담이 오히려 가중될 수 있지 않을까요?
당연히 돌봄 시설은 늘어나야겠지만,
근본적인 대책이 될 수 있을지는 의문입니다.

'(P9)경직된 가족구조 문제'는 어떤가요?

프랑스처럼 동거를 제도화해주거나
국가가 혼외 자녀들을 인정하고 지원해준다면
출산율 증가에 실제적인 도움은 될 수 있겠지만
새로운 가족제도의 도입은 사회적 공감과 합의가 필요한 사안이라
장기적으로 접근해야 하는 문제일 수 있습니다.

그럼, '(P7)육아휴직 제도의 문제'는?
'(P6)독박 육아, 경단녀 문제'는요?

이런 식으로 도출된 문제점들을 하나씩 시뮬레이션하고 검토해보면서
부차적인 문제점들을 제거해나가면
상대적으로 핵심적인 문제, 킹핀을 찾을 수 있습니다.

'(P4)양육비가 부담되어서'

매우 직접적이고 현실적인 원인입니다.
당장 기혼 부부들은 높은 양육비 문제로 출산이 부담스러울 수밖에 없지요.
미혼자들에게도 결혼을 기피하거나 미루게 하는 가장 강력한 동인이 됩니다.
또한 '양육비 부담'은 다른 문제의 원인들에게도 악영향을 미치죠.
비싼 양육비 때문에 잠시라도 직장 일을 손에서 놓기가 쉽지 않으니까요.
그래서 '육아휴직 제도'나 '유연근무제'가 있어도 제대로 활용하지 못하죠.
그런 풍토는 '직장 내 경쟁'과 '취업 경쟁'으로 연결되며
취업을 위해 젊은 세대가 서울로 몰려드는 '수도권 집중화 문제'로 이어지는
악순환의 고리를 만듭니다.

이런 상황에서는 우리의 경직된 가족구조 문제나
독박 육아, 여성 경력 단절 문제 등
사회적 인식 개선이 필요한, 더 중요한 장기적 문제점들은
논의조차 할 수 없게 되겠죠.

그동안 이런 나름의 논리를 근거로 최우선 순위 문제점이자 킹핀은
'높은 양육비 부담'이라는 주장이 타당하게 받아들여졌습니다.
당장 애 키울 돈이 없어 낳지 못하는 시급한 현실적 문제가 있는데
장기적 문제점들을 먼저 해결하자는 것은 분명히 비합리적일 수 있지요.

실제로 대한민국의 정책 기획자들은
'양육비 부담'을 저출생 문제의 핵심 원인, 즉 킹핀으로 규정하였고
그 결과, 지난 20여 년간 정부의 저출생 해결 방안은
줄곧 '현금성 지원'과 '세제 지원' 등의 정책들이었습니다.

물론, 직장 내 육아휴직 제도의 개선이나 돌봄 시설의 확충,
경직된 가족구조 인식 개선을 위한 노력들도 없지 않았지만
우리의 뇌리에 주(主)로 각인되어 있는 것은 '현금성 지원 대책'이었습니다.

정책기획의 킹핀을 '양육비의 부담'으로 규정했기 때문입니다.

킹핀이 결정되면, 모든 문제점들은
킹핀을 중심으로 다음과 같이 구조화될 수 있습니다.

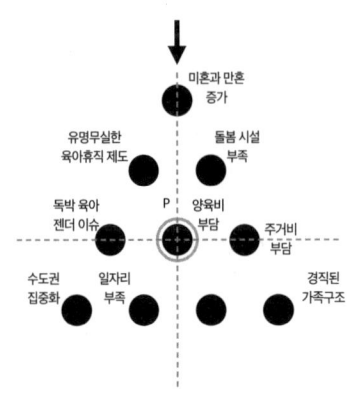

어떤가요?
이렇게 '양육비 부담'이라는 킹핀을 주(主)로,
나머지 문제점들은 부(副)로 구조화하면
해결해야 할 문제의 메커니즘이 한눈에 들어오지요.

포커스해야 할 중심이 잡히니 우선순위가 보이고, 우선순위가 보이니
일의 에너지와 예산의 자원배분 원칙도 손에 잡힙니다.

예를 들어,
'주거비용 부담'을 해소해주는 지원 정책들은 '양육비 부담 문제'와 함께
'경제적 부담 문제'라는 상위 그룹으로 함께 묶을 수 있기 때문에
여타의 문제점 대비 우선순위로 검토하고 실행할 수 있게 되는 것이죠.
(실제로 '주택 지원 정책들'은 '현금성 지원 정책' 다음으로 우선적으로 실행됨)

이것이 문제점들을 구조화하는 과정입니다.

문제가 구조화되지 않으면 기획의 1형식이 복잡해집니다.
기획의 제1형식이 복잡해지면 해결책을 도출하는 2형식도 복잡해집니다.
기획 자체가 두루뭉술해집니다. 기획의 색깔이 없어집니다.
결국, 문제가 해결되지 않습니다.

복잡하게 흩어져 있는 문제점들을
킹핀을 중심으로 유기적으로 구조화해보세요.

회의를 할 때, 기획서를 쓸 때,
프레젠테이션을 할 때, 실행을 할 때, 커뮤니케이션을 할 때,
'정보의 구조화 사고'는
일잘러 기획자의 No.1 필살기입니다.

2-3
문제점을 2형식 문장으로 정리하라

문제점을 구조화했다면
이제 그 문제점을 구체적으로 글로 명시해야 합니다 write a sentence.
입으로 대충 얼버무리면 안 됩니다.

동료들 간에 문제 규정에 관해 합의와 공감이 이루어졌더라도
반드시 당신의 워딩으로 종이에 기록해야 합니다.
향후 기획안 실행을 위해 동료들과 커뮤니케이션할 때
불협화음의 핵심 원인이 되기도 합니다.
머릿속으로는 명확하게 규정했다고 생각한 문제점인데
막상 글로 옮겨보면 장황하게 서술되는 경우가 의외로 많습니다.

짧게, 구체적으로 써야 합니다.

우리는 문제를 너무 복잡하게 기술하는 경향이 있죠.
힘들게 문제점을 잘 찾아도 그것을 워딩으로 잘 표현하지 못하면
동료들과 의사결정자가 제대로 알아듣지 못하게 되고,
결국 그 기획안은 기각될 확률이 커집니다.

복잡한 말도 듣는 사람 입장에서 쉽게 글로 표현하는 사람.
우리는 '카피라이터 copywriter'라고 부릅니다.
앞서 저는 기획자도 카피라이터가 되어야 한다고 주장했습니다.

유명한 에피소드가 있죠.

한 가족이 차를 타고 놀러 가는데
아들이 갑자기 아빠에게 물었습니다.

"아빠, 자동차 바퀴는 어떻게 돌아가는 거야?"

그러자 아빠는 배운 대로 복잡하게 설명했죠.
"연료가 연소되면 발생하는 열에너지를 기계 에너지로 바꾸어
자동차가 움직이는 데 필요한 동력을 얻는데
후륜의 경우, 클러치-변속기-추진축-차동기-액셀축-후차륜 순서로
동력을 전달하여 자동차를 움직인단다."

고개를 갸우뚱하며 듣던 아들이 답답했는지
이번에는 엄마에게 물었습니다.

"엄마, 자동차 바퀴는 어떻게 돌아가는 거야?"

그러자 엄마는 단 한마디로 끝내버렸죠.

"응… 빙글빙글!"

문제 규정도 엄마의 '빙글빙글'처럼 심플하게 언어화하셔야 합니다.
문제를 간결하고 쉽게 기술하기 위한 가장 좋은 방법은
"문제는 _____다."라는 2형식 문장으로 연습하는 것입니다.

-

저의 플래닝코드 강의에서는 '햇반' 광고 사례를 통해
문제를 2형식으로 기술해보는 실습을 진행했습니다.

'엄마가 해주신 밥'이라는 메인 카피의 '햇반' 런칭 광고*를 보여준 후,
다음과 같은 현장 과제를 드렸습니다.

*맛있게 햇반을 먹고 있는 남편이 햇반을 해준 아내에게 고마움을 전하는 스토리로
'엄마가 해주신 밥, 햇반'이라는 카피로 마무리되는 광고

"햇반의 광고 기획자는 '햇반'의 문제를 무엇으로 보았기에
이런 내용의 광고를 기획했을까요?
문제를 2형식 문장으로 심플하게 규정해보세요."

한 수강생의 실제 예입니다.

"문제는 주부들이 밥을 하기가 힘들어 편리하게 인스턴트 밥을 만들었는데
남편들은 인스턴트 밥은 맛이 없다고 생각하고
주부는 가족들에게 인스턴트 밥을 주는 것이 진짜 밥을 주는 것만큼
맛있다는 것을 알려주고 싶은 것이다."

-_-;

무슨 말인지 하나도 모르겠습니다.
'문제'를 규정하라고 했는데 '해결책'도 섞여 있는 등
말이 전혀 디자인되지 못했습니다. 2형식 문장도 아닙니다.
강의장에서의 특수한 케이스일까요? 현장에서도 비일비재합니다.

어떤 수강생은 이렇게 정리합니다.

"문제는 햇반을 사면 왠지 무책임하고
게으른 주부처럼 보일 것 같다는 것이다." (2형식 문장)

단순명료합니다.
'문제는 _____다'라는 2형식 문장으로 간결하게 서술하니
기획자가 규정한 문제점이 무엇인지 머리에 쉽게 그림이 그려집니다.

어떤 분은 이렇게도 표현하시더군요.

"문제는 주부의 죄책감이다." (2형식 문장)

엄마의 '빙글빙글' 같은 최고의 문제 규정입니다.

—

1992년 미국 대선에서 변방 주지사 출신의 클린턴Bill Clinton 민주당 후보가
당시 걸프전 승전으로 압도적 당선을 낙관했던 (아버지) 부시George Bush 대통령을
제압할 수 있었던 비결은 유권자들에게 미국의 문제점을
2형식 문장으로 심플하고 임팩트 있게 전달한 덕분입니다.

"바보야, 문제는 경제야." (2형식 문장)
"It's economy, stupid."

어떻게 문제점을 이렇게 2형식 문장으로 심플하게 규정할 수 있을까요?
먼저 문제점에 대한 당신의 생각을 디자인하세요.
생각이 정리가 안 되었는데 언어로 정리가 되겠습니까?
생각이 디자인되었다면 이제 문제점을 언어로 디자인하세요.
그리고 글로 옮겨보세요. 다른 방법 없습니다.
쓰고, 줄이고, 다듬는 무한반복입니다.

우리 주변에는 눈길을 끄는 기획 사례가 즐비하죠.
'이 흥미로운 기획은 어떤 점을 문제로 보았던 것일까?'라는 질문으로
문제점에 대한 가설을 직접 추론해보고,
추론한 문제점을 2형식 문장으로 정리하는 연습을 해보세요.

"침대 브랜드가 뜬금없이 식료품 팝업스토어를 열었네?
이 마케팅은 어떤 점을 문제로 보아 기획된 걸까?"

"OO 유튜브 채널의 포맷이 완전히 바뀌었네?
기획자는 어떤 문제점을 해결하려고 굳이 포맷을 바꾼 걸까?"

"어? 편의점이 자체 상표 맥주를 다 출시했네?
자체 상표 맥주는 어떤 문제를 해결하기 위한 기획일까?"

프랑스의 철학자 파스칼 Blaise Pascal이 말했습니다.
"편지가 이렇게 길어져 죄송합니다.
시간이 좀 더 있었더라면 짧게 쓸 수 있었을 텐데."

문제점을 심플하게 글로 정리하기.
시간을 들여 연습해보세요.

단언컨대, 연습한 만큼 좋아질 겁니다.

2-4
문제점을 관점으로 숙성하라

"그런데요, 내가 규정한 문제점이 맞는지,
틀린지 어떻게 알 수 있나요?"

저의 20년 기획자 경력을 통틀어 가장 많이 받는 질문입니다.
성심껏 답변드립니다.

"알 수 없습니다."

기획에 정답은 없으니까요.
내가 규정한 문제가 해답일 수 있게 만드는 노력이 있을 뿐입니다.
기획 사고(思考)는 가설이고 의견이고 주장입니다.
정답일 확률을 최대한 높이기 위한 사고 과정입니다.

그래서 기획자가 규정한 '문제점problem'은
기획자의 '관점point of view'이기도 합니다.

기획자의 '주관'을 상대방이 공감할 수 있는 '객관'으로 바꾸는 과정,
기획이란 그렇게 증명하고 설득하는 일입니다.

그래서 기획자는 본인이 규정한 '문제점'에 매몰되지 말고,
그 문제점을 상대의 공감을 담은 '관점'으로 다듬고 숙성해야 합니다.

예를 들어보죠.

앞서 우리는
대한민국 초저출생의 핵심 문제점을 '양육비에 대한 부담'으로 규정했지요.
하지만 그 문제 규정이 정답이라는 의미는 아닙니다.
그 과제의 기획자들이 합의하여 규정한 결론(그 시점의 가설)일 뿐이죠.
즉 문제를 바라보는 그들의 관점입니다.

따라서 저출생의 근본적인 문제점은 기획하는 이의 관점에 따라
얼마든지 다르게 규정될 수 있습니다.

"누가 돈 준다고 애를 낳겠냐?"라며
'눈치 보는 직장 문화'가 근본적인 문제라고 주장하는 기획자도 있습니다.
직장에서 육아휴직, 유연근무 등을 눈치 안 보고 할 수 있게만 해주어도
저출생 문제는 상당 부분 해소될 수 있다는 관점이지요.

어떤 기획자는 '젊은 세대의 불행감'과 연결 지어 봅니다.
"내 몸 하나 건사하기도 힘든데 애를 왜 낳냐?"라는 청년층의 여론을 근거로,
지나친 생존경쟁으로 인한 사회적 스트레스를 유발하는
'수도권 집중화'라는 문제점에 메인 포커스focus를 맞춥니다.
수도권 과밀화 문제가 해결되지 않는 한, 현금성 육아 지원 정책들은
미봉책에 그칠 수밖에 없다고 지적합니다.

그러고 보니 지난 20여 년간 정부의 300조 넘는
현금성 양육비 지원 정책도 이 문제를 전혀 해결하지 못했지요.
또한 그 기획자는 수도권 과밀화는 곧 지방 소멸을 의미하기도 한다며
과감한 지방분권 정책들이 시행되어야 한다고 주장하기도 합니다.

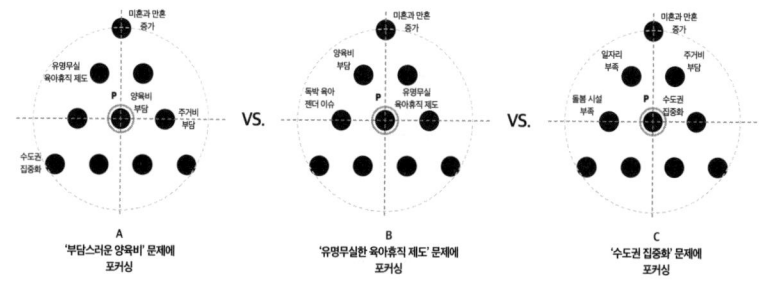

[저출생 문제 규정의 세 가지 관점]

세 가지 문제 규정 중 어떤 것이 정답일까요?

당연히 정답은 없습니다.

다만 언급했듯이, 도출된 개별 문제점들은
하나의 핵심 문제점, 킹핀을 중심으로 구조화되어야 합니다.
각각의 문제점들이 파편화되지 않고
유기적으로 연결되어야 하나의 '관점'이 될 수 있습니다.

문제를 지적하는 '문제점'의 패러다임에서
문제를 바라보는 '관점'의 패러다임으로의 숙성은
당신의 기획을 더욱 가치 있는 선구안으로 보이게 할 것입니다.

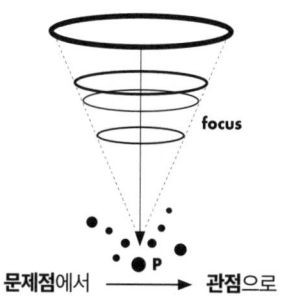

《노는 만큼 성공한다》, 《남자의 물건》,
《에디톨로지》, 《창조적 시선》 등의 베스트셀러 저자이기도 한
'여러가지문제연구소'의 김정운 소장은
연구소 이름처럼 세상의 여러 가지 문제들을 연구합니다.

그중에서, 국내 K리그의 흥행 부진 문제를 바라보는
그의 관점은 매우 흥미롭습니다.

앞서 살펴본 대로, 그동안 많은 이들이
K리그의 문제점들을 다음과 같이 다양하게 지적해왔습니다.

**경기가 재미없어서, 스타플레이어가 없어서,
우승 상금이 적어서, 공격축구를 안 해서 등등**

지극히 통상적인 문제 규정입니다.
지극히 뻔한 해결 방안들이 도출되겠죠.
김정운 소장은 좀 다릅니다.

'중계 카메라 대수가 적어서.'

프리미어리그나 프리메라리가, 분데스리가 등
유럽 축구 경기들이 더 재미있고 흥행도 잘 되는 이유가
그들이 우리보다 축구를 잘해서가 아니라
기껏(?) '중계 카메라 대수가 좀 많아서'라는 것이죠.

평범한 하나의 플레이 장면도 카메라가 많으면
다양한 각도로 여러 번 볼 수 있어
더 역동적으로 느껴지고 재미있을 수밖에 없다는 가설입니다.

실제로 유럽의 프로리그들은 경기당 40대 이상의 중계 카메라를
배치하는 데 반해, K리그는 10대도 어려운 현실이죠.

김 소장은 K리그도 중계 카메라 대수만 많아지면 재미있어지고,
경기가 재미있어지면 관중이 많아질 것이라고 10년 전부터 주장했습니다.

(관중이 많아지면 자연스럽게 마케팅도 좋아지고, 우승 상금도 늘어나고,
스타플레이어들도 모이게 되고, 결국 리그 흥행으로 이어지는 선순환을 만들 수 있다는 논리)

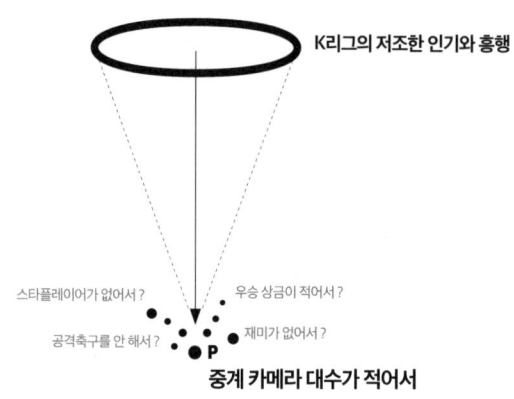

[K리그에 대한 김정운 소장의 관점]

김 소장이 K리그에 대해 생각한 것은
단순한 '문제점'이라기보다는 하나의 '관점'이었습니다.
그가 규정한 문제점에는 K리그를 바라보는
진지한 '관점'이 들어 있습니다.

김 소장은 K리그를 유심히 관찰한 결과,
그 실력이 유럽에 비해 결코 떨어지지 않는다고 '보았던^{saw}' 것이죠.

그의 관점에 대해 10년 전 당시 축구 관계자들은
재미있는 의견이지만 결코 답은 아니라는 반응이었습니다.

그 후로 10여 년의 시간이 흘렀습니다.
김정운 소장의 그 관점은 현재, 한 기업에 의해
실제로 구현되고 있습니다.

쿠팡플레이는 김 소장의 기획적 관점이 반영된
〈K리그 리뉴얼 프로젝트〉에 착수했고
현재 빠르게 K리그를 혁신하고 있습니다.

쿠팡플레이는 먼저 K리그의 중계권을 확보하고 유료로 전환시킵니다.
제대로 사업화하고 투자하고 혁신하기 위해서였죠.
김 소장의 지적대로, 카메라 대수를 대폭 늘려
박진감 넘치는 영상의 재미를 만들었고
초고속카메라, 드론 촬영 등을 도입하여 중계의 질을 올렸습니다.
다채로운 그래픽 활용, 실시간 경기 분석, 프리뷰 쇼,
화제의 인물 인터뷰, 쿠플픽 시리즈 등으로
K리그를 단순한 경기가 아닌 스포츠 쇼로 변화시키고 있습니다.
K리그는 현재, 쿠팡플레이의 과감한 기획력으로
팬들과 함께 유의미한 흥행 질주를 하고 있습니다.

그렇다면 K리그의 현재의 성공 가도는
김정운 소장이 규정한 문제점이 정답이라는 걸 의미할까요?

그런 건 아닙니다.
10년 전 K리그 문제에 대한 김 소장의 기획적 관점이
10년 후 누군가의 공감과 동의를 얻었을 뿐이죠.

기획에서 '정답인 문제점'은 없습니다.
기획자들의 '다른 관점'이 있을 뿐이지요.

기획자마다 본질을 바라보는 관점은 제각각입니다.
중요한 것은 나의 관점이 상대의 공감을 얻을 수 있는가입니다,
공감을 얻어 실행되면 나의 가설이 옳았는지
모두에게 검증될 뿐이죠.

—

게다가
본질을 보는 관점은 사람마다 다르기도 하지만
시대에 따라 달라지기도 합니다.

—

故이건희 삼성 회장은 각 계열사 사장단에게
업의 본질에 대한 압박(?) 질문을 즐겨 했던 것으로 잘 알려져 있지요.
가령, "호텔업은 서비스업이 아니라 장치산업이다.",
"신용카드는 외상관리업이다.", "반도체는 시간산업이다." 등등
업의 본질에 대한 이 회장만의 남다른 통찰을 보여주었죠.

백화점업에 대한 그의 관점도 매우 흥미롭습니다.

"백화점업의 개념은 본질적으로 부동산업이다."

부동산에서 중요한 것은 위치이고,
결국 입지가 백화점 점포의 경쟁력을 좌우한다는
그만의 남다른 관점이었습니다.

훌륭한 통찰이지만 지금도 여전히 유효할까요?
이 백화점의 성공을 보면 꼭 그렇지는 않은 것 같습니다.

2021년 개장한 '더현대서울'은
성공 확률이 불확실한 '여의도'라는 열악한 부동산 입지 조건에서도
엄청난 성공을 거두어 화제가 되었죠.
지금까지의 백화점에서 볼 수 없었던 색다른 고객 경험을 제공하여
이른바 MZ세대의 마음을 빼앗아 선풍적인 인기를 끌며
업계 최단기간 매출 1조 원이라는 진기록을 세웠습니다.

"이 시대 백화점업의 본질은 콘텐츠다."

오늘날의 백화점업을 '고객 경험과 콘텐츠'로 바라본
더현대 기획자의 '다른 관점' 덕이었습니다.

관점에 정답은 없습니다.
다만, 문제의 본질을 바라보는 내 관점이 정답이 될 수 있도록
치열하게 증명하고 설득하고 실현해나가는 과정,
그것이 바로 기획입니다.

정답이 없기에 각자의 관점은 쟁점이 되어
서로 경쟁하기도 합니다.

"바보야, 문제는 경제야."
"It's economy, stupid."

앞서 소개한 1992년 미국 대선의 이 유명한 선거 구호도
당시 '강한 미국'을 주창하던 조지 부시에게
한 방 먹인 클린턴의 '다른 관점'이었습니다.

인생의 문제라고 다를까요?

결혼의 본질은? 행복의 본질은?

정답은 없습니다.
사람마다 다릅니다. 각자의 관점에 따라 다릅니다.

어떤 사람은
결혼의 본질을 '조건'으로 보고
또 어떤 사람은
결혼의 본질을 '대화'로 봅니다.
어떤 사람은
행복의 본질을 '돈'이라 말하고
다른 누군가는
'사랑하는 사람들과 아이스크림을 먹는 것'이라고 말합니다.

관점에 정답이 없다는 것은
다음의 두 가지를 의미합니다.

첫째,
나의 관점을 갖는다는 것은
문제의 본질을 이것저것 다 추구하는 게 아니라,
여러 개의 지점들을 킹핀 중심으로 구조화하여
하나의 관점으로 정리하고 다듬어가는 과정을 말합니다.

둘째는,
기획자가 어떤 관점으로 본질을 바라보느냐에 따라
구현되는 기획이 달라진다는 점입니다.
행복의 본질을 '돈'이라고 보는 사람과
'사랑하는 사람들과 아이스크림을 먹는 것'으로 보는 사람의
인생 기획은 결코 같지 않겠죠.

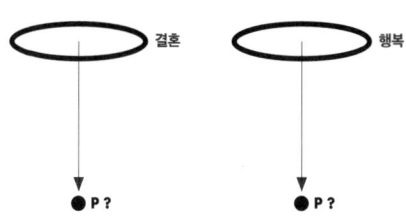

[나만의 P코드, 나다운 관점]

문제에 대한 나만의 관점을 가져보세요.
나만의 정의를 내려보세요.

일의 기획도, 인생의 기획도 정답이란 없습니다.

기획자의 해답을 정답으로 만들어내는 일,
기획자의 주관을 객관으로 만들어내는 일,

그것이 기획입니다.
내 관점이 들어 있는 내 기획입니다.

-

지금까지 살펴본 문제의 메커니즘과 윌리는

문제의 구조를 보는 '입체적 시각'과

문제의 본질을 보는 '통찰적 시각'을 키우는 데
실질적인 영감을 줍니다.

-

하지만

P코드를 찾기 위한

더 중요한 한 가지가 있습니다.

당신의 마인드

당신은

머리가 아닌

가슴으로 기획하고 있습니까?

뷰티풀 마인드

Integrity, Love, and Passion

마인드mind가 없는 월리는 울리는 꽹과리입니다.
제아무리 '문제의 본질'을 잘 찾는 월리를 꿰차고 있다 하더라도
그것이 '테크닉'으로 이용된다면 결코 좋은 기획이라 할 수 없습니다.
그런 유의 기획자들이 제 주위에도 좀 있는데
인정은 할지언정 존경은 할 수 없습니다.

기획은 마음가짐입니다.
진심의 마음으로, 사랑하는 마음으로 치열하게 수행하는
인간의 아날로그 작업입니다.

《나의 문화유산 답사기》에서 유홍준 교수가 말했죠.

"사랑하면 알게 되고 알게 되면 보이나니,
보이는 것이 그전과 같지 않으리라."

뭐가 보인다는 걸까요?

기획자에겐 'P코드'가 보입니다.
P코드는 궁극적으로 '사랑'으로 찾는 겁니다.
잭 웰치Jack Welch는 '열정passion'이라고 표현했죠.

기획자의 사랑은 월리를 초월합니다.

그것은 곧
'목적의식'이요, '주인의식'입니다.

그래서
기획력은 능력이 아니라
태도입니다.

동물원 이야기
사랑으로 찾은 P코드, 진정성이 만든 혁신

일본 최북단 홋카이도 아사히카와에 위치한
아사히야마 동물원은 연 300만여 명의 관람객을 끌어모으는
일본 최고의 동물원이자 창조경영의 아이콘입니다.

하지만 이 동물원이 언제나 잘나갔던 건 아닙니다.
1990년대 중반에는 입장객의 급격한 감소로 폐원 위기에 처했었습니다.

고스게 마사오(小菅正夫) 원장은 직원들과 '문제'부터 찾기로 했습니다.
'첫 번째 왜↓'라는 질문을 던졌죠.

"사람들은 왜↓ 우리 동물원을 찾지 않을까?"

다양한 문제의 대안이 도출되었습니다.

산악지대, 불편한 교통,
열악한 기후환경(겨울에는 춥고 여름에는 더운),
작은 규모, 희귀 동물의 부재,
테마파크의 등장 등등…

하지만 이 대안들은 앞서 살펴보았듯이
'문제'라기보다는 '제약조건', 즉 '문제의 사실'에 가깝죠.

실제로 당시 '테마파크 붐'을 핵심 문제로 삼아
(극장 위기의 핵심 문제를 'OTT'로 규정한 것처럼)
해결책으로 '동물 우리를 일부 없애고 놀이기구를 만들자'는
의견들이 많았다고 합니다.

하지만 고스게 원장의 생각은 달랐죠.

'테마파크는 문제의 본질이 아니다.
동물원은 본질적으로 동물로 승부를 보아야 한다.'

"그럼 동물원은 왜↑ 존재해야 하지?"

고스게 원장은 '두 번째 왜↑'의 질문을 던졌고
'단순히 인간의 눈요기를 위해서가 아닌 생태의 경이와 생명의 존엄성,
나아가 사람과 동물의 올바른 공존을 배우기 위해서'라는
동물원 본연의 목적을 상기하게 됩니다.

그런 관점에서 현 상황을 조망하니 문제의 본질이 보였습니다.

기존의 동물원은 본연의 목적과는 달리
동물들을 좁은 우리 안에 가두어 키우는 공간이었습니다.
동물들은 스트레스를 받고 무기력해집니다.
관람객은 축 늘어져 앉아 있거나 자고 있는 동물들만 보게 됩니다.
생태의 경이와 생명의 존엄성은 전혀 느낄 수 없죠.

즉 고스게 원장은 아사히야마 동물원의 문제를
'불편한 교통'이나 '테마파크'가 아니라,
동물들을 무기력하게 만드는 '동물원의 전시 시스템'으로 규정했습니다.
그는 이를 '형태 전시'라고 명명했습니다.

기존 동물원의 문제를 '형태 전시'로 정의하고 나니
아사히야마 동물원의 새로운 방향성이 보였습니다.

"동물들이 살아가는 야생 그대로의 움직임을 구현할 수 있는
'행동 전시' 시스템을 만들어보자!"

동물의 입장에서 생각하고, 그들의 자연스러운 야생의 습성을
그대로 보여주는 이른바 '행동 전시 프로젝트'를 기획하게 됩니다.

이렇게 프로젝트의 방향이 명확해지자,
다양한 아이디어들이 쏟아져나왔죠.

· 나무 위에서 주로 생활하는 오랑우탄을 위한 공중 방사장
· 스트레스를 줄이기 위해 사람보다 높은 장소에 조성한 원숭이 서식지
· 낭떠러지를 아슬아슬하게 오가는 염소의 야생성을 살리기 위한 절벽
· 발톱까지 자세히 들여다볼 수 있는 초근접 호랑이 우리…

관람객을 위한 획일적인 울타리와 공간을 조성하는 대신
동물의 행동과 특성에 맞춘 디자인으로 동물과 관람객을 가까워지게 했죠.

가장 유명해진 것은 펭귄 우리의 고정관념을 깬 펭귄 터널입니다.
펭귄이 옆에서 걷는 것만 바라보는 대신 물속에서 헤엄치는 모습을
360도로 관람할 수 있도록 관람객 머리 위에 터널 형태로 공간을 만들었죠.
펭귄이 터널에서 자유롭게 헤엄치는 모습이 마치 날아다니는 것처럼 보여,
'아사히야마 동물원의 펭귄은 하늘을 난다'라는
초기 입소문을 이끌었습니다.

네, 아사히야마 동물원에는 맹수를 가두는 철창도,
유리창으로 막힌 사파리 열차도, 전형적 이벤트인 돌고래 쇼도 없습니다.
대신 머리 위로 하늘을 나는 펭귄과 자유롭게 뛰어노는 사자들,
코앞까지 다가와 뒹구는 북극곰이 있습니다.

'폐원 위기 동물원'이 '창조 동물원'이 된 것입니다.

아사히야마 동물원 기획안 일부
출처 : 아사히야마 동물원 홈페이지

'날아다니는 펭귄', '코앞에서 뒹구는 곰'이라는
기발한 S코드 아이디어 덕분이 아니죠.

P코드를 찾았기 때문입니다.

기본적으로는
'진짜 문제를 찾는 월리'를 잘 알았기 때문에 가능한 일이었지만

본질적으로는
'문제를 보는 마인드'가 달랐기 때문에 가능한 일이었습니다.

동물원의 존재 이유인 생태의 경이와 생명의 존엄성,
나아가 사람과 동물의 올바른 공존을 배우기 위함이라는
'지향점'을 바라보았기에 가능했던 일이었습니다.

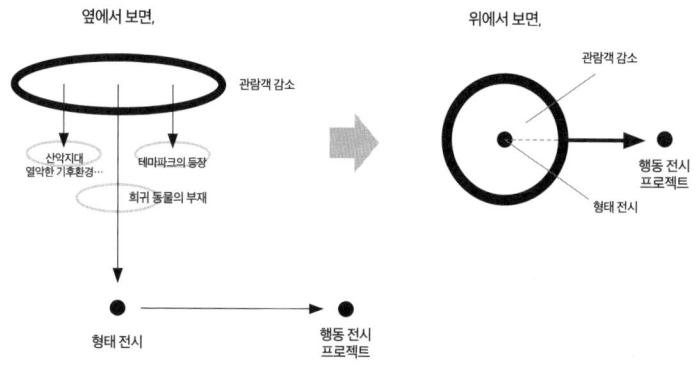

더 행복한 동물들과 사람들을 위해
이 문제를 기필코 해결하고 말 것이라는,
그리고 그것이 곧 내가 해야 하는 일이라는,

기획자의 목적의식, 주인의식, 진정성이
있었기 때문입니다.

목적의식으로 기획하라

기획은 '문제의식'으로부터 시작된다고 했습니다.

'문제의식'이 발생하는 패턴은
두 가지가 있습니다.

첫째, '목표의식을 자극하는 것'이고,
둘째는, '목적의식을 고취하는 것'입니다.

대부분의 기업과 기획자들은
'목표의식'을 자극합니다.

기간 내 달성할 '목표'의 수준을 높여버리면
자연스럽게 형성되는 위기감과 책임감으로 그에 따른 '문제의식'이 발생되어
우리의 P-레이더가 더 민감하게 반응하죠.

하지만 이것은 '문제의식'을 만드는 기계적이고 수동적인 방법입니다.
이 방법으론 기본빵 기획은 가능하지만 창조 기획은 쉽지 않습니다.

일부 기업과 기획자들은
'목적의식'을 고취합니다.

앞서 언급한 '이 기획 왜 해야 하지?'에 관한
프로젝트의 미션에 초점을 맞추어, 더 능동적이고 진취적으로
'문제의식'을 발생시키는 방법이죠.
창조 시대에 부합하는 '문제의식 발생법'입니다.

통상적으로 기획에서 '목표'와 '목적'의 개념은 혼용해서 쓰이지만
엄밀히 말하면 다른 개념이죠. 둘 다 기획의 성패를 평가하는 잣대이지만
목표는 '내 관점의 잣대'이고
목적은 '상대방 관점의 잣대'입니다.

6개월 안에 가입자 100만 확보
캠페인 기간 내 브랜드 인지도 60% 달성
3개월 안에 시청률 10% 달성

위와 같이 달성해야 할 '기간'과 '수준'이 명시되는 것이 '목표'입니다.
내 관점이죠.
반면에 '목적'은 이 일을 하는 '이유'이자 '의미', '가치',
그래서 생기는 '방향성'입니다.
상대의 관점입니다.

둘 중 뭐가 더 중요하고 덜 중요한가 말하는 것이 아닙니다.

'목표'와 '목적'은
'중요도'의 문제가 아니라 '선후(先後)'의 문제입니다.

진정한 기획자는 무언가를 기획할 때
먼저 '목적'을 바라봅니다.
그리고 '목표'는 목적을 측정하는 '도구'로 활용합니다.

목표는 '숫자'이고 목적은 '철학'인 것이지요.

같은 부자라도
돈이 목표가 되어 부자가 된 사람과
꿈을 추구한 결과 부자가 된 사람은
격(格)이 다르듯,

목표로 기획하는 것과
목적으로 기획하는 것의 결과물은
격(格)이 다릅니다.

아사히야마 동물원을 '목표'의 잣대로만 기획했다면 어땠을까요?

가령 '6개월 내 관람객 50% 증가, 매출 60% 증대'라는
목표에 집중한 기획을 했다고 가정하면

돌고래 쇼, 원숭이 쇼, 코끼리 쇼 등
동물들에게 스트레스를 주는 유료 쇼를 늘리거나, 아예 동물 우리를 없애고
그 당시 트렌드로 떠오르던 테마파크 놀이기구를 들여놓는
매출에 매몰된 기획을 했을 수도 있었을 겁니다.

하지만 고스게 원장은 동물을 사랑하는 '진정성integrity'에 기반을 두고
이 세상에 동물원이 존재해야 하는 '목적의식'으로 기획하였기 때문에
결과적으로 '목표'도 달성했을 뿐 아니라, 더 나아가
세상에 꼭 필요했던 '창조 동물원'까지 될 수 있었던 것이죠.

저는 세상의 많은 기획자들이 '목표를 향한 기획'보다
'목적이 이끄는 기획'을 지향하기를 소망합니다.

현장에서 일하다 보면 이게 쉽지가 않죠.
우리 앞에는 현실적으로 '목표'라는 놈이 버티고 서 있으니까요.

앞서 소개한 음악 예능 〈나는 가수다〉는
'시청률 목표'를 달성하지 못해서 결국 폐지되었습니다.
그렇다면 〈나가수〉는 실패한 기획일까요?

'목표'라는 잣대에서는 실패가 맞지만
'목적'이라는 관점에서 보면 성공한 기획입니다.

이 프로그램을 기획한 김영희 PD가 말했습니다.

"〈나가수〉 기획 당시 목적한 바가 있었다.
사람들이 좋은 음악으로 인해 더 행복한 꿈을 꾸며 잘 수 있어야 한다는 것이었다.
〈나가수〉를 보고 시청자들이 열광하며 행복해하는 모습을 보았다.
나는 목적을 이루었고 행복하다."

목적이 먼저, 목표는 그다음입니다.
기획자라면 목적을 목표로 삼으세요.

영국 버밍엄대의 교육 전문가 린 데이비스Lynn Davies 교수가 말했습니다.

"인간의 의식은 분명한 '목적'을 갖기 전에는
'목표' 달성을 향해 움직이지 않는다."

뒤집어 말하면
인간은 분명한 목적을 가지면 목표를 향해
'능동적으로' 움직인다는 이야기입니다.

능동적으로 참여하는 기획과 수동적으로 참여하는 기획의 결과는
하늘과 땅 차이일 것입니다.
목적의식은 자발적인 목표 달성 동기를 갖게 하는 동시에
'주인의식'과 '주도성'을 갖게 만들지요.

'주인의식'이란 말이 요즘 다소 시니컬하게 취급되기도 하지만
적어도 내 일의 주인은 누구도 아닌 나여야 합니다.

"프로그램에 참여한 모든 사람들이
프로그램이 내 거라고 생각하는 순간,
프로그램은 날개를 달고 진화한다."

넷플릭스 예능 〈사이렌 : 불의 섬〉을 기획한
이은경 PD의 이 말은 강렬한 체험에서 나온 간증처럼 들립니다.
외딴섬에서 500명이 넘는 스태프들을 이끌고 고난도의 작업을 수행하며
한국 예능 최초로 넷플릭스 정상에 오른 이 프로젝트의 성공 비결은,
500명의 스태프 각자가 '주인의식'을 갖고 일했기 때문이라 전합니다.

목적의식이 있는 기획자는 눈빛부터가 다릅니다.
내 일의 주인이기 때문입니다.

내가 일의 주인이라는 의식은
성취감과 보람, 나아가 삶의 의미와 행복감까지 느끼게 합니다.

—

앞 장에서 세 개의 P코드층P-layers을 소개해드렸죠.
그중 최상위의 '목적층purpose'에 위치하는 '지향점'은,
누군가에게는 자신의 일을 통해 삶의 의미를 찾는
'북극성Polaris'이 되기도 합니다.

이 일을 해야 하는 이유, 안 하면 안 되는 이유,
이 일이 존재해야 하는 이유,
내가 존재하는 이유 말이지요.

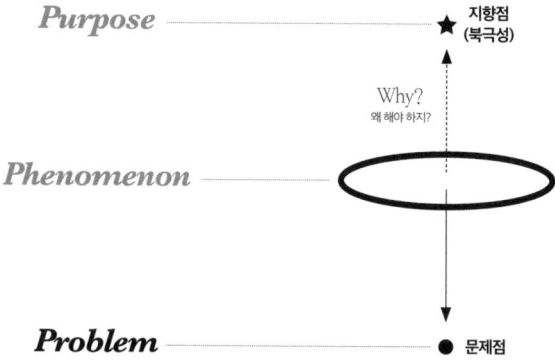

[누군가에게 일의 목적지는 '점'이 아니라 '별'이다.]

세상에는 자신만의 북극성Polaris을 바라보며
일하는 기획자들이 존재합니다.

과업을 수행하며, 목표 수치 하나하나에 일희일비하지 않고,
외로워도 슬퍼도 포기하지 않으며
자신의 지향점을 향해 묵묵히 걸어가는 사람들입니다.

웬만하면 그들을 막을 수가 없습니다.

Polaris

"우주는, 자기 외측에 있는 우주와 자기 마음속에 있는 우주가 있다. 앞으로의 시대는 자기 안의 우주가 중요해질 것이다."

- 마스다 무네아키(増田宗昭), 기획회사 CCC 창업자

TRUE NORTH

★
1

목사님도 기획자라고 할 수 있을까요?
만약, 성장 목표를 설정하고 교회의 규모를 키우는 것이 목회라면
목사님 역시 기획자라 할 수 있을 것입니다.
그러나 만약 교회를 작게 만드는 목사님이라면 어떨까요?

2012년, 교인 수 2만 명이 넘는 초대형 교회인
분당우리교회 이찬수 목사는 주일예배 설교에서 깜짝 선언을 합니다.
"분당우리교회를 30개 교회로 분립 개척하겠습니다.
10년 내에 성도의 3/4을 파송하고, 교인 수를 1/4 이하로 줄이겠습니다."

이른바 〈일만성도파송운동〉이라는 교회의 역성장 플랜을 발표했습니다.
교계는 물론, 세간에도 큰 파장이 일었습니다.
모든 교회가 교인을 늘리는 성장에 혈안이 되어 있는 상황에서
교회의 규모를 의도적으로 줄이겠다는 발상은
상식에 완전히 어긋나기 때문입니다.

"분당우리교회와 완전히 분리 독립하기 위해
30개 교회는 '우리'라는 브랜드를 사용할 수 없게 하겠습니다.
그리고 저는 1년간 강제 안식년을 갖고, 이후에도 교인 수가
현재의 1/4을 넘으면 담임목사직을 사임하겠습니다."

기획자의 '진정성'이 느껴집니다.

"주변에 개척 교회와 미자립 교회들이 많은 현실에서,
분당우리교회로 계속 사람들이 몰리는 상황이 너무 괴로웠습니다.
배가 한쪽으로 쏠리는 이 비정상적인 상황이 두려웠습니다."

기획자의 '문제의식'도 느껴집니다.

"분당우리교회와 분립한 30개의 교회가 한국 교회와 작은 교회들이
함께 기뻐하고 상생할 수 있는 꿈을 꾸고자 합니다."

분명한 '목적의식'이 전달됩니다.

이 기획은 어떻게 되었을까요?
10년간의 혹독한 준비 끝에, 이 비현실적인 생각이 현실이 되었습니다.
정말로 1만 명이 넘는 성도들이 30개(실제는 29개) 개척 교회로 파송되었죠.
성장지상주의와 세습으로 혼탁해진 한국 교계에
중요한 일침을 가한 사건이 되었습니다.

'목표'보다 '목적'을 먼저 바라보고
'숫자'보다 '신념'을 추구한 덕분에 가능했던
창조 기획이 아닐 수 없습니다.

이찬수 목사의 북극성은 선명합니다.
기획자의 열정과 진정성, 목적의식이란 이런 것이 아닐까요?

★

2
"이 세상을 더 나은 곳으로 만들고 싶어서."

이 모토는 모든 스타트업들의 북극성입니다.
숭고하고 멋지기도 하지만 한편으론 추상적이고 이상적이기도 하지요.
많은 스타트업들이 단명하는 원인이기도 합니다.

모바일 금융 서비스, 토스TOSS의 북극성은 좀 다릅니다.
매우 구체적이고 현실적입니다.
'세상을 더 좋은 곳으로 만들기 위해'라는 미션 자체는 다르지 않지만
창업자 이승건 대표는 그것을 뜬구름 잡는 '이상'이 아닌
지금 당장 손에 잡히는 '이유'로 구체화합니다.

그는 사람들의 고충점을 해결할 때 최고의 행복감을 느낀다고 합니다.
난해한 우리나라의 금융을 쉽고 간편하게 바꾸는 일이 너무 좋아서
가족, 돈, 명예, 안정감조차 포기해도 아쉽지 않다고 말합니다.
심지어, 이 일이 당장 성공하지 않아도 괜찮다고 서슴지 않고 말합니다.
오히려 그렇기 때문에 성공할 때까지 지속할 수 있다고 말하죠.

어떻게 일에서 그 정도의 행복감을 느낄 수 있을까요?

단순히 특별한 천재의 특이한 사례로 치부할 수도 있지만
만약 같은 생각을 가진 10명, 20명이 모이면 어떤 일이 벌어질까요?
정말로 '더 나은 세상'을 만들 수도 있지 않을까요?

현재 토스팀의 구성원은 2천 명이 넘습니다.
그런데도 명령이나 결재가 없다고 합니다.
그럴 필요가 없는 사람들이 모여 있기 때문입니다.
대신 그들은 자율성을 가지고 있습니다.
<u>스스로 기획하고, 스스로 책임집니다. 주도적으로 일하죠.</u>
시키지도 않았는데 야근을 하거나 주말 출근을 하기도 합니다.
이건 내 일이니까, 내가 주체니까, 내 북극성이 있으니까,
일에서 행복을 느낍니다.

자연스럽게 일의 생산성과 성과도 높아집니다.
창조 기획들이 마구 샘솟습니다.
공인인증서가 필요 없는 혁신적인 간편송금으로 시작해,
주식 선물하기, 주식 모으기, 숨은 정부지원금 찾기,
지금 이자 받기 등의 서비스들은 시장을 흔들었습니다.
그리고 금융회사에서는 다소 이례적인 오리지널 영상 제작,
서적 출간 등의 콘텐츠 제작과 유통처럼
수많은 자생적 선제 기획들이 탄생했습니다.

물론 그 과정에서 수많은 위기와 시행착오도 겪지만
동료들과 함께 진취적으로 문제를 해결해나갑니다.

'더 나은 세상을 만들겠다'는 북극성은
누군가에게는 구호로 끝나지만
어떤 이에게는 포기하지 않는 이유가 됩니다.

목적의식과 진정성, 주인의식은 한 몸이라는 것을
현실에서 보여주는 이상적인 토스입니다.

★
3

〈최인아책방〉에 가보셨나요?
그곳은 대형 서점과는 사뭇 다른 분위기와 공간 구성을 자랑합니다.
책에 오롯이 집중할 수 있는 차분하고 따뜻한 분위기는
마치 영국의 오래된 서점에 온 듯한 기분을 선사하죠.
책 진열 방식도 독특합니다. 경영, 여행, 에세이 같은 기존의 카테고리 대신,
독자가 고민하고 필요로 하는 '관심사'를 기준으로 책을 배치합니다.
책방 주인 최인아 대표의 추천 도서들도 곳곳에서 만나볼 수 있고요.

최인아책방은 단순히 책만 파는 곳이 아닙니다.
정기적으로 열리는 강연과 모임, 흥미로운 주제의 콘서트, 파티 등
다채로운 문화 행사가 끊이지 않는 '지성의 장'입니다.
또한 혼자만의 서재를 원하는 이들을 위한 '1인 서재',
내 마음을 돌보는 '심리 상담방' 같은 신선한 기획들이 끊이지 않는
특별한 '힐링의 장'이기도 합니다.

〈최인아책방〉의 이런 특별함의 비결은 무엇일까요?
최인아 대표가 아이디어 뱅크이기 때문일까요?
물론 그럴 수 있습니다. 사실 그녀는 아이디어를 떠올리는 일이
그리 어렵지 않다고 말하거든요.

하지만 그런 최 대표에게도
책방의 근본적인 존재 이유를 찾는 일은 정말 어려워서,
오랜 시간 고민했다고 고백합니다.

'디지털 시대에 굳이 책방이 필요할까?'

은퇴 후 여유롭게 새로운 배움의 시간을 보내던 최 대표는 어느 날,
다시 일하고 싶다는 열망이 생겨 창업을 결심했다고 합니다.
창업 아이템으로 자신에게 어울리는 '책'을 선택하는 건 어렵지 않았지만,
이 질문에 대한 답을 찾는 과정은 결코 쉬운 일은 아니었다고 합니다.
1년여의 창업 준비 기간 동안 대부분의 시간을 그 답을 찾는 데 쏟았고,
결국 자신이 납득할 만한 결론에 도달했다고 합니다.

<u>'그래, 열심히 일하는 사람들은 여전히 존재하고,
그들은 지속적인 영감을 필요로 한다.'</u>

'디지털 시대에도 책은 여전히 현대인들의 고민을 해결해줄
지성과 영감의 매개체가 될 수 있다. 책을 통해 그들을 도울 수 있지 않을까?
단순한 서점이 아니라 서로의 생각이 모이는 숲을 만들어보자!'

이렇게
'지성의 숲'이라는 컨셉의 최인아책방이 탄생하게 되었습니다.
일하는 사람들을 위한 공간이니, 일터가 밀집한 선릉에 자리 잡았죠.
존재 이유가 명확해지니, 해야 할 일들이 뚜렷이 보였고
해야 할 일이 생기니, 최 대표는 다시 가슴이 뛰기 시작했습니다.

2016년 오픈 이후, 오늘날 최인아책방은 많은 이들에게
지성의 기쁨을 만나고 마음이 쉬어가는 숲이 되었습니다.
최인아책방만의 색깔을 잃지 않은 채,
일하는 사람들과 다양한 영감을 꾸준히 나누고 있습니다.

만약 매출과 이익 창출을 목표로 사업을 기획했다면,
애초에 '책방'은 답이 아니었을지도 모릅니다.
설령 책방이 열렸더라도, 지금과 같은 방향성은 아니었겠지요.

목적의식과 주인의식으로 기획하면,
천편일률적이기 쉬운 책방도 이렇게나 다를 수 있습니다.

4

최욱 MC의 유튜브 〈매불쇼〉의 유일한 목적은 '웃기는 것'입니다.
웃음을 목표로 하는 예능은 많지만, 〈매불쇼〉는 다릅니다.
방송의 매 순간, 매 멘트에서 웃기는 것에 얼마나 진심인지 알 수 있습니다.
'압도적 재미, 매불쇼'라는 프로그램 수식어가 모든 것을 말해줍니다.
매불쇼에서 다루는 경제, 사회, 역사, 과학, 건강, 연애, 영화 등
모든 주제가 웃기고, 웃겨야 하고, 웃기지 못하면 퇴출입니다.
만약 웃기지 못하면, 그게 본인이라고 해도 가혹하게 질타합니다.
하지만 웃기는 데 성공하면, 은하계에서 가장 행복한 사람이 됩니다.

확신합니다. 기획자 최욱의 북극성에는
거대한 스마일 마크가 그려져 있을 것입니다.

★

5

요즘 세대는 창의적인 기획을 '미친 기획'이라 부릅니다.
게임회사 넥슨은 창립 30주년을 맞아, 그야말로 '미친 기획'을 선보였습니다.
앙리, 카카, 드로그바, 푸욜 등 전설적인 축구 스타들을 서울로 불러
공격수 11명, 수비수 11명의 창과 방패가 맞붙는
'게임보다 더 게임 같은' 실전 축구 이벤트를 개최한 것입니다.

일명 〈넥슨 아이콘 매치〉로 명명된 이 기획은
오랜 팬들에겐 추억과 낭만을, 새로운 팬들에겐 재미와 즐거움을 선사하며
커다란 찬사 속에 전례 없는 성공을 거뒀습니다.

이 미친 기획은 어떻게 가능할 수 있었을까요?

돈이 많아서? 인맥이 빵빵해서? 아닙니다.
'축구와 축구 팬들을 사랑하는 마음'이 있어 가능했습니다.
축구를 사랑하는 진심이 전설적인 축구 스타들을 설득하고
팬들을 감동시킬 수 있었습니다.

사랑하는 마음은 말이 아니라 행동으로 증명되는 법이죠.
넥슨은 오랜 시간에 걸쳐 묵묵히 한국 축구의 저변을 키워왔습니다.
유소년 축구 후원 프로그램, K리그 유스 챔피언십 스폰서십,
전국 도서 산간 지역의 '팝업 축구 교실 프로그램' 등
무대 뒤에서 보이지 않게 한국 축구의 근간을 다지고 넓혀왔습니다.

이 모든 행보의 연장선에서 기획된 〈넥슨 아이콘 매치〉는
단순히 화려한 스포츠 이벤트 하나가 아닌 것이죠.

이 미친 기획은, 팬들의 마음 깊은 곳에
'축구에 진심인 넥슨의 멋진 생각'으로 기억될 것입니다.

★
6

역설적으로, 일이 너무 좋아서 퇴사할 수 있었습니다.
좋아하는 일을 오래 하고 싶어서 일을 이야기하는 브랜드,
〈모베러웍스Mobetterworks〉를 만들어 세상에 선보였습니다.
자신들의 좌충우돌 성장과정을 솔직하게 공유하고 싶어서
인간극장 같은 유튜브 채널 〈모티비MoTV〉를 기획했습니다.

더 나은 일의 형태를 찾기 위한 호기심으로
'근로자의 날'을 〈노동절 501〉로 칭하는 팝업 행사를 열었습니다.
일에 대한 유쾌한 메시지를 전하고 싶은 마음으로
자신들의 메시지를 새긴 옷을 만들고 굿즈도 기획했습니다.
이 시대 일하는 방식의 변화를 전하고 싶어서
《프리 워커스Free Workers》라는 책도 펴냈습니다.

거기서 끝인가 했는데,
일하는 사람들의 다채로운 취향을 한 공간에서 공유하고 싶어서
이제, 그들은 생뚱맞게 '영화관'까지 만들었습니다.

〈모빌스 그룹〉은 사서 고생합니다. 그래도 행복합니다.
그들이 사는 이유가 '일'이기 때문입니다.
'나답게' 일할 때 살아 있음을 느끼기 때문입니다.

7

지식의 격차를 좁히고 싶다는 간절한 마음이,
가짜 정보 속에서도 진짜 지식을 전하고 싶은 진심이,
누구나 시대의 혜안을 누릴 수 있길 바라는 염원이

유발 하라리, 재러드 다이아몬드, 폴 크루그먼, 마이클 샌델…
이 시대 최고의 석학들을
마치 꿈처럼 한자리에 모으게 했습니다.

'수신료 70원의 기적'이라는 칭송을 받으며
EBS 〈위대한 수업, 그레이트 마인즈〉가 탄생할 수 있었습니다.

★
8

침체된 국내 요식업계를 살리고 싶은 진심이,
한국에도 훌륭한 요리사들이 많다는 것을 세계에 알리고 싶은 열망이,
'공정한 경쟁'이 통하는 사회를 꿈꾸는 마음이

계급장 떼고 오직 맛으로만 승부를 겨루는
넷플릭스 예능 〈흑백요리사〉를 탄생시켰습니다.

9

금융 정보의 비대칭으로 누구도 상처받지 않기를 바라는 염원이,
출발선이 달라도 모두가 평등한 금융 생활을 누리길 바라는 진심이,
'앞으로 더 잘 살아갈 우리'를 응원하는 마음이

대국민 금융 생활 안내서 ≪더 머니북THE MONEY BOOK≫을 탄생시켰습니다.
언제 어디서든 필요하면 바로 펼쳐볼 수 있도록,
디지털 금융사 토스가 굳이 힘들게 '종이책'으로 만들었습니다.

사람들은 그 진심을 알아차렸습니다.
책은 순식간에 베스트셀러에 올랐습니다.

물론, 수익금은 '금융 소외계층'을 위해 사용되었습니다.

★
10
내세울 상징물 하나 없고,
회자될 만한 이야기도, 자랑할 특산물도 없지만,

그럼에도 불구하고

우리 지역을 사랑하는 진심이,
우리 지역을 위해 뭐라도 해보자는 열정이,

Z세대가 '김천' 하면 '김밥천국'을 떠올린다는
웃픈 단서라도 놓치지 않겠다는 그 절실함이

대박 난
경북 김천의 〈김밥축제〉를 탄생시켰습니다.

기획을 목적의식의 관점에서 바라보면
기획력은 결국 '능력'이 아닌 '태도'입니다.

문제를 인식하고 탐색하여 반드시 해결하겠다는 의지.
핵심 문제를 찾을 때까지 생각을 멈추지 않는 근성과 열정.
실패를 경험해도 좌절하지 않고,
그 과정에서 배우고 성장하는 긍정의 마인드.
나의 북극성을 향해 스스로 도전하고 성취하려는 자세.

이 모든 과정에서 느끼는 희열이야말로
기획의 진정한 가치입니다.

결국, 기획력이란
끈기 Penetrate to the core, 사랑 Passion for work 그리고 희열 Pleasure이라는
세 가지 P코드로 이루어진
마인드이자 태도일지 모릅니다.

Art

P코딩의 기술, 당신의

of P

|획을 예술로 만들다

You know the **_Princip..._**

You have a Purpose and **_Pass..._**

You also have great **_Pote..._**

Penetrate. P...

And you are sure to identify rea...

and then convert Problem into **_Pro..._**

It means you will find your own unique **_P..._**

and create a **_Proactive P..._**

당신의 타고난 잠재력, P코드 월리의 지식, 그리고 목적의식까지.

당신은 이미 뛰어난 기획자가 될 자격을 갖추고 있습니다.

포기하지 말고 불도저처럼 핵심 문제를 파고드세요.

헬리콥터를 타고 전체 판도 조망해보세요.

당신은 아마 다른 사람들이 볼 수 없는

P코드를 발견하게 될 것입니다.

그것은 당신만의 관점이 있는

선제 기획안을 만드는

씨앗이 될 것입니다.

Map of P

이제 당신은 진짜 문제를 찾을 수 있습니다.

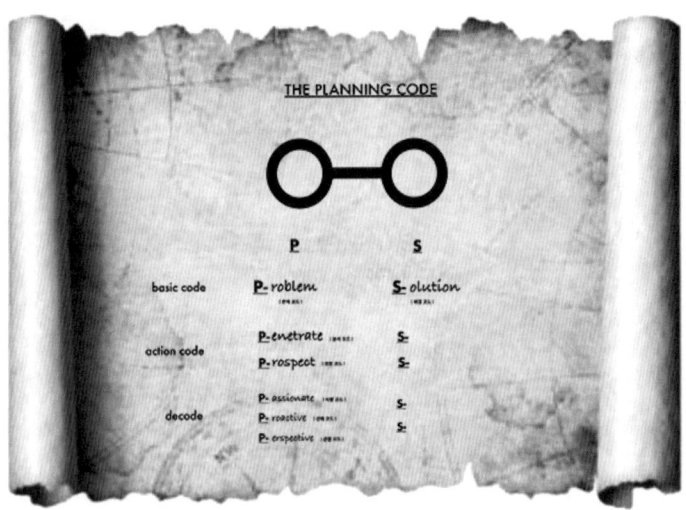

code

S

기 획 의 제 2 형 식 · S 코 드 이 야 기

'문제 규정'이 과정75이라면
'해결책'은 결과25다.

'문제 규정'이 본(本)이라면
'해결책'은 답(答)이다.

답

정답은 없다. 해답을 추구하라.

답을 만드는 답은 존재하지 않습니다.

그렇다고 너무 실망하지 마세요.

기획은 인간의 아날로그^{analogue} 작업.
무에서 유를 만드는 신의 창조가 아닙니다.
유에서 유를 만드는 인간의 창조입니다.

우리에겐 믿을 구석이 있습니다.

P코드를 믿으세요.

그리고
당신을 믿으세요.
동료를 믿으세요.

'정답(正答)'은 없습니다.
동료들과 함께 풀어가는 '해답(解答)'이 존재할 뿐입니다.

제발 솔직해지기

빅아이디어란, 낯섦코드와 공감코드의 밸런싱

이제부터 진짜로 솔직해지셔야 합니다.
여러분은 신선한 기획 아이디어를 만났을 때 어떤 생각이 드시나요?

예컨대,
- 8인분의 빅사이즈 컵라면으로 빅히트를 친 <팔도 점보 도시락> 기획,
- 전체 중량의 80%를 크림으로 채운 파격으로 성공한 <연세우유 생크림빵> 기획,
- 곰표 맥주, 곰표 패딩 등 MZ세대의 취향을 저격한 <곰표 콜라보 마케팅> 기획,

아니면,
- 지난주 사장님에게 칭찬받은 옆 팀 김 대리의 <신상품 홍보 기획안>

이런 기획들을 보시면 무슨 생각이 드시냔 겁니다.

"정말 대단히 새로운 아이디어지요."라고 말씀하신다면
솔직히 말씀드려 솔직하지 못하신 겁니다.

솔직해지세요.

'사실 생각보다 별거 아닌데?'
'저거 예전에 나도 생각했었는데?'
'뭐, 누구나 생각할 수 있는 수준이군.'

가장 솔직한 우리들의 심정 아닐까요?

따지고 보면 우리가 감동받는 아이디어들은 생각보다 색다르지 않습니다.
어디서 많이 본 것 같은, 나도 예전에 한 번쯤 생각해봤음직한 것들이지요.
너무 익숙해서 뻔한 느낌마저 줄 수 있는 것이 아이디어의 실체입니다.

제가 아는 어떤 분은 '인터넷, MP3, 전화기를 결합한다'라는
아이폰의 빅아이디어도 사실 전혀 새로울 것이 없다며,
심지어 본인이 스티브 잡스보다 먼저 생각했던 아이디어라고 하더군요.
물론 저는 "그럼 니가 하시지 그랬어요?"라고 말했습니다만.

어쨌든 아이디어란, 우리 생각보다 새롭거나 파격적이지 않습니다.
아니, 오히려 너무 새로우면 좋은 아이디어가 될 수 없습니다.
왜일까요?

사람들이 '공감'하기 힘들기 때문입니다.

예능, 쇼츠 등 재미있는 콘텐츠를 보다가 빵 터지는 순간들을 생각해보세요.
아이디어가 '새로워서' 빵 터지는 것이 아니라 '공감해서' 빵 터지는 겁니다.
오히려 너무 새롭고 낯설면 거부감이 생깁니다.
너무 낯설고 새로워서 실패하는 아이디어가 우리 주변에 얼마나 많은지요.
식품회사에서 신상품으로 '개고기 햄버거'를 기획했다고 가정해보죠.
자매품으로 '김치 맛 콜라'는 어떨까요? 정말 낯설고 새롭습니다.
하지만 잘 팔리진 않을 겁니다. 지나치게 낯설어 공감하기 힘들기 때문이죠.

아이디어란 그런 것입니다.
빅아이디어란, 전혀 새로운 뜬금없는 것이 아니라
살짝 낯설면서 Strange 공감 Sympathy이 가는 것이지요.

저는 이것을 'S의 해독코드 decode'라고 부릅니다.
[decode of S : Strange code & Sympathy code]

화제가 되었던 배달의민족의 〈치믈리에 자격시험〉 기획을 살펴볼까요?
- "뭐? 치킨 맛을 감별하는 자격시험이라고? 그런 게 다 있어?"
  → 낯설지요. Strange
- "그래, 와인이나 커피처럼 치킨도 각자의 취향 세계가 있을 수 있지."
  → 공감도 됩니다. Sympathy

따라서,
낯섦과 공감의 S코드는 '절묘한 균형'을 이루는 것이 관건인 동시에
우리의 아이디어를 평가하는 '냉혹한 가이드라인'이 됩니다.

우리의 상사님들과 고객님들은
두 코드의 균형점을 냉정과 열정으로 평가하십니다.
코드의 균형이 살짝이라도 깨지면 냉혹하게 외면하고,
절묘하게 균형을 이룬다 싶으면 오버하며 열광합니다.

기획고수들은 기가 막히게 두 코드의 균형점을 찾아냅니다.
비결은 뭘까요?

의외로 기획고수들은 '낯섦코드 Strange'에 별로 연연하지 않습니다.
'공감코드 Sympathy'에 집중합니다.

왜 그럴까요?

고수들의 '문제 규정', 즉 P코드가 이미 새롭고 낯설기 때문입니다.

규정한 문제에 이미 '낯섦코드'가 탑재되어 있기 때문입니다.

은교

아이디어는 발상이 아니라 연상이다

"죽이는 아이디어 내일까지 생각해 와."

우리는 상사에게 이런 미션을 받으면 눈앞이
깜깜합니다.
막막합니다.
멍해집니다.

죽이는 아이디어 찾다가 죽겠습니다.
이런 경험 한 번쯤은 있으시죠?
왜 우리는 아이디어를 찾을 때 죽을힘이 들까요?

우리는 아이디어를 '발상(發想)한다'고 생각하기 때문입니다.

발상(發想)이 뭔가요?

"Just Think New!"

논리적으로 이것저것 따지지 않고
새로운 것을 '그냥 생각해내는 것'을 말하는데요,
말이 좋아 발상이지 이거 막연합니다.
사막에서 바늘 찾기, 맨땅에 헤딩하기,
딱 그런 느낌입니다.

우리는 아이디어를 '낯섦코드'로만 바라보는 경향이 있습니다.
'새로움'이 목표가 되면 '새로움'은 창조되지 않는 법입니다.

우리가 '공감코드 sympathy'를 간과하고 있다는 사실에 공감하시나요?
'공감코드'로 아이디어를 한번 바라보세요.

아이디어는 '새로운 것'을 '발상'하는 것이 아니라
'공감되는 것'을 '연상'하는 것입니다.

연상(聯想)이 뭔가요?
'하나의 개념'이 '다른 개념'을 불러일으키는 사고입니다.

이론적으로는 원관념tenor에 빗대어 보조관념vehicle을 떠올린다고 말합니다.
연상(聯想)은 맨땅에 헤딩하는 발상(發想)보다 훨씬 부담이 적습니다.
무언가에 빗대어 사고하는 건 삼척동자도 할 수 있죠.
아이들은 '달'을 보며 '쟁반'을 떠올리고 '단추'를 보며 '돼지 코'를 떠올립니다.

인간의 뇌에는 '연상 네트워크 associative network model'라는 것이 있습니다.
무언가 두뇌에 '자극'을 주면 이 연상 체계가 발동하고 아이디어가 탄생합니다.
즉 아이디어란 우리 두뇌에 자극을 주어 '연상을 일으키는 것'에 불과(?)하지요.

박범신 작가의 소설 《은교》에서 '어리고 예쁜 은교'는
늙은 소설가 이적요의 연상 네트워크를 활성화시킨 신선한 자극제였습니다.
이적요는 '은교'라는 자극제로 인해,
몸도 마음도 새로워지고 창작 생활도 다시 하게 되죠.

기획을 하는 우리는 이미 우리의 뇌를 자극할
농염한 '은교'를 가지고 있습니다.
무엇인가요?

Never forget 'P'

잊지 마세요. 당신은 이미 P코드로 기획의 75%를 수행했습니다.

'문제 규정'은 아이디어 탄생의 '은교'입니다.
즉 S코드는 P코드의 함수입니다.

사실
우리가 찾는 것은 아이디어가 아닙니다. 해결책이지요.
막연하게 새로움을 발상하는 것이 아니라
구체적으로 정의된 문제를 해결하는 방안을 찾는 것입니다.

그래서 기획의 사전에 '아이디어idea'란 없습니다.
'솔루션 아이디어solution idea'가 존재할 뿐입니다.

잊지 않으셨지요?
'문제 규정'을 제대로 하면
'해결책'은 상식적으로, 거의 공으로 흘러간다고 했습니다.

아이디어.
이젠 오해하시면 아니 됩니다.

아이디어는 발상(發想)이 아니라
연상(聯想)입니다.

P코드를 빗대어 떠올리는 연상입니다.

뛰어오르기

문제를 해결한다는 것은 높이 뛰는 것이다

솔루션 아이디어Solution idea.
즉 문제를 해결한다는 건 본질적으로 어떤 의미일까요?

뜀틀운동, 기억하시나요?
초등학교 체육 시간에 많이 했던 운동이죠.
여러분은 좋아하셨나요? 저는 정말 싫어했습니다.
뜀틀만 보면 겁이 나서 벌벌 떨었던 기억이 납니다.
뜀틀은 제게 죽음의 형틀이었고, 체육 선생님은 사형 집행관이었습니다.
덜덜 떨면서 어설프게 도움닫기를 하면 늘 모랫바닥으로 추락하곤 했지요.
저에게 뜀틀은 인생 최대의 장애물이자, 거대한 문제 그 자체였습니다.
선생님 설명대로 구름판을 두 발로 아무리 힘껏 밟고 뛰어도
뜀틀이라는 장애물을 넘지 못했습니다.

저는 '해결한다는 것'은
'뛰어넘는 것'이라고 생각합니다.

우리 앞에 놓인 장애물을 훌쩍 넘어서 더 높은 차원으로 이동하는 것이
문제를 해결하는 것이라고 믿습니다.
선생님 말씀처럼, 장애물을 넘는 데는 특별한 능력이 필요한 것은 아닙니다.
발 구름판을 힘차게 디디는 '상식'과 할 수 있다는 '용기'만 있으면 충분합니다.
문제를 해결한다는 것은, 해결점이라는 구름판을 힘차게 딛고
문제점이 내 발아래 보일 정도로 높이 뛰는 것과 같습니다.

기획자에 의해 '문제점'은 곧 '해결점'으로 변이된다고 했습니다.
'해결점'은 Project이며, 그 어원은 '발사하다'입니다.

즉
기획의 프로젝트project란
해결점을 딛고 로켓을 발사하듯 높이 뛰어올라
문제를 해결하는 행위입니다.

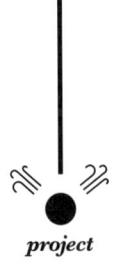

이런 관점에서 볼 때,
'해결책 만들기'는 '문제점의 규정'과는 정반대의 메커니즘입니다.

옆에서 보면,

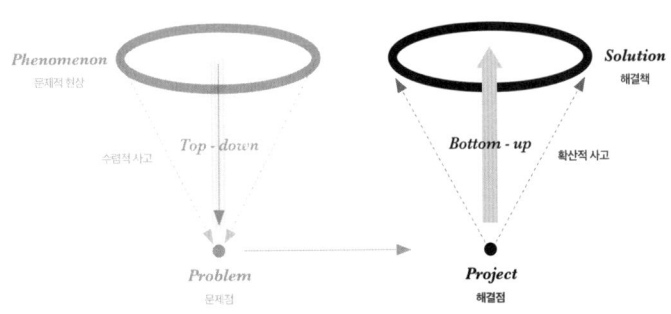

'문제점을 규정하는 것'이 현상의 근본 원인을 밝히는
'탑다운top-down의 수렴적 사고방식'이라고 한다면,
'해결책 만들기'는 문제점이 변이된 해결점을 힘차게 딛고 뛰어오르는
'바텀업bottom-up의 확산적 사고방식'인 것이지요.

더 높이 날아오를수록 더 좋은 해결책이 만들어진다는 월리입니다.
충분하게 높이 점프해서 넉넉하게 문제점을 넘어버리는 것입니다.
충분히 높이 뛰어오르려면 어떻게 해야 할까요?

기본적으로
해결책의 구름판인 해결점project이 튼튼하고 탄력이 좋아야겠지요.

제아무리 용기를 가지고 힘껏 도움닫기를 해보았자
구름판이 부실하면 생각만큼 높이 뛰어오르지 못할 겁니다.

중요한 것은
해결점project이 튼튼하기 위해서는
역으로 문제점problem이 탄탄해야 한다는 점입니다.
(문제점problem이 해결점project으로 변이되는 시발점이기 때문입니다.)

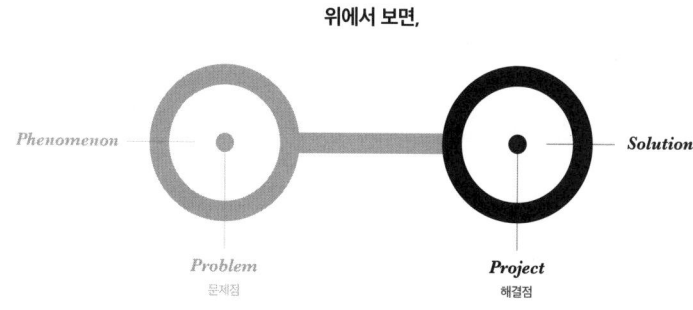

위에서 보면,

Phenomenon / *Solution*

Problem 문제점 / *Project* 해결점

결국 '문제 규정'이 핵심입니다.
그만큼 기획의 본질은 'P코드 project&problem'입니다.

그래서 S코드는 P코드의 함수이고,
문제 규정은 곧 아이디어 연상의 스프링보드springboard가 되는 것이지요.

좋은 아이디어가 떠오르지 않을 때는 머리를 쥐어뜯기보다는
근본적으로 문제 규정이 제대로 되었는지,
즉 P코드를 재점검하는 것이 순리입니다.
자, 적확한 문제점problem을 규정하고
탄탄한 해결점project을 구축하셨나요?

그렇다면 이제 뛰어오를 일만 남았습니다.
우리가 땀 흘려 규정한 문제점과 그에 따른 해결점을 믿어야 합니다.

자신감을 가지고 해결점을 힘껏 도움닫기 하세요.
문제를 해결한다는 것은 뛰어오르는 것입니다.

어디까지 뛰어오르면 될까요?

딱 백두산까지만 뛰어오르면 됩니다.

원숭이 똥구멍

연상 사고로 높이 뛰어오르는 방법

원숭이 똥구멍은 빨개
빨가면 사과
사과는 맛있어
맛있으면 바나나
바나나는 길어
길으면 기차
기차는 빨라
빠르면 비행기
비행기는 높아
높으면 백두산

저는 '연상(聯想)' 하면 이 노래가 연상됩니다.
우리가 어린 시절부터 불러오던 대국민 연상송song, 〈원숭이 똥구멍〉.
이 노래에 S코드의 핵심 비밀 원리가 들어 있다면 믿으실까요?

노래를 가만 보세요.
연상할수록 점점 더 높이 올라갑니다.

- **원숭이 똥구멍**이 **사과**로,
- 사과에서 **바나나**로,
- 바나나에서 **기차**로,
- 기차에서 **비행기**로,
- 결국 **백두산**까지 올라갑니다.

'문제를 해결한다는 것'은 곧 '높이 뛰어오르는 것'이라고 했죠.
문제를 해결하는 아이디어는 '발상'이 아니라 '연상'이라고 했습니다.
그래서 '연상'을 하면 '점점 더 높이 올라가는 것'입니다.

연상을 잘할수록 해결책이 더 크리에이티브해진다는 월리입니다.

'원숭이 똥구멍'에서 '백두산'까지 뛰어올랐습니다.
백두산 높이로 뛰어오르면 웬만한 장애물은 다 넘겠지요?

원숭이 똥구멍은 우리에게
연상 사고의 세 가지 패턴을 은밀하게 말해줍니다.

01_
공감코드 symapthy : 단순 연상 사고

〈원숭이 똥구멍〉의 연상력이 대단한 수준일까요?

노래에서 보듯이 대단한 연상력 필요 없습니다.
아이들의 노래입니다. 아이들 수준이면 됩니다.
삼척동자도 공감할 수 있는 '단순 연상'이면 충분합니다.

'빨간 것'은 수십 가지.
그중에 빨강의 가장 직관적인 연상을 '사과'로 공감, 합의하는 것이죠.
'빠른 것'도 수십 가지. 그중에 '비행기'로 합의하여 딱 정하는 것이죠.
S의 공감코드 sympathy입니다.

쫄지 마세요.
솔루션 아이디어는 기본적으로 다수가 공감할 수 있는
'단순 연상'에 기반을 둡니다.

02_
낯섦코드 strange : 탈카테고리적 연상 사고

노래를 좀 더 면밀히 살펴보면
원숭이 똥구멍에서 백두산까지 '생각보다' 높이 뛰어오른 것을 알 수 있습니다.
그 비결이 뭘까요?

'사과'에서 '바나나'로 점프했기 때문에? 아니죠.
'기차'에서 '비행기'로 점프했기 때문에? 아닙니다.

과일에서 같은 과일로, 탈것에서 같은 탈것으로의 점프는
그리 높이 뛴 것이라 할 수 없지요.
즉 동일 카테고리 내의 연상은 아주 강력한 힘을 발휘하지는 못합니다.

원숭이가 백두산까지 '생각보다 높이' 뛰어오른 비결은,

똥구멍(신체)에서 사과(과일)로 점프했기 때문이고,
바나나(과일)에서 기차(탈것)로 점프했기 때문이며,
비행기(탈것)에서 백두산(산)으로 점프했기 때문입니다.

즉 '경계를 초월해서' 점프했기 때문입니다.
이른바 '탈카테고리적 연상'입니다.

같은 과일로, 같은 탈것으로의 '카테고리 내의 연상'은
차이를 만들어내는 '물리적인 전이'일 뿐이지만
똥구멍이 사과가 되고 바나나가 기차가 되는 '탈카테고리적 연상'은
차원이 달라지는 '화학적인 전이'인 것이지요.
더 높이 뛰어오르는 비결입니다.

제조업계, 금융업계, IT업계, 서비스업계,
식품업계, 연예계, 과학계, 예술계 등등
모든 기획은 각각 저마다의 분야와 경계, 즉 '카테고리'가 존재합니다.

카테고리를 초월한 연상은 강력한 힘을 가집니다.
백두산까지 뛰어오를 정도로 말이지요. 왜 그럴까요?

인간은 경계를 초월한 생각에 더 큰 낯섦과 새로움을 느끼기 때문입니다.

이렇듯 기획에서 연상을 할 때는 되도록
카테고리를 초월해서 하는 것이 좋습니다.

훨씬 더 높이 뛰어오를 수 있는 비결입니다.
더 차별화된 아이디어로 보일 수 있는 비결입니다.

03_
공감&낯섦 듀얼코드 sympathy&strange : 메타포적 사고

이렇게 경계를 초월해서 연상하다 보면
어느 순간 아이디어가 '강력한 상징'이 되는 경지까지도 이를 수 있습니다.
인간의 가장 수준 높은 연상 사고인 메타포^{metaphor}, 즉 '은유'입니다.

기획의 해결점인 'Project'의 어원이 '높이 쏘아 올리는 대포'라고 했습니다.
인간이 가장 높이 쏘아 올릴 수 있는 '연상 대포'가 바로 '메타포'입니다.

메타포metaphor는 원관념과 보조관념 사이의 연결고리 없이
두 개념을 뜬금없이 직접 연결해서 동일시하는 비유를 말하는데요,
예를 들어 '침묵은 금이다'라고 하면
침묵과 금 사이의 연결고리들을 과감히 생략해버려서
원관념인 '침묵'이 한순간에 보조관념인 '금'으로 전이되는 겁니다.
우리의 생각에 더 깊은 울림과 신선함을 전할 수 있는 것이지요.

따라서 기본적으로 메타포는 'X=Y'의 형태를 취하게 되며,
〈플래닝코드〉의 관점에서 이야기하자면,
문제의 시발점인 'X project'와 해결의 종착지인 'Y solution' 사이의
수많은 연결고리들을 과감히 생략해버리고
X와 Y를 바로 연결시키는 형태를 취합니다.

자, 문제의 시발점인 '원숭이 똥구멍 project'과
해결의 종착지인 '백두산 solution' 사이에 있는
모든 연결고리들(사과, 바나나, 기차, 비행기)을 생략해보겠습니다.

그럼 이렇게 되지요.

"원숭이 똥구멍은 백두산이다."

어떤 느낌이 드시나요?
뭐? 원숭이 똥구멍이 백두산이라고?

일단 뭔가 매우 낯설지요.
그런데 아직은 그 '뭔가'가 뭔지 감이 잘 안 오죠.
'원숭이 똥구멍 project'과 '백두산 solution'의 개연성이 안 느껴지기 때문입니다.
낯설기는 한데 공감이 잘 안된다는 거죠.

하지만 만약에
원숭이 똥구멍이 '빨간'을 연상시키기 위한 도구라면,

그리고 만약에
'빨간'이 민족주의를 상징하는 개념이고,
'붉은 민족주의'가 종국에는 '백두산'이라는 상징으로 귀결되는 것이라면,
'원숭이 똥구멍'과 '백두산' 사이에 강력한 개연성이 생기게 됩니다.

실제로 〈원숭이 똥구멍〉은 단순한 동요 한 곡이 아니라
누군가에 의해 '기획된 작품'입니다.

〈원숭이 똥구멍〉은 이은상 작사, 현제명 작곡의
1931년 동아일보 신춘문예 창가부 당선작 〈대한의 노래〉의 전주곡 prelude입니다.

〈대한의 노래〉 전주곡 prelude

원숭이 똥구멍은 빨개
빨가면 사과 / 사과는 맛있어
맛있으면 바나나 / 바나나는 길어
길으면 기차 / 기차는 빨라
빠르면 비행기 / 비행기는 높아
높으면 **'백두산'**

〈대한의 노래〉 본곡 main theme

'백두산' 뻗어나려 반도 삼천리
무궁화 이 동산에 역사 반만년
대대로 예 사는 우리 삼천만
복되도다 그 이름 대한이로세

전주곡의 마지막 가사가 '백두산'이고
본곡의 첫 가사가 '백두산'인 것이 우연일까요?

이 노래의 기획자는 의도적으로 전주곡에서
'백두산'을 연상의 종착지로 설정한 것입니다.
또한 의도적으로 본곡에서 '백두산'을 연상의 출발지로 정했고요.

"암울한 시대, 우리의 민족정신을 잊지 말자."라는 평이한 메시지를
"원숭이 똥구멍은 백두산이다."라는 강렬한 메타포metaphor로 표현한 것이지요.

개인적으로 처음 이 비밀(?)을 알게 되었을 때 전율을 느꼈습니다.
메타포 사고는 '낯섦코드'와 '공감코드'를 동시에 장착시켜주는
'최고의 연상 도구'입니다.

한마디로 은유는
'연상 사고의 백두산'이죠. (이것도 은유입니다.)

바로 이것이 대국민 연상송 〈원숭이 똥구멍〉의 비밀이자,
기획 아이디어를 더 창의적으로 만드는 비결입니다.

Project

해결점

메타포metaphor로 높이높이 뛰어오르자.

메타포의 제왕

좋은 컨셉에는 은유코드가 숨어 있다

메타포의 어원은 희랍어 메타포라metaphora*에서 기인합니다.

*metaphora = meta(over/초월) + phora(transfer/전달·전이)

특정 개념을 그것이 고유하게 사용되던 곳에서 빼내어
다른 곳으로 자리를 '바꿔meta' 은근슬쩍 '옮겨놓아phora'
그 개념이 전혀 새로운 의미로 전이되는 것을 의미합니다.

'인생을 살며 다 이루고 가는 사람은 없다'와
'인생은 미완성, 쓰다가 마는 편지'라고 하는 것은 차원이 다르게 느껴지죠.

"메타포metaphor는 더 많은 명확성과 즐거움과 참신성을 가지고 있다."

아리스토텔레스의 말처럼
은유는 우리의 아이디어를 더 새롭게 만드는 근간입니다.

"누가 메타포metaphor의 1인자일까요?"
잡지 《타임》의 유럽판 편집자이자 작가인 제임스 기어리James Geary는
메타포의 제왕을 뽑는 가상의 글로벌 콘테스트를 열었습니다.
가장 많이 지원한 직종은 어디일까요?
우승자는 두 명의 시인poets으로 압축되는 분위기입니다.
"내 마음은 호수요. 그대 노 저어 오오."의 한국 대표 김동명 시인과
"줄리엣, 나의 태양이여."의 영국 대표 셰익스피어가 그들이죠.

그런데 우승의 영광은 예상외로
가수 '엘비스 프레슬리Elvis Presley'에게 돌아갔습니다.

제임스 기어리는 그의 테드TED 강연에서
엘비스 프레슬리를 '메타포의 제왕'이라고 소개하죠.
선정 이유는 뒤에서 밝히겠습니다.

어쨌든, 많은 사람들이 은유를
시인(노래하는 시인 포함)의 말솜씨 정도로 알고 있는데 오해입니다.
〈원숭이 똥구멍〉 이야기에서 보았듯이,
은유는 말솜씨나 글솜씨 이전에 '사고의 방식'입니다.
시인poets이라는 단어는 고대 그리스어 'poietes'에서 유래한 것으로서
단순히 시인이라는 뜻만이 아니라 '창조자'라는 뜻을 포함합니다.

시인poets이라는 이름의 창조자는,
은유라는 생각 도구로 새로운 의미를 창조함으로써
우리 사는 세상을 더 풍성하고 재미있게 만듭니다.

그렇다면 메타포는 시인들의 전유물일까요?

메타포의 제왕들은, 메타포의 시인들은
우리 주변에도 얼마든지 존재합니다.

정선 꼬부랑 할머니가 말씀하셨습니다.

"돈은 똥이다."

쌓이면 악취를 풍기지만 뿌리면 거름이 되는 게 돈이라는 것이죠.
기똥찹니다. 돈과 똥은 다른 분야의 개념입니다. 그래서 낯설지요.
하지만 유사한 속성이 존재합니다. 그래서 공감도 됩니다.
백두산까지 뛰어올랐습니다.

평범한 사람들도 1분에 약 6개의 메타포를 사용한다고 하지요.
우리는 메타포의 세상에 살고 있다고 해도 과언이 아닙니다.

우리는 처음 자동차를 보고 '말 없는 마차'라고 불렀습니다.
자동차의 힘 단위는 아직도 '마력(馬力)'이죠.
'인터넷 포털(문)'이라 부르고 '낙하산 인사'라고 말합니다.
'저울눈', '망치머리', '책상다리', '비행기 날개'가 우리 곁에 있습니다.
'스페인'은 '무적함대'고 '독일'은 '전차군단'입니다.
그 남자는 싱겁고 그 여자는 여우입니다.
'인생은 항해'라고 말하고 '세월은 살 같다'라고 이야기합니다.
인순이의 노래 〈거위의 꿈〉을 들으며
실제 거위 한 마리의 이야기라고 생각하는 이는 없습니다.
'아이패드 에어'는 공기처럼 가볍다고 '에어'입니다.

그뿐인가요?
메타포는 복잡하고 어려운 세상사의 개념들도 쉽게 설명해주는
기특한 녀석이기도 합니다.

- **블루오션 전략**
- **레몬시장 이론**
- **롱테일 법칙**
- **립스틱 효과**
- **치킨 게임**
- **레밍덕 현상 등등**

이처럼 메타포는 우리 주변 곳곳에 공기처럼 존재하고 있습니다.
우리는 메타포와 함께 삽니다.

그런데 정말 이상한 건

생활 속에서의 메타포 활용 빈도는 엄청나게 높은 데 비해
기획에서의 메타포 활용 빈도는 생각보다 높지 않다는 점입니다.

많은 분들이 메타포methphor는 '예술'이나 '생활'의 영역이지
'기획'의 영역은 아니라고 오해하시는 듯합니다.

우리의 기획 아이디어가 매번 밋밋하거나 뻔한(낮게 점프하는) 이유는
의외로 은유적 사고의 부재인 경우가 많습니다.

기획의 솔루션 아이디어는 '발상'이 아니라 '연상'이고
그 연상의 최고봉이 '메타포'라고 했습니다.
은유는 우리의 기획 아이디어를 백두산까지 점프하게 한다고 했습니다.

은유를 사용하세요.
기획의 아이디어에 은유를 사용해야 하는 또 다른 중요한 이유가 있습니다.

바로 이 책의 주제인 단순성 simplicity 때문입니다.

스티븐 스필버그 Steveri Spielberg가 말했습니다.
"복잡하면 아이디어가 아니다."

은유가 내포하는 의미는 '깊고 풍성'한 데 반해
표현은 극도로 '심플'하지요.

은유의 공식은 심플합니다.

$$\text{"X=Y"}$$

"X is Y." / "____은(는) ____다."

낯익으시죠?
2형식 문장입니다. 기획은 2형식입니다.
그래서 '문제 규정'도 2형식, '해결책 제안'도 2형식 문장으로
심플하게 규정되어야 합니다.

은유도 2형식, 기획도 2형식, 찰떡궁합입니다.

은유를 사용하세요.
좋은 기획에는 은유가 있습니다.

1

매년 겨울이 되면 유니클로 매장 앞이 문전성시를 이룹니다.
유니클로의 초경량 발열 내의 히트텍HeatTech 기획이
세계적인 대박을 쳤던 비결이 뭘까요?
"얇고 예뻐서요.", "따뜻해서요." 정도로 답하시면 곤란합니다.
은유적 아이디어 덕분입니다. 기획자라면 아이디어 안의 은유를 보셔야 합니다.

"히트텍은 제2의 피부다." ("X is Y." ; 2형식 은유)

유니클로는 '히트텍이 내복이 아니라 피부'라고 말합니다.
신기하게도 사람들은 그 말을 믿습니다.
피부는 체온을 따뜻하게 유지하는 역할을 하지요.
'히트텍은 피부니까' 체온을 유지해야 합니다. '테크놀로지'가 필요합니다.
콜라보레이션을 통해 자체 열을 발생하는 첨단 섬유 기술을 탑재합니다.
그래서 이름도 '히트텍(Heat + Technology)'입니다.
또한 히트텍은 '피부니까' 피부처럼 얇아야 합니다.
발열 섬유를 극세사로 최대한 얇게 만듭니다.
백두산까지 뛰어오른 유니클로의 은유적 아이디어입니다.

2

앞서 소개해드린 SKT의 대박 난 2002년 월드컵 마케팅 기획,
〈비더레즈Be the Reds〉 캠페인도 은유입니다.
캠페인의 아이디어를 한마디로 말하면 다음과 같습니다.

"온 국민이 붉은 악마다." ("X is Y." ; 2형식 은유)

'온 국민이 붉은 악마니까' 모두 붉은 악마 응원을 배워야 하는 겁니다.
그래서 응원을 가르쳐주는 TV 광고를 합니다.
'온 국민이 붉은 악마니까' 모두 빨간 티셔츠 입는 겁니다.
온 국민이 빨간 티셔츠 입고 함께 거리 응원을 합니다.
'온 국민이 붉은 악마니까' 캠페인 구호도
"모두 빨갱이가 되자(Be the Reds)!"입니다.
이렇게 되니 시청 앞 광장은 더 이상 시청 앞 광장이 아닙니다.
광장은 국민이 주체가 된 '또 하나의 스타디움'이 됩니다.
이 캠페인 기획으로 온 국민이 열광했고 전 세계가 감동했습니다.
은유적 아이디어로 백두산 높이만큼의 가치가 만들어진 겁니다.

3
봉준호 감독은 아예 '은유의 마술사'입니다.
그의 영화 〈설국열차〉는 우리에게 던지는 단 하나의 은유적 질문입니다.
"당신은 계속 기차 안에서 살 겁니까?"

"기차는 우리가 사는 세상이다." ("X is Y."; 2형식 은유)

우연히 홍대 만화방에서 보았던 만화 ≪설국열차≫의 이 은유 하나가
그를 매료시켰고 봉준호는 철저하게 그 은유를 기반으로
자신만의 설국열차 프로젝트를 기획하게 됩니다.
기차는 세상의 모든 것들을 싣고 달리는 미래의 노아의 방주이고
기차의 각 칸은 계급, 교육, 자본주 등
인류가 이룩한 각종 질서와 시스템을 상징합니다.
그리고 그 시스템의 폐해와 모순의 이야기가 은유적으로 전달되죠.

봉준호 감독의 은유는
오스카 4관왕에 빛나는 〈기생충〉에서 더 강력하게 진화합니다.

자본주의 계급구조의 부조리와 모순을 〈설국열차〉에서는
'기차의 칸'이라는 '수평적 구조'로 은유했다면

〈기생충〉에서는 '저택과 반지하', '반지하와 지하' 등
더 노골적인 '수직적 구조'로 은유해 임팩트를 높였죠.

윤태호 작가는
'사회는 바둑이다.'라는 은유로 웹툰 〈미생(未生)〉을 기획했습니다.
사회라는 바둑판에서 성실히 돌을 놓아가는
샐러리맨의 희망과 애환을 감동적으로 표현하죠.

나영석 PD는
'할배들에게 배낭여행은 낭만이 아니라 도전이다.'라는 은유로
〈꽃보다 할배〉를 기획했습니다.

좋은 기획에는 은유가 있습니다.
좋은 은유의 형식은 'Not A, but B'의 2형식이기도 합니다.
'Not A, But B' 형식은 은유의 힘을 배가시킵니다.

< NOT A BUT B >

- <u>스타벅스는 '커피 전문점'이 아닙니다. '도심의 오아시스'입니다.</u>
- <u>룰루레몬은 '요가복'이 아닙니다. '스웨트 라이프 sweat life'입니다.</u>
- <u>할리데이비슨은 '오토바이'가 아닙니다. '자유'입니다.</u>
- <u>현대카드는 '신용카드'가 아니라 '라이프스타일'입니다.</u>
- <u>나이키는 '운동화'가 아니라 '승리'입니다.</u>

...

이쯤되니 눈치채셨지요?
은유는 은유만이 아닙니다.
은유는 기획에서 '컨셉'이 될 수도 있습니다.

컨셉 concept이 뭔가요?
많은 분들이 컨셉의 개념을 어려워하시는데 사실 별거(?) 아닙니다.

기획에서 말하는 컨셉이란
'솔루션 아이디어'를 '간결하게 요약한 것'에 불과(?)합니다.
따라서 컨셉은
S코드의 '낯섦코드'와 '공감코드'를 모두 장착해야 하지요.
언급했듯이 '아이디어'라는 것은 '낯섦'보다 '공감'이 더 중요하므로
컨셉의 이름도 [Concept = Con(함께 공감하는 것을) + Cept(잡는 것)]입니다.

그래서 좋은 컨셉에는 은유코드가 자연스럽게 장착되어 있는 경우가 많습니다.
은유는 단순한 수사법이 아니라 강력한 컨셉 도구인 셈이지요.

- 세상에서 가장 작은 카페, <카누>
- 내일의 장보기, <마켓컬리>
- 요리 계급 전쟁, <흑백요리사>
- 내 20대의 외장하드, <대도시의 사랑법>
- 발효 과학, <딤채>
- 침대는 과학입니다, <에이스침대>
- 당신 곁의 랜선 사수, <퍼블리>
- 저녁이 있는 삶, <대통령 경선 슬로건>
- 바다의 땅, <통영시>
- 향기 출판사, <프레데릭 말>
- 부엌의 퍼스트클래스, <에넥스>
- 와인처럼 즐기는 타월, <코튼 누보>

당신은 당신의 기획 아이디어를 한마디로 말할 수 있습니까?
혹시 그 한마디가 너무 뻔해 보이나요?

은유를 사용해보세요.
은유가 없는 해결책은 사막입니다. (이것도 은유입니다.)

훔치다

베끼지 말고 훔쳐라

'은유'는 넓은 의미에서 '비유'입니다.
사실 '은유'라는 번역어는 메타포metaphor보다 좁은 의미라고 할 수 있지요.
메타포metaphor는 은유를 포함한 직유, 대유, 환유, 제유, 의인, 활유 등의
'비유법 일반'이 모두 포괄된 집합적 개념이라고 보는 것이 옳습니다.
그런 의미에서 보면 메타포metaphor는 '은유'보다
'비유'가 더 적확한 번역일 수도 있습니다.

은유, 비유, 직유, 대유, 환유, 활유 등등

각각의 용어를 익힌다? 머리 아픕니다. 어렵게 이야기하지 맙시다.
각각의 구분이 중요한 것은 아닙니다.

은유든 비유든 직유든 대유든 환유든
메타포metaphor의 본질은

쉽게 말해

'닮은꼴 찾기'입니다.

김헌 서울대 인문연구소 교수의 메타포 정의가 마음에 듭니다.
그는 '메타포는 개념의 닮은 구석을 찾아 바꿔치기하는 것'이라고 말하며
'인생의 황혼'을 예로 듭니다.

한쪽에 '하루가 저물어가는 황혼'이 있고
다른 쪽에 '인생이 끝나가는 노년'이 있다 하자. 둘 사이에는 '닮은 구석'이 있다.

이 유사성을 포착한 사람이라면, 하루에서 황혼을 떼어 내어 인생의 노년 쪽으로 가져가,
'노년'의 자리에다 '황혼'을 넣을 것이다. 그래서 '인생의 황혼'이라 할 것이다.
두 항 사이의 '닮은 구석'을 이용한 '말의 바꿔치기(metaphora)'인
메타포라는 인생이 끝나가려 하며 오늘 내일 하는 노년의 남루함과 비참함을
하루가 저무는 황혼의 풍경으로 바꿔줌으로써,
노년을 새롭게 바라보게 해준다. 2007.8.31. 경향신문. 김헌 교수의 칼럼 <헤르메스의 빛> 중

'노년은 인생의 황혼이다'는 '은유'입니다.
'노년은 황혼과 같다'는 '직유'입니다.
'저무는 하루 : 끝나가는 인생 = 황혼 : 노년'은 '유추(유비추리)'입니다.

은유든 직유든 유추든 형태의 차이일 뿐, 본질은 같습니다.

본질은, 노년과 황혼이 '닮았다'라는 거죠.
'닮은 구석'을 찾아와 과감하게 바꿔치기하는 것입니다.

지구에서 가장 유명한 유비추리(유추)인
뉴턴의 사과와 아르키메데스의 목욕물도 본질은 '닮은꼴 찾기'입니다.

뉴턴의 유추

땅 : 사과 = 지구 : 달
'사과'와 '달'의 둥근 모양이 닮았다는 1차원적 단순 연상에서 시작하여
'사과는 떨어지는데 왜 달은 안 떨어질까?'라는 고차원적 닮은꼴 찾기를 하죠.
아시다시피 그 유추 사고로 '만유인력의 법칙'이라는 빅아이디어가 탄생합니다.

아르키메데스의 유추

내 몸의 부피 : 넘치는 물 = 왕관의 부피 : 넘치는 물
목욕할 때 '내 몸의 부피'로 인해 물이 넘치는 것과
'왕관의 부피'로 물이 넘치는 것에서 '닮은꼴'을 찾아내
'왕관의 순금 함유량의 문제'를 해결합니다.

'나'를 '왕관'으로 바꿔치기한 것이죠. 유추인 동시에 은유입니다.

즉
은유든 유추든 비유든
메타포의 핵심은 '닮은꼴 찾아오기'입니다.

그런데
'닮지 않은 것'에서 '닮은 것'을 찾아낼수록 대박입니다.
낯섦과 공감이 동시에 발생되어 아이디어의 파괴력이 더 커지기 때문이죠.

'재즈'와 '사과'는 전혀 닮은 구석이 없어 보입니다.
에세이 《재즈의 계절》의 김민주 작가는 생각이 좀 다른 것 같습니다.
'재즈는 사과다'라고 주장(?)합니다. 그래서 책의 표지도 사과 정물화입니다.
재즈는 무수한 시간을 거친 끝에 하나의 탐스러운 열매로 탄생하는 음악이고,
사과는 시간, 계절, 결실 등을 시각적으로 형상화하는 메타포라고 말합니다.

축구 중계에서 의외로 격투 종목인 '권투' 비유가 많이 등장합니다.
같은 구기종목들인 야구, 농구 등과 닮은 점이 더 많을 것 같은데 말이죠.
자세히 들여다보면 '축구'와 '권투'는 묘하게 닮은 구석들이 많습니다.
예를 들어, 수비에 치중하다가 한 방의 역습을 노리는 축구의 전술과
웅크리며 방어만 하다가 단 한 방을 노리는 권투의 전술은 무척 닮아 있죠.

창의적인 기획 아이디어를 낸다는 건,
'닮지 않은 것'에서 '닮은 점'을 누가 더 잘 찾아내어 가져오느냐의 게임입니다.

'닮은 것을 가져온다.'
혹자는 그것을 '빌려 온다'고 표현하기도 합니다.

빌리다, 차용하다, 인용하다 [borrow]

좋은 표현이지만
임팩트가 약합니다.

좀 더 솔직하게,
발칙하게 말해봅니다.

훔치다 [steal]
; 남의 것을 가져와서 다시 돌려주지 않는다.
유사어) 줍다, 낚다

이 정도는 되어야 느낌이 좀 옵니다.

Steal

[action code of S] ; 닮지 않은 것에서 닮은 개념을 가져오다

메타포metaphor 사고는 본질적으로
'훔치기'입니다.

'원숭이 똥구멍'을 차용한borrow 것이 아닙니다.
'훔친 것steal'입니다.

'똥'을 인용한 것이 아니라 똥을 훔친 것입니다.
'호수'를 훔쳤고, '기차'를 훔쳤으며,
'피부'를 훔쳤습니다.
'붉은 악마'를 훔친 겁니다.

제 딸 하은이는 네 살 때 롯데월드를 '뚜껑 에버랜드'라고 불렀습니다.
하은이는 '롯데월드'를 이해하기 위해 '에버랜드'를 훔쳤습니다.

기획 아이디어를 잘 내는 사람은
'잘 훔치는 사람'입니다.

플래닝코드적으로 말하자면
'유사점similarity'을 찾아와 '해결점project'과
붙이기connect를 잘하는 사람이지요.

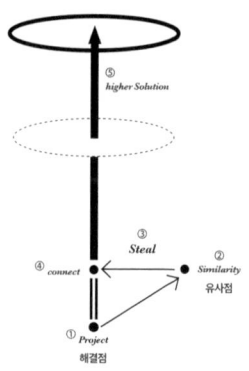

[Steal의 월리]

단언컨대,
제가 지금껏 만나본 기획통들은 모두 훔치기의 달인들입니다.
'훔친다steal'라는 표현에 대해 거부감이 드실 수도 있는데
그러시면 안 됩니다. 다른 이도 아닌 피카소Pablo Picasso가 말했습니다.

"준수한 예술가는 베낀다. 위대한 예술가는 훔친다."
"Good Artists Copy, Great Artists Steal."

창의성의 천재조차도 창의성은 훔치는 데서 시작한다고 하는데
하물며 범인인 우리들이 훔치는 걸 마다한다면 겸손하지 못한 겁니다.
'훔친다'는 개념은 고수들의 세계에서는 공식 용어입니다.

"난 훔쳤다는 사실에 한 번도 부끄러웠던 적이 없다."
- 혁신의 기획자, 스티브 잡스

"나는 내가 본 모든 영화에서 도둑질을 한다."
- 천재 영화감독, 쿠엔틴 타란티노

"내가 직접 창조한 것은 한 개도 없다. 그저 다른 이들이 한 것을 가져왔을 뿐이다."
- 자동차의 아버지, 헨리 포드

"새로운 아이디어를 가졌다고? 단지 당신은 누군가에게서 훔친 것이다."
- 경영 구루, 로버트 서턴

유명 인사들의 '훔치기 찬양 어록'을 다 모으면 책 한 권 분량일 겁니다.
'훔치기'는 고수의 차원 높은 모방입니다.
창조적 기획 아이디어를 만드는 핵심코드입니다.

그러니,

안심하시고

훔치세요.

그런데

티 안 나게 잘 훔쳐야 합니다.
티 나게 훔치면 그냥 '베끼기'가 됩니다.

'훔치기steal'와 '베끼기copy'는 유사한 말인 동시에 정반대의 말입니다.

'훔치기steal'는 '창조적 모방'이고
'베끼기copy'는 '표절'이기 때문입니다.

티 안 나게 훔치는 기술

아인슈타인이 누설한 창의성의 비밀
Thanks to Albert Einstein

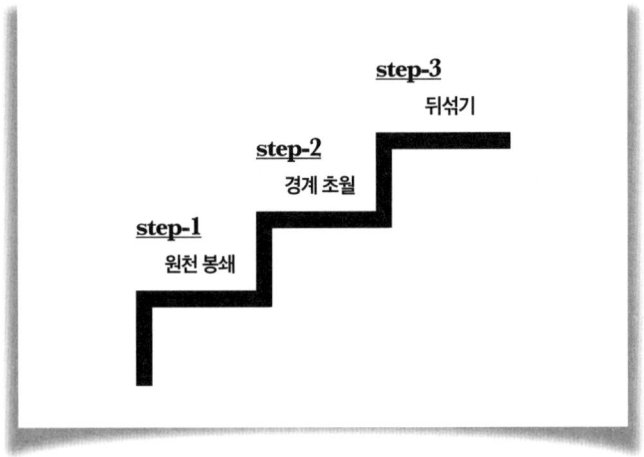

아인슈타인이 누설한 창의성의 비밀

내용이 아닌 형식을 훔쳐라

'베끼기 선수'를 고상한 말로 '패스트 팔로워fast follower'라고 하고
'훔치기 선수'는 '퍼스트 무버first mover'라고 부릅니다.

소위 라이벌 경쟁사의 히트 상품을 재빠르게 카피해서
유통력으로 힘차게 밀어붙이는 미투상품 기획은
'훔치기'가 아니라 '베끼기'입니다.

지금까지는 패스트 팔로워가 미덕으로 간주되기도 했지만
퍼스트 무버를 지향하는 작금의 시대에는 저급한 모방이라 치부됩니다.

누가 봐도 한눈에 훔친 티가 나기 때문입니다.

아인슈타인이 말했습니다.

> **"창의성의 비밀은 그 창의성의 '원천source'을
> 숨기는 방법을 아는 데 있다."**

기가 막힌 통찰입니다.
이 자리를 빌려 이런 고급 정보를 누설해주신 아인슈타인 옹에게
깊은 감사의 말씀을 드립니다.

'원천source'이라는 용어에 주목해주세요.

'원천'은 '훔쳐 온 대상의 원본의 형태'를 의미합니다.
'창의성 = 훔치는 행위'라는 것을 전제로 합니다.

창의성에 있어 둘째가라면 서러워할 아인슈타인조차도
'베끼기copy'는 (훔쳐 온) 원천source을 제대로 숨기지 못해서,
(훔쳐 온) 티가 나는 모방이고,
'훔치기steal'는 (훔쳐 온) 원천source을 잘 숨겨서,
(훔친 게) 티 안 나는 모방일 뿐이라고 말하는 겁니다.

다른 이도 아닌 그분이 말했기에 쉽게 무시할 순 없습니다.
훔쳐 온 원천source이 티 안 나게 숨겨지려면 어떻게 해야 할까요?

감사하게도, 아인슈타인은 그 방법도 친절하게 누설해주었습니다.

첫째, 티 안 나게 눈에 보이지 않는 것을 훔칠 것.
둘째, 티 안 나게 되도록 멀리서 훔칠 것.
셋째, 티 안 나게 되도록 여러 개를 훔쳐 와 뒤섞어버릴 것.

이 세 가지 기술을 차례로 잘 활용하면, 원천을 감쪽같이 감출 수 있습니다.
반면, 이 원칙을 제대로 지키지 않으면 문제가 되기도 합니다.

예를 들어,

- 지상파 방송사가 유튜브 콘텐츠의 컨셉과 제목, 디자인 등을 베껴 논란이 된 사건
- 식품 프랜차이즈들 간에 신제품 레시피 도용을 둘러싼 법정다툼
- 끝나지 않는 전자제품 디자인 베끼기 소송 전쟁
- 국내 뮤지션의 해외 뮤지션 음악 표절 의혹 논란
- 아이돌그룹 간의 컨셉 표절 시비 등등

남의 아이디어를 훔쳐 온 게 문제였을까요?
너무 티 나게 훔쳐 온 것이 문제였습니다.
훔쳐 온 원천을 제대로 숨기지 못해서 티가 난 것이 문제였던 거죠.

너무 '눈에 보이는' 요소를,
너무 '가까운' 거리에서,
달랑 '하나만' 훔쳐 왔다는 점입니다.

창의성과 표절을 나누는 경계는 '한 끗 차이'입니다.
아인슈타인이 우리에게 전한 비밀 메시지의 본질은 이겁니다.

"훔치되, 내용이 아닌 형식을 훔쳐라."

즉 눈에 잘 보이는 '제품, 서비스, 디자인'과 같은 '겉 아이디어'가 아니라,
그것들의 '원리, 구조, 패턴' 등 '속 아이디어'를 훔치면
눈에 띄지 않아 훔친 티가 나지 않는다는 것입니다.

그리고 같은 업종이나 유사 업종에서 아이디어를 가져오는 대신,
멀리 떨어진 다른 업종에서 여러 개를 훔쳐 와서 뒤섞어버리면
훔쳐 온 원본의 형태는 감쪽같이 숨겨진다는 창조의 지혜입니다.

한 걸음 더 깊이 들어가보겠습니다.

step-1
원천source 봉쇄 : 보이지 않는 구조를 훔쳐라

'속 아이디어'란 다름 아닌 앞서 우리가 이야기해온
비유, 유추, 은유, 즉 메타포적 사고입니다.

다시 말해 아인슈타인이 말한 '원천을 숨기는 방법'이란
'메타포 사고' 그 자체를 말합니다.

'뉴턴의 만유인력 아이디어'가 '베낀 것'이 아니라 '훔친 것'인 이유는
'사과'라는 눈에 보이는 물성을 가져온 것이 아니라
'땅이 사과를 잡아당기는' 보이지 않는 원리를 가져왔기 때문입니다.

에릭 슈밋Eric Schmidt 전 구글 회장도 극찬한 우리의 창조 기획물,
'한글'이 위대한 이유도 '훔친 것steal'이기 때문입니다.

일부 몰상식한 사람들은 '문지방'을 보고 베꼈다느니,
'한자'를 베꼈다느니 하는데 사실이 아닙니다.
기획자 세종대왕님이 친히 '인간 발음기관의 형상'을
훔쳐서 만드신 것입니다. (출처 : ≪훈민정음≫ 해례본)

- 'ㄱ'은 '혀뿌리가 목구멍을 막는 모양'을 훔쳤고,
- 'ㄴ'은 '혀가 윗잇몸에 붙는 모양'을 훔쳤으며
- 'ㅅ'은 '치아 모양'을, 'ㅇ'은 '목구멍 모양'을 훔쳤습니다.

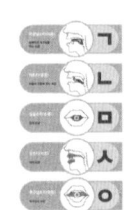

한글은 인간의 발음기관의
구조를 훔쳤다.

눈에 보이지 않는 '인간의 발음기관 구조'를 훔쳐 왔기에steal
창조 기획인 것입니다.

이렇듯, 우리 곁에는 이 은밀한(?) 훔치기 기술로
성공한 창의 기획들이 은근히 많습니다.

몇 가지 사례를 발설해봅니다.

한글만큼(?)은 아니지만 위대한 창의 기획물 중 하나인 구글의 '초기 검색엔진 알고리즘'도 역시나 훔친steal 아이디어입니다. 공동 창업자인 래리와 세르게이가 훔쳤다고 자백(?)했습니다. 그들이 훔쳐 온 곳은 뜬금없이 '도서관'이었습니다. 물론 '책'이라는 물성을 훔친 것은 아니었고, '인용'이라는 보이지 않는 서지학의 원리를 훔쳐 와 인터넷 링크에 적용한 것입니다. 서지학에서는 연구원의 인용이 더 많이 된 도서일수록 중요한 도서로 간주합니다. 같은 원리를 인터넷 검색에 적용해 검색이 더 많이 된 키워드일수록 중요 정보로 간주하는 알고리즘을 만들었지요. 세계 최초였습니다. 구글 제국의 시작이었습니다.

구글의 검색엔진은 도서관의 인용 원리를 훔쳤다.

훔쳤지만 욕먹지 않았습니다. 보이지 않는 '속 아이디어'를 훔쳤기 때문입니다. '구조'와 '패턴'은 훔쳐도 티가 잘 나지 않기 때문입니다.

1967년 출시된 프링글스 감자칩은 여전히 세계인의 사랑을 받는 스테디셀러 스낵입니다. 자타 공인 성공의 핵심 비결은, 프링글스 특유의 곡선으로 굴곡진 '감자칩 모양', 그리고 그 굴곡진 감자칩을 부서지지 않게 담을 수 있는 가늘고 긴 둥근 '통 디자인' 덕분입니다. 인공 방부제를 넣지 않고도 신선도를 유지하며 감자칩을 부스러지지 않게 압착포장 할 수 있는 프링글스 용기의 디자인은 당시로서는 혁신적인 아이디어였지요. 사실 이 아이디어는 훔친 아이디어인데 사람들이 잘 모릅니다. 프링글스 제품 연구원은 보이지 않는 '자연의 원리'를 훔쳐 왔지요. 습기와 건조에 따라 부스러지고 포개지는 '나뭇잎의 원리'를 감자칩의 포장 기술과 디자인에 감쪽같이 적용, 이식했습니다.

프링글스의 혁신적 디자인은 나뭇잎의 원리에서 훔쳤다.

앞 장에서 <프렌치카페 카페믹스>를 창의적인 상품기획 사례로 소개해드린 바 있습니다. 베끼지copy 않고 훔쳤기steal 때문입니다. 바나나우유 시장의 '시장 공략 구조'를 훔쳐 왔습니다. 남양유업이 인스턴트 커피믹스 시장에 <프렌치카페 카페믹스>를 출시하기 4년여 전, 매일유업은 바나나우유 시장에 <바나나는 원래 하얗다>라는 신상품을 성공적으로 출시했었습니다. 그 당시, 후발 주자인 <바나나는 원래 하얗다>는 '색소'라는 민감한 고객 건강 이슈를 통해 난공불락 시장 1등 '빙그레 바나나맛 우유'를 공격하는 전략으로 성공을 거둔 바 있었죠. 후발 주자인 <프렌치카페>가 '프림'이라는 민감한 건강 이슈로 난공불락의 1등 '맥심 커피믹스'에 도전했던 전략 패턴과 상당히 닮아 있습니다. 하지만 그 누구도 <프렌치카페 카페믹스>가 <바나나는 원래 하얗다>를 표절했다고 말하지 않습니다.

<프렌치카페 카페믹스>는
<바나나는 원래 하얗다>의
전략 패턴을 훔쳤다.

초장기 베스트셀러 서적을 만드는 비결도
사실은 잘 훔치는 기술 덕이라면 좀 실망하실까요.

50주 연속 베스트셀러, 자기 계발 분야 초장기 베스트셀러를 기록한 《역행자》의 자칭 작가는 베스트셀러가 되기 위해 처음부터 훔칠 결심을 했다고 자백(?)했습니다. 세계적으로 빅히트한 자기 계발, 경제 경영 서적들의 성공 공식을 《역행자》에 그대로 적용한 것이죠. 그 책들은 공통적으로 다음의 구성 패턴을 따르고 있었다고 합니다.

초장기 베스트셀러 《역행자》는
《부자 아빠 가난한 아빠》, 《부의
추월차선》의 구성 패턴을 훔쳤다.

• **단순한 개념 설정** : 이해하기 쉬운 하나의 개념을 설정한다.
• **비교를 통해 강조** : 상반된 비교군과 함께 제시해 차이를 강조한다.
• **매력적인 제목** : 멋진 개념을 제목으로 차용해 흥미를 끈다.
• **스토리텔링으로 시작** : 작가의 일화, 경험으로 시작해 관심을 끈다.
• **점진적 난이도 구성** : 내용을 쉬운, 중간, 어려운 순으로 구성한다.

예컨대, 세계적인 베스트셀러인 《부자 아빠 가난한 아빠》, 《부의 추월차선》 등의 책은 어려운 경제 이야기를 다루면서 '아빠', '차선' 등 독자가 쉽게 이해할 수 있는 비유적 개념을 설정하고, '부자 아빠 ↔ 가난한 아빠', '부의 추월차선 ↔ 부의 서행차선'처럼 상반된 개념을 비교하여 그 차이를 강조하는 패턴을 따르고 있습니다. 자청 작가는 이러한 형식을 그대로 훔쳐 와 '역행자'라는 독자가 쉽게 이해할 수 있는 테마를 설정하고, '역행자 ↔ 순리자'라는 상반된 비교 개념을 통해 전체 내용을 철저히 그 테마에 맞게 구성했죠. 제목 또한 베스트셀러 경제 서적 《넛지》, 《초격차》 등의 심플하고 임팩트 있는 방식을 차용하여, 테마인 '역행자'를 타이틀로 올렸고, 목차는 《나는 4시간만 일한다》의 패턴을 훔쳐 와 본인의 감성적인 스토리텔링으로 시작한 후 점진적으로 난이도를 높여가는 구성 방식을 적용했습니다. 아무도 표절이라고 따지지 않았죠. 책의 내용이 아닌 형식을 훔쳤기 때문입니다.

고립된 미지의 섬에서 생존을 위해 연대하고 경쟁하는 넷플릭스 리얼리티 예능 <사이렌 : 불의 섬>도 잘 훔쳐서 성공한 기획입니다. 이 프로그램을 기획한 이은경 PD는 다름 아닌 그녀의 전작 프로그램 <알쓸신잡>에서 훔쳤다고 자백(?)했습니다. <알쓸신잡>의 모티브가 된 단단한 질문 하나가 있었다고 합니다. "음악, 과학, 문학 등 다양한 분야 전문가들이 밥 먹고 여행 가면 무슨 이야기를 나눌까?"라는 질문이었습니다. 유시민, 김영하, 정재승, 황교익 등 각 분야의 전문가들이 여행 가서 밥 먹으며 나누는 지적이고 재미있는 이야기를 엿보는 새로운 재미가 있었죠. 이은경 PD는 이 질문의 뼈대를 그대로 다른 대상에 적용하여, "그렇다면 다양한 직업군의 사람들이 모여 싸우면 누가, 어떻게 이길까?"라는 질문을 던졌고, <사이렌 : 불의 섬>이라는 '신개념 생존 전투 서바이벌 프로그램'을 기획할 수 있었다고 밝혔습니다. 훔친 티는 나지 않았지만 훔친 흔적은 남은 것인지, 이은경 PD는 <사이렌 : 불의 섬>을 '<알쓸신잡>의 전투 버전'이라고 부릅니다.

전투 서바이벌 <사이렌>은 <알쓸신잡>의 질문 구조를 훔쳤다.

스타트업에서 유니콘 기업으로 성장한 '토스'의 이승건 리더는 창의적 훔치기의 마스터라 불릴 만합니다. 오늘날의 토스를 있게 만든 혁신적인 '간편송금 아이디어'는 다름 아닌 '유니세프'에서 훔쳤죠. 액티브X와 공인인증서 없이 쉽고 빠르게 송금할 수 있는 고난도의 기술 개발에 골머리를 앓던 이 리더는 어느 날 강남역 근처를 지나가다가 유니세프 부스를 봤는데, 문득 본인이 유니세프에 정기 자동이체로 2만 원씩 돈을 기부하고 있다는 사실이 떠올랐다고 합니다. '자동이체'의 원리를 훔쳐 본인의 과제인 '송금'에 접목해보는 아이디어가 탄생한 순간이었죠. CMS 자동이체를 위해 활용되는 '펌뱅킹망'을 이용해 비금융기관이 금융기관을 거치지 않고 돈을 출금해 갈 수 있다는 원리 구조를 '송금'으로 적용하는 아이디어였습니다. 엄청난 비용과 시간을 들여 첨단기술을 개발하지 않고도, 본인이 고민하던 금융 문제를 해결할 수 있었지요. 혁신 서비스 토스의 시작이었습니다.

토스의 간편 송금 아이디어는
자동이체의 원리를 훔쳤다.

훔쳐 온 원천의 보이지 않는 구조와 원리를
훔치고 숨기는 아인슈타인적 창의성은

비즈니스 현장에서 은밀하게,
하지만 활발하게 활용되고 있습니다.

지금 이 순간에도요.

step-2
경계category 초월 : 멀리서 훔쳐라

원리나 구조 등
눈에 잘 보이지 않는 '속 아이디어'를 훔쳐 와
훔쳐 온 원천이 티가 잘 나지 않게 했다면

이제,
더 확실하고 안전하게 이중 차단을 할 수도 있습니다.

내 분야의 경계를 넘어
'멀리 다른 분야'에서 훔쳐 오는 것입니다.

일본의 첫 민간 공항 '나고야 아이치현 주부국제공항'은
기존 공항의 공간설계 방식의 틀을 깨고
혁신적인 공항 경험 프로젝트를 기획한 것으로 유명합니다.

평소 일반인 출입이 통제된 활주로 등 제한구역을
승객들에게 과감하게 개방하고 비행기 이착륙을 코앞에서 볼 수 있게
공간을 구성하는 등 이전에 경험할 수 없었던
공항에서의 새로운 체험 요소를 만들어 여행객들에게 큰 인기를 끌었지요.

어김없이 이 창의적 아이디어는 훔친 것인데,
아무도 몰랐죠. 아주 멀리서 훔쳐 와 티가 나지 않았거든요.

아이디어의 원천source은 생뚱맞게 '동물원'이었습니다.

앞 장에서 소개해드린 펭귄이 머리 위에서 날고 사자가 뛰노는
홋카이도의 '아사히야마 동물원'을 기억하시지요?

물론, 동물원에서 몰래 '펭귄'과 '사자'를 훔쳐 와
공항에 전시한 건 아닙니다.

코앞에서 비행기를 볼 수 있다.
출처 : 주부국제공항 홈페이지

'동물들의 행동 전반을 여과 없이 보여준다'는
아사히야마 동물원의 보이지 않는
'전시 구조'를 훔쳐 와 전시한 것이죠.

관람객이 코앞에서 동물들의 야생 행동을
360도로 관찰하는 새로운 경험을 하게 된 것처럼
여행객이 코앞에서 비행기의 야생 행동(?)을
360도로 보게 한 메타포적 사고입니다.

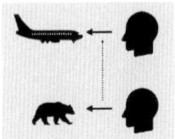
주부국제공항은 아사히야마
동물원의 전시 구조를 훔쳤다.

만약, 아이치현 공항이 훔쳐 온 이 아이디어가
'다른 공항'의 것이었다면 '훔치기'가 아니라 '베끼기'였겠죠.
만약 아사히야마 동물원의 아이디어를 훔친 주체가
'공항'이 아니라 '경쟁사 동물원'이었다면
퍼스트 무버가 아니라 패스트 팔로워라 불렸을 겁니다.

눈에 보이지 않는 원리를 가져온 것에 더해,
굳이 고생스럽게 멀리 이종 업종에서 가져왔다는 이유로
더 고차원의 창조적 모방 사례가 된 것입니다.

같은 원리로,
만약에 이케아IKEA의 시그니처 아이디어인 'DIY* 조립 방식'을
모 경쟁 가구업체가 차용한다면 명백한 '베끼기'가 됩니다.
훔쳐 온 원천이 대번에 티 나기 때문입니다.
*Do It Yourself : 고객이 원하는 물건을 직접 만들 수 있도록 한 상품

하지만 만약 이케아의 아이디어를
한 햄버거 가게가 차용한다면 어떨까요?

고객이 직접 재료와 토핑을 골라
자기만의 버거를 만들어 먹는 색다른 재미를 제공하고,
가격은 이케아처럼 저렴하게 책정한다면,
아마도 그 햄버거 가게는
'창조적 훔치기'의 모범 사례로 불릴 수도 있을 것입니다.

'식품업계'와 거리가 먼 '가구업계'의 아이디어를 가져와
훔친 티가 잘 안 나기 때문이죠.

'멀리서 훔치는 기술'을 적용한 창의 기획들,
우리 주변에 은근히 많습니다.

토요타의 <저스트 인 타임Just In Time>은 애플을 비롯한 수많은 글로벌 기업들에서 도입하고 활용했던 창의적 생산 시스템으로 유명합니다. 사실 이 아이디어는 자동차와는 매우 다른 세계인 '슈퍼마켓'에서 훔쳐 왔습니다steal. 창업주 토요다 키이치로가 미국 출장 중에 슈퍼마켓에서 고객이 상품을 사 가면 상품을 바로 채우는 것을 보고 영감을 얻었지요. '매일 필요한 것들을, 필요한 때에, 필요한 만큼만' 구입한다는 슈퍼마켓의 쇼핑 원리를 훔쳐 왔습니다. 덕분에, 전 세계 제조사들의 재고문제를 획기적으로 개선할 수 있었죠.

혁신적 JIT 시스템은
슈퍼마켓의 쇼핑 원리를
훔쳐 왔다.

러쉬LUSH 매장에 가보셨나요? 영국 친환경 코스메틱 브랜드 러쉬는 제품만큼이나 매장 경험의 기획도 신선한 것으로 정평이 나 있습니다. 강렬한 천연의 향, 날것 그대로의 천연 소재를 그램(g) 단위로 구매할 수 있는 방식이 창의적으로 느껴지는 이유는 화장품과는 거리가 아주 먼 카테고리인 '정육점 시스템의 구조'를 훔쳐 왔기steal 때문입니다.

친환경 화장품 러쉬 매장은
정육점 시스템을 훔쳤다.

팝업스토어 마케팅 기획에서 '미국 식료품 가게 컨셉'은 흔한 소재 중 하나입니다. 수많은 브랜드들이 미국 식료품 가게의 뉴트로new+retro 컨셉으로 팝업을 운영해왔고 어느 순간 식상한 방식이 되었습니다. 하지만 주체가 누구냐에 따라 같은 컨셉도 새로워 보일 수 있죠. 시몬스SIMMONS가 청담동에 '시몬스 그로서리 스토어'를 만들어 MZ세대의 핫 플레이스가 된 비결은 다름 아닌 시몬스가 '침대 브랜드'이기 때문입니다. '침대 카테고리'와는 거리가 먼 '식료품 분야'의 포맷을 훔쳐와steal 적용한 '시몬스 스토어'는 젊은 세대의 이른바 문화 체험의 성지가 되었습니다. 구매 주기가 '10년 단위'인 침대와 '하루 단위'인 식료품 사이의 엄청난 간극이 젊은 세대에게 큰 역설적 재미와 공감을 느끼게 한 것이죠.

MZ의 문화 성지가 되었던 침대 브랜드 팝업스토어는 식료품 가게 포맷을 훔쳤다.

<롱블랙LONG BLACK>은 24시간 내에 안 읽으면 콘텐츠가 사라져버리는 지식 구독 서비스입니다. 독특한 컨셉의 힘으로 치열한 시장경쟁에서 빠르게 경쟁력을 확보할 수 있었죠. 그런데 '하루 만에 콘텐츠가 사라지는 컨셉'은 사실 <롱블랙>의 아이디어가 아닙니다. <롱블랙>은 이 아이디어를 '인스타그램 스토리'에서 훔쳐 왔습니다steal. 재미있는 건, 인스타그램도 훔쳤다는 사실입니다. '스냅챗Snapchat'에서 훔쳐왔죠. 원조는 '스냅챗'인 셈입니다. 2011년 선보인 스냅챗의 '휘발성 메시징 방식'은 그동안 페이스북, 인스타그램, 스노우 등 모바일메신저의 동종 업계의 경쟁자들에 의해 끊임없이 도용(?)되어왔죠. 그래서 동시에 늘 '베끼기copy'라는 비난도 따라붙었고요. 하지만 휘발성 메시징 아이디어 도용의 공범들(?) 중 <롱블랙>만은 창의적인 기획으로 박수 받고 있습니다. 단지 <롱블랙>이 이종 업종인 '구독 콘텐츠 분야'의 서비스라는 이유 때문이지요.

성공적으로 런칭한 지식 서비스 <롱블랙>은 스냅챗의 휘발성을 훔쳤다

주인공 앤디와 테리는 나무 집에 삽니다. 구닥다리 집이 아니라 무려 13층 나무 집이죠. 바위 볼링장, 덩굴 그네, 소원을 비는 우물, 분실 소시지 사무소 등 없는 것이 없습니다. 《나무 집 시리즈The Treehouse Series》는 13층 나무 집에서 벌어지는 엉뚱한 상상과 소동을 그린 초등학생 대상의 아동 도서입니다. 3년 연속 호주 출판업상 올해의 어린이책 수상을 했고 미국, 프랑스, 독일, 일본 등 40여 개국에 출간된 세계적인 베스트셀러죠. 《13층 나무 집》부터 시작해 쭉쭉 13층씩 높아만 가는(13층→26층→39층→…) 포맷이 이 책의 특징인데, 드디어 시리즈 마지막 권인 《169층 나무 집》까지 출간되었습니다. 한번 보면 다음 권을 구매하지 않을 수 없습니다. 처음엔 제 딸아이가 원해서 샀다가 제가 더 열혈 독자가 되었죠. 이 책의 독특한 포맷 아이디어는 다름 아닌 '온라인 게임'에서 훔쳐 왔습니다.steal. 미션을 완수하고 다음 스테이지로 넘어가는 '디지털 게임의 구조'를 그대로 적용했습니다. 오늘의 영상 세대를 타깃으로 디지털 세상에 맞춘한 멋진 기획입니다. 작금의 디지털 시대에 출판업이 가야 할 하나의 길을 제시했다는 생각마저 들었죠. 마치 책을 보는 것이 아닌 정말 게임을 하는 느낌이 듭니다. 《나무 집 시리즈》는 책이 아니라 '종이 오락기'일지도 모릅니다.

세계적 베스트셀러 아동 도서 《나무 집 시리즈》는 게임의 구조를 훔쳤다

팬들이 보내는 연예인 커피차 이벤트는 이제 더 이상 신선한 아이디어가 아니죠. 연예인 팬클럽이라면 으레 하는 전형적인 이벤트 중 하나입니다. 그런데 만약 '팬들'이 보내는 커피차를 '경찰'이 하게 되면 이야기가 완전히 달라집니다. 인천의 한 경찰서에서 록페스티벌에 커피차를 보내 큰 화제가 되었죠. 사실 이 커피차는 음주 운전 발생 예방을 위해서 기획한 일종의 캠페인이었습니다. 관람객 13만 명이 모인 록페스티벌에 나타난 귀여운 주황색 커피차가 시민들에게 무료로 음료를 쐈습니다. 관람객들은 커피차에서 아메리카노, 에이드, 주스 등 신나게 공짜 음료를 고르다가 옆을 보고 깜짝 놀라죠.

대박 난 음주 운전 예방 캠페인은 연예인 커피차를 훔쳤다.
출처 : 스브스뉴스

대한민국 경찰청 마스코트 '포돌이'가 섬뜩한 웃음을 지으며 노려보고 있는 포스터가 있거든요. 이런 카피copy와 함께 말이죠. "페스티벌이 끝난 뒤 음주단속 때 만나요." 일명 <포돌이가 지켜보는 커피차> 캠페인은 연예인 팬클럽의 커피차 아이디어를 훔쳐 왔습니다steal. 인천에서의 페스티벌이니 아무래도 운전을 해서 오는 사람들이 많을 것이고, 축제이니 술 한잔씩 할 수 있으므로 음주 운전 예방 홍보가 필요하겠다는 취지였지요. 관람객들은 이 센스 있는 캠페인에 적극 호응하였고 실제로 음주 운전 사고나 적발이 단 한 건도 발생하지 않았다고 합니다. 멋진 기획이 아닐 수 없습니다. 뻔한 아이디어도 이종 업종에서 훔쳐 오면 창의 기획이 됩니다.

포돌이가 지켜보는 커피차
출처 : 스브스뉴스

멀리, 경계를 초월하는 훔치기 기술은
'공간'뿐 아니라 '시간'에도 적용됩니다.

혹시 기억하시나요? 국내 스마트폰 초기 시장에 <베가VEGA>라는 이름의 폰이 있었습니다. 아쉽게도 지금은 단종되었지만 품질과 디자인 모두 훌륭한 제품이었지요. 사실 이 '베가VEGA'라는 브랜드명은 저희 팀에서 고객사에 선제안한 아이디어였습니다. 일반적으로 브랜드 네이밍은 광고회사의 주된 역할은 아니지만, 당시 저희 팀은 고객사의 성공에 꼭 필요하다고 생각해 진정성을 담아 제안했습니다. 고객사는 이미 신제품 이름을 정해두었으나, 저희가 제안한 '베가VEGA'라는 이름을 무척 마음에 들어 하셨고, 여러 고민 끝에 이례적으로 미리 세운 계획을 철회하고 저희의 제안을 채택해주셨죠.
이제 와 고백하자면, 사실 '베가VEGA'는 훔친 아이디어였습니다. 그 출처는 다름 아닌 제가 어릴 적 좋아했던 한 '미드'입니다. <V>라는 드라마는 인간의 탈을 쓴 파충류 외계인이 지구를 침공했지만, 지구인들이 용감하게 맞서 싸워 결국 위대한 승리Victory를 거두는 스토리로 당시 큰

스마트폰 <베가>는
미드 <V>의 스토리 구조를
훔쳤다.

인기를 끌었습니다. 아무도 '베가'라는 이름이 미드 <V>에서 훔친 아이디어라는 것을 눈치채지 못한 이유는, 아주 오래전 콘텐츠(1984년)에서 눈에 잘 보이지 않는 스토리 구조(외계인과의 전쟁)를 훔쳐 왔기 때문입니다. 당시 애플 아이폰이 한국 스마트폰 시장에 진출해 시장을 흔드는 모습이 마치 미드<V>의 파충류 외계인이 지구를 침공해 혼란을 일으키는 내러티브 구조와 흡사하다고 느꼈습니다. 지구를 침공한 외계인 침략자에 맞서 지구인 전사들이 용감하게 싸웠듯이, 한국을 침공한 애플이라는 침략자에 맞서 우리가 안드로이드폰의 대표 전사로서 싸워 승리하자는 취지를 담았지요. 이에 따라 애플을 물리치는 안드로이드의 '전쟁의 승리Victory'라는 스토리 구조를 적용해, 'V'로 시작하는 행성 이름*을 찾던 중 자연스럽게 '직녀성Vega'을 선택하게 되었던 것입니다.

오리지널 미드 <V>, 1983

*우주 행성 이름을 사용한 이유는 안드로이드 OS가 애플의 '폐쇄성'에 대비되는 '무한성'을 상징해서

그러고 보면, '신선한 기획 아이디어들'은 하나같이
시공간의 경계를 초월한 닮은꼴 훔치기의 향연입니다.
자, 우리가 '원천 봉쇄'와 '경계 초월'의 원리를 이해했다면
이런 경지까지 갈 수도 있습니다.

훔쳐 온 원천을 숨기는 화룡점정의 수가 있습니다.
되도록 멀리서, 하나가 아닌 여러 개를 훔칩니다.
그리고 뒤섞어shake버립니다.

step-3
뒤섞기 shaking : 여러 개를 훔쳐 와 섞어라

'훔치기'는 '뒤섞기 shaking'로 완성됩니다.
훔쳐 온 것이 섞여버려서 그 원천이 티 나기 매우 어려워집니다.

윌리엄 더건 William Duggan 컬럼비아대 경영대학원 교수는 이렇게 말합니다.
"'베끼는 것 copy'은 다른 사람이 한 것을 정확하게 따라 하는 것이다.
그러나 '훔치는 것 steal'은 남의 아이디어에서 한 가지 요소(A)를 가져와서
또 다른 사람의 아이디어에서 가져온 다른 요소(B, C, D…)와
결합하는 combine 것이다."

그렇게 하면, 훔친 티가 안 난다는 거죠.

마치 요리 레시피와 같습니다.
남의 훌륭한 레시피 '한 개'를 훔쳐 오면 금세 티가 나 표절이 되지만
'여러 개'의 훌륭한 레시피들을 훔쳐 와서 결합하면
'나만의 창조 레시피'가 되는 것과 같은 원리죠.

엘비스 프레슬리가 '메타포의 제왕'으로 선정된 이유를 밝힌다고 했죠.
제임스 기어리는 테드 강연에서 엘비스의 공전의 히트곡,
〈올슉업 All Shook Up(1957)〉이 그 이유라고 말합니다.

She touched my hand what a chill I got.
손길은 손길이 아니라 오한입니다.
Her lips are like a volcano that's hot.
입술은 입술이 아니라 화산이고

I'm proud to say she's my buttercup.
그녀는 그녀가 아니라 미나리아재비(꽃)입니다.
I'm in love I'm all shook up.
그리고 사랑은 이 모든 것들이 뒤섞이는 all shook up 것입니다.

손길을 '오한'으로, 입술을 '화산'으로, 그녀를 '꽃'으로…
가사 하나하나가 '은유'입니다.
여기까지는 다른 시인들도 할 수 있는 수준입니다.

그런데 중요한 건 이겁니다.

엘비스는 훔쳐 온 작은 은유들을 한데 뒤섞어 all shook up
'새로운 사랑의 의미'라는 커다란 은유를 창조했다는 것입니다.

이것이 엘비스가 메타포의 제왕이 된 비결입니다.
즉 엘비스는 '자신만의 창조적인 사랑 공식'을 만든 거죠.

사랑 = 그녀의 오한과 같은 터치 + 그녀의 화산 같은 입술 + 꽃 같은 그녀의 존재

여러 개를 훔쳐서 뒤섞어버렸더니 all shook up
훔친 티가 나기 매우 힘듭니다. 전혀 새로운 것이 만들어졌으니까요.

"Shake it up!"

섞으면 새로워집니다.
섞는 것이 곧 창조입니다.

Shake

[action code of S] ; 여러 가지 연상을 합성하여 새로운 개념을 만들다

합성되는 각각의 연상들이 이질적일수록
앞서 '원숭이 똥구멍'으로 살펴본
이종 업종에서 훔쳐 와 섞으면

주의 사항.
'훔치고 섞는' 이유가

우리 시대의 위대한 창조의

겨 큰 시너지를 일으킵니다.
것처럼 '탈카테고리적으로 연상하는 것'이 더 높이 점프하는 비결입니다.
겨 높은 차원의 솔루션 아이디어를 만들 수 있습니다.

원천을 숨기기 위해서'라는 것을 잊지 마세요.

텐더들shaking creators을 소개합니다.

피카소
<아비뇽의 처녀들>(1907) = 마티스의 <인생의 행복>(1896) + 아프리카 조각상

창조적 융합의 대표 사례로 피카소의 창조물, 1907년 작 <아비뇽의 처녀들>이 있지요. 무에서 유를 창조한 것이 아닙니다. 훔치고 섞은 겁니다. 피카소는 동시대 화가인 마티스Henri Matisse의 1896년 작 <인생의 행복>을 훔쳤습니다. 피카소의 그림 속 여인들의 자세, 비현실적 색채, 왜곡된 형태 등 마티스의 핵심적 구성요소와 매우 비슷합니다. 하지만 전체적인 스타일은 다르죠. <아비뇽의 처녀들>은 전체적으로 거칠고 각진 형태인 데 비해 마티스의 <인생의 행복>은 부드러운 곡선으로 표현되어 있죠. 그런데 거칠고 각진 형태도 피카소가 창조한 것이 아닙니다. '거칠고 각진 중앙아프리카 조각상'에서 훔쳤습니다. 마티스가 창조한 '왜곡된 형태와 비현실적 색채'에 '아프리카 조각상의 거칠고 각진 형태'를 영리하게 결합한 것입니다. 기존의 이질적인 두 요소의 융합으로 새로운 콘텐츠를 창조한 것이죠.

포드Henry Ford
자동차 일괄생산 시스템(1913) = 교환가능 부품이론 + 시카고 정육점 + 담배 연속생산 시스템

자동차의 아버지 헨리 포드도 훌륭한 융합 연주가입니다. 자동차의 대중화를 이룬 혁신적인 <포드 시스템>을 기획하면서 사실 세 가지의 아이디어를 결합시킨 것에 불과(?)하다고 고백했습니다.
첫 번째 아이디어는 1801년 기계발명가 엘리 휘트니Eli Whitney가 주장한 망가진 권총의 부품을 이용해 새 권총을 조립할 수 있다는 '교환가능 부품이론'이었습니다. 두 번째는 시카고 여행 중에 우연히 접하게 된 '정육점의 고기 운반 라인'이었으며, 세 번째는 1882년 담배산업에서 처음으로 사용된 '연속흐름 생산'이라는 아이디어였죠. 연관성이 없어 보이는 이질적인 세 가지 메타포들을 섞어 '자동차 일괄생산 시스템'이라는 완전히 새로운 메타포를 창조한 것입니다.

루카스 George Lucas

<스타워즈>(1977) = 캠벨 신화 + 공주 동화 + SF 영화 + 기사 이야기 + 일본 영화

"A long time ago in a galaxy far far away…"
존 윌리엄스의 멋진 테마곡과 함께 시작되는 이 가슴 벅찬 문구. 세기의 영화 기획 <스타워즈>도 창조한 것이 아니죠. 훔치고 섞었습니다. 스케일의 크기만큼이나 엄청난 양의 메타포들을 훔쳐 와 섞어버렸죠. 핵심 메타포는 '신화와 SF의 결합'입니다. 광선총과 레이저의 첨단무기를 사용하는 악의 세력들과 검과 돌멩이의 전통 무기를 사용하는 (중세)기사들의 싸움이 아이디어의 중심축이죠. 그 밖의 요소들도 모두 훔친 것들입니다. 예를 들어 스리피오와 알투디투 캐릭터는 일본 막부 시대 소재 흑백영화 주인공 캐릭터에서, 츄바카 캐릭터는 자신이 키우던 애완용 개에서 훔쳐 왔다고 고백했습니다. 아무도 표절이라고 말하지 않았던 건, 수많은 요소들을 훔쳐 와 뒤섞었기 때문이고, 그 결과 '우주에서 전쟁하다 Star Wars'라는 루카스 자신만의 큰 메타포적 해석이 있었기 때문입니다.

잡스

아이폰(2007) = 전화 + MP3 플레이어 + 인터넷

남의 아이디어를 훔치고 합성하는 것을 논하면서 이분을 빼놓을 순 없죠. 아시다시피 아이폰도 이질적인 것들의 결합 상품(?)입니다. 스티브 잡스는 휴대폰을 최초로 만들지도 않았고 MP3 플레이어의 창시자도 아니며 인터넷 서비스를 세계 최초로 구현시키지도 않았죠. 하지만 기존의 세 가지 이질적인 미디어를 결합시켜서 '완전히 새로운 미디어'를 창조했고 21세기 혁신의 아이콘이 되었습니다.

위대한 기획자들의 역사 속
'훔치고 뒤섞은 기획'은

지금, 휴대폰을
당신의 눈을 사로잡는 콘텐츠나 상품들

'사극 + 판타지'
자, 우리 곁의 위대한

<오징어 게임> = 서바이벌 데스게임 + 액션 스릴러 + 미스터리 + 누아르 +

콘텐츠의 성공을 넘어 신드롬이 된
글로벌 메가 히트작

"게임을 시작하시겠습니까?" - 전 세계적인 K-드라마 신드롬을 일으킨 넷플릭스 오리지널 콘텐츠, <오징어 게임
흔한 '데스게임 장르' 중 하나일 뿐, 새로울 것 없다고 평가절하 하는 이들도 있지만 만약 그런 것이라면 넷플릭스
<오징어 게임>의 장르는 무려 '미스터리 액션 스릴러 누아르 서바이벌 데스게임 휴먼 드라마'입니다.
<오징어 게임>의 성공은 '죽음의 무거움과 어린 시절 '노스탤지어'라는 큰 축의 결합하에, 데스게임의 스릴, 미스
한국 전통놀이의 심플한 재미, 빈부 격차와 노동운동 등 세계인이 공감하는 사회적 메시지를 조화롭게 섞어내었

'재무제표'를 뜯어보며 '소비문화'를 디깅하는 독특한 컨셉의 <B
'숫자를 잘 아는 회계사 + 현장을 잘 아는 덕후 + 호기
'숫자', '현장', '덕후'의 이질적인 요소들이 한데 잘 어우러진 창의적 뒤섞기 기획이 아닐

<히든싱어> = 서바이벌 경연 + 모창 헌정 + 퀴즈 + 팬 미팅

<히든싱어>의 특이점은
시즌이 계속될수록 진부해지지 않고
더 참신해지고 진화한다는 것

JTBC 음악 예능 <히든싱어>는 단순한 모창 경연 프로그램이 아닙니다. 만약 그렇다면 2013년부터
뜻밖의 감동과 재미를 주는 이 기획의 성공은 '경연audition'과 '헌정tribute'이 잘 버무려졌기에shake
즉 '모창 헌정 무대', '서바이벌 오디션', '원곡 가수와 팬의 합동 무대', 그리고 '퀴즈 요소'까지 결합

사례에 국한된 이야기가 아닙니다.
이 순간, 당장 목격할 수 있습니다.

켜 보세요. 주위를 둘러보세요.
대부분은 '합성의 형태shake'일 가능성이 큽니다.

정도의 결합은 이제 식상하죠.
창조의 바텐더들을 소개합니다.

블랙코미디 + 어린 시절 향수 + 한국의 전통놀이 + 무한경쟁 사회 + 빈부 격차 + 노동운동 + 이혼 가정

Squid Game>의 장르는 무엇일까요?
역사상 가장 성공한 콘텐츠로 기록되진 못했을 것입니다.

터리와 누아르의 어두운 탐구,
던shake 기획력 덕분이었습니다.

<B주류경제학> = 재무제표 + 현장 덕후 + 소비 취향

토스TOSS에서 만든 유튜브 채널 <머니그라피>의 대표 콘텐츠입니다.
주류경제학>은 브랜드, 마케팅씬의 까다로운 덕후들도 인정한 웰메이드 콘텐츠로 정평이 났지요.
심 많은 호스트'의 격의 없는 대화는 의외의 케미와 시너지를 내며 색다른 재미와 공감을 줍니다.
수 없습니다. 콘텐츠 전반에 토스의 존재를 감추는 센스까지, 토스의 기획력에 박수를 보냅니다.

'취향으로 읽는 요즘 경제'라는 컨셉이
통한다는 것을 4600만 회 누적 조회수로
증명한 과감한 콘텐츠 기획

10년이 넘게 장수하며 살아남을 수 없었을 것입니다.
가능했습니다.
되어 기존 음악 오디션 프로그램이 주지 못했던 색다른 감동을 선사한 것이죠.

<흑백요리사> = <오징어 게임> + 바둑 + <마스

<흑백요리사>는 명실상부 최고의 명품 비빔밥입니다. 기본적 냉장고에서 요리 주제를 선택하고 그 자리에서 바로 만드는 행위는 <냉장고를 부탁해>에서 보던 <냉장고를 부탁해>처럼 셀럽 셰프 1000평 규모의 거대한 세트장에서 대규모의 참가자들이 계급장 떼고 공정하게 음식 하나로 긴장감 깊게 여기에, '요리 계급 전쟁'이라는 컨셉에 '흑돌이 백돌을 이길 수 있느냐', '다윗이 골리앗을 이길 수 있느냐'라는 궁금 같은 기획자가 만든 음악 서바이벌 <싱어게인>이 떠오르기도 하죠. 계급장

주부들 사이에서 맞팜 열풍을 일으킨 올팜 서비스

출시 두 달 만에 거래액 5억 원을 넘은 올툰 서비스

<올웨이즈> = 초저가 커머스 + 게임 + 웹툰

출시 후 1천만 건이 넘는 다운로드를 기록한 초저가 쇼핑앱 <올웨이즈>의 성공 쇼핑앱 내에 있는 '올팜'이라는 서비스는 모바일상에서 가상 작물을 키우고 현 그 후로 '웹툰' 서비스까지 탑재해 이전에 없던 색다른 커머스 경험을 선사합니 이들 서비스는 리텐션retention이라 불리는 사용자 방문율과 머무는 시간을 늘 <올웨이즈>의 젊은 기획자들은 커머스와 엔터테인먼트의 뒤섞기에 진심인 듯 '커머스계의 디즈니랜드'.

<뿌링클> =

2014년 혜성처럼 등장했습니다. 치킨업계의 패러다임을 바꿨다는 평을 듣습니다. 누적 판매량 5천만 뿌링클의 메가 히트는 '치즈'와 '치킨'의 단짠(단맛 + 짠맛) 아이디어 덕이었죠. 기존 매콤한 빨간 시즈닝이 대세인 시장에 달콤한 '치즈 시즈닝'과 짭조름한 '치킨'의 색다른 결합은 '후라이드'와 '양념'으로 양분된 치킨 시 BHC는 뿌링클 치킨 하나로 업계 1위에 등극하는 파란을 만듭니다. 그런데 사실 '치즈' 뿌링클보다 5년이나 앞서 출시된 '치즈 스노윙'과 같은 제품들도 존재했었죠. 그래서일까요? 뿌링클 기획자는 이질적 메인 타깃으로 설정한 10대 여자아이들 취향의 컬처코드를 과감하게 가미하여 제품 이름 자체를 '마법 기존의 '양념, 간장, 마늘, 치즈, 허니' 등 재료의 특성 광고에서도 마법 가루를 뿌리는 마법사로 전지현

터셰프 코리아> + <냉장고를 부탁해> + <싱어게인>

대한민국 최초로 넷플릭스 예능 글로벌 1위를 차지한 기획

으로 <흑백요리사>는 <마스터셰프 코리아>와 같은 '요리 서바이벌'의 외피를 쓰고 있고, 익숙한 방식sympathy을 차용했습니다. 하지만 과거 요리 프로그램과는 완전히 다릅니다. 의 장기자랑도 아니고, 명인에 대한 존경을 우선시한 <한식대첩>과도 결을 달리합니다. 대결하는 모습은 '요리판 오징어 게임'을 보는 듯합니다. 매우 낯설게strange 느껴지죠. 잘 부합하는 '바둑'이라는 대결 방식을 차용한 것은 낯섦을 위한 최고의 선택이었습니다. 중이 프로그램의 처음부터 끝까지 재미와 긴장, 카타르시스를 유지해주었기 때문입니다. 떼고 공정하게 오직 '음악'으로만 대결하는 방식을 '요리'로 대체한 방식이 참 닮았습니다.

에는 '커머스'와 '엔터테인먼트'를 뒤섞은 과감한 기획력이 숨어 있습니다. 실에서 실물 작물을 얻을 수 있는 신기한 체험 게임 서비스입니다. 다. 얼핏 보면 게임이나 웹툰이 커머스와 무슨 상관이 있을까 싶지만 려 궁극적으로 쇼핑 매출을 높이는 일등 공신이 되고 있습니다. 합니다. 본인들 스스로 기업 비전에 새겼더군요.

치킨 + 치즈 시즈닝 + 10대 문화코드

치즈 치킨 시장을 창출한 국민치킨 뿌링클

개를 훌쩍 넘기며 명실상부 국민치킨으로 자리매김했습니다. 서 하얀색의 달달한 치즈 시즈닝을 시도한 것이 주효했습니다. 장에 '시즈닝 치킨'이라는 새로운 카테고리까지 만들게 되었죠. 기반의 '단짠 치킨'은 처음 시도된 아이디어는 아니었습니다. 요소를 하나 더 추가하여 섞었는데요, 바로 '소비자코드'입니다. 가루를 뿌리다'라는 의미의 '뿌링클(뿌리다 + 트윙클)'로 짓습니다. 을 살리는 치킨 네이밍 방식과 완전히 차별화한 전략이었지요. 배우를 낙점하여 새로운 상품기획의 임팩트를 배가시켰습니다.

뿌링클의 신의 한 수는 치킨에 10대 문화코드를 섞은 것

여기서 끝이

'훔치고 steal
현재의 초디지털 시대에
창조의 치트키가

디지털 환경은 다채로운 뒤섞기 기획이

아닙니다.

뒤섞기shake'는
새로운 미래 먹거리를 만드는
되기도 합니다.

탄생할 수 있는 가장 비옥한 토양입니다.

디지털 뒤섞기의 끝판왕을 소개합니다.

우주까지 뛰어오르다

디지털은 창조적 뒤섞기의 로켓엔진이다

현대카드는 국내에서 이른바 'PLCC 시장*'을 처음 연 주인공입니다.

*PLCC Private Label Credit Card ; 특정 기업 브랜드를 전면에 내세운 카드 상품

기존의 '제휴카드'에서 한 단계 더 나아가, 특정 기업 브랜드와 1:1 파트너십 계약을 맺고
해당 브랜드에 특화된 독점 혜택을 담은 카드 상품

PLCC는 일반 카드보다 사용처가 제한적인 대신,
충성도 높은 고객에게 몰아주는 혜택이 푸짐합니다.
충성고객 입장에서는 이득이죠.
기업 입장에서는 카드 발급부터 서비스 제공까지 전 과정의 비용과 수익을
카드사와 브랜드사가 나누는 구조가 매력적입니다.

즉 PLCC 자체가 '카드사 + 브랜드사'를 결합한
전형적인 뒤섞기 shake 상품기획인 셈이지요.

PLCC = 카드사 + 브랜드사(유통사)

이 같은 뒤섞기 기획, PLCC의 태생은 'Made In USA'입니다.
2000년대 초반, 신용카드의 본고장 미국에서 시작되었고
2010년 초반에는 절반 이상의 미국인이 사용할 만큼 대중화되었죠.

그런 PLCC를,
2015년 현대카드가 한국에 전격 도입하기로 결정합니다.

당시 국내 카드업계도 지금과 마찬가지로 위기의 상황이었습니다.
고금리, 가맹점 수수료 인하, 조달 비용 증가 등의 악재로
시장의 수익성이 본격적으로 악화되기 시작한 시기였죠.

이 난관을 돌파하기 위해 미국의 PLCC 모델 도입을 선택한 것입니다.
파트너 브랜드사의 카드를 발급해주고, 그 브랜드의 충성고객을
자연스럽게 현대카드의 고객으로 유입해 수익성을 개선하자는 의도였죠.

그러나 현대카드는 미국의 PLCC 모델을 그대로 수입한 것이 아니라
완전히 새로운 방식으로 현대카드만의 독창적인 PLCC를 재창조해냅니다.

즉 베끼지copy 않고,
훔치고steal 뒤섞어shake버렸죠.

무엇을 훔쳤고, 어떻게 뒤섞었을까요?
그 비밀 레시피를 하나씩 들여다보겠습니다.

먼저, 현대카드는 PLCC의 기본 뼈대인
'브랜드 파트너십'의 방식을 재창조합니다.

뜬금없이 유럽 축구계의 '챔피언스리그 시스템'을 훔쳐 와steal
기존의 PLCC와 섞습니다shake.

<현대카드 PLCC> = 미국 PLCC + 유럽 축구 챔피언스리그

유럽 챔피언스리그UEFA Champions League는 유럽 각국의 챔피언 팀들을 모아
왕 중의 왕, 별 중의 별을 가리는 세계 최고 레벨의 축구 리그입니다.
현대카드는 이 축구의 챔피언 시스템을 그대로 차용합니다.
비즈니스 각 산업군에서 가장 인기 있는 1등 기업들만을 모아
그들끼리의 밀도 높은 프리미엄 파트너십을 맺는
'비즈니스 챔피언스리그'를 구축합니다.

즉 각 산업군 1등 브랜드가 그를 따르는 팬들에게 상징적인 특권과 혜택을
제공함으로써 불황의 시장에서 브랜드 충성도를 극대화하는 전략이죠.
현대카드는 자체적으로 '챔피언 브랜드 파트너십'이라 지칭하더군요.

훔친 겁니다.
하지만 표절은 아니죠.
내용이 아닌 형식을 훔쳤기 때문입니다.

현대카드의 '브랜드 챔피언스리그'에 초대된 선수들은 화려합니다.
유통업계 1위인 이마트를 시작으로 대한항공, 스타벅스, 네이버,
무신사, 배달의민족, 제네시스, 쏘카, 야놀자, 올리브영 등
소위 충성도 높은 팬덤fandom을 거느린 각 업권의 1위* 선수들입니다.
*흥미롭게도, 정작 현대카드는 신용카드 업계의 1위가 아닙니다. 영리한 뒤섞기입니다.

<도메인 갤럭시> = 현대카드의 데이터 동맹	네이버 x 이마트 x 무신사 x 쏘카 x 스타벅스 x 현대차 x 기아차 x 배달의민족 x 대한항공 x 야놀자 x 코스트코 x GS칼텍스 x 이베이 x 미래에셋증권 x 넥슨 x 올리브영

내친김에 다른 원천source도 가져와 뒤섞습니다.

현대카드의 대표 필살기가 무엇일까요?
그렇죠. '디자인design art'입니다.

세련되고 위트 있는 현대카드의 디자인 아트력은
오랜 시간에 걸쳐 시장에서 증명된 핵심경쟁력 중 하나입니다.

'챔피언 브랜드 파트너십'에 디자인 아트력을 섞어서
감성적 스토리의 매력을 더하기로 합니다.

<현대카드 PLCC> = 미국 PLCC + 유럽 축구 챔피언스리그 + 디자인 아트*

달걀노른자가 박혀 있는 '배달의민족 현대카드',
컴퓨터 CPU를 그려놓은 '네이버 현대카드',
찢어진 청바지가 그려진 '무신사 현대카드' 등
하나같이 위트 있고 세련된 디자인으로 큰 화제를 모았습니다.
'대한항공 현대카드' 출시 직후
미국의 경제 분야 언론사인 〈포브스Forbes〉는 다음과 같이 극찬합니다.

"Korean Air's Sleek New Credit Cards End Boring Airline Designs."
"대한항공이 PLCC 디자인을 통해 고루한 항공업계 디자인의 새로운 장을 열었다."

특히 나만의 취향과 가치를 추구하는 젊은 고객들이 열광했죠.
브랜드의 인기 심벌인 사이렌과 별의 이미지를 재해석하여
큰 인기를 모은 '스타벅스 현대카드'가 대표적인 사례입니다.
스타벅스는 이 디자인을 적용한 텀블러 및 관련 굿즈까지 판매했죠.

항공업계의 고루한 이미지를 타파한 〈대한항공 현대카드〉　　　핵심 심벌을 감각적으로 형상화한 〈스타벅스 현대카드〉

하지만 현대카드의 디자인 철학은 단순히 예쁜 비주얼을 만드는 게 아니죠.
각 파트너사의 정체성을 위트 있게 담아내면서도, 창의적인 시각으로
새로운 브랜드 아이덴티티와 스토리를 발견하고 재해석하여
디자인을 넘어 마케팅 협업의 시너지까지 만드는 것을 추구합니다.

〈현대카드 PLCC〉 = 미국 PLCC + 유럽 축구 챔피언스리그 + 디자인 아트 + **마케팅 협업***

예를 들어, 배달의민족과는 특정 기간 동안 파격적인 혜택을 제공하는
'배달위크' 이벤트를 진행하고, 무신사와는 패션과 음악을 결합한

신개념 고객 이벤트인 '무신사&현대카드 패션 위켄드'를 개최했습니다.

대한항공과는 코로나19 팬데믹으로 해외여행이 어려운 시기에
'무착륙 관광 비행'이라는 색다른 여행 이벤트를 기획하기도 했습니다.
장거리용 대형기인 A380 항공기를 타고 인천국제공항을 출발해
강릉-부산-대한해협-제주를 거쳐 다시 인천국제공항에 착륙하는
이 특별한 비행은, 오픈 직후 전 좌석이 매진될 정도로 큰 호응을 얻었죠.

현대카드의 디자인 대상은 비주얼이 아니라 생각인 것입니다.

여기서 끝이 아닙니다.
현대카드 PLCC 뒤섞기의 화룡점정은 따로 있습니다.

현대카드는
'데이터 과학 data science'을 섞습니다.

오랜 시간 갈고닦은 현대카드의 새로운 필살기는
초디지털 시대에 부응하는 '데이터 역량'이었습니다.
시장의 미래를 보는 탁월한 안목과 과감한 투자 덕분에
대규모의 카드 결제 데이터를 분석하고 적용하는 데이터 활용 능력은
마침내 업계 최고 수준에 도달했고, 어느새 타 기업의 비즈니스 활동까지
지원할 수 있는 단계에 이르렀죠.

<현대카드 PLCC> = 미국 PLCC + 유럽 축구 챔피언스리그 + 디자인 아트 + 마케팅 협업 + **데이터 사이언스(AI)***

현대카드는 PLCC 파트너사의 카드 데이터를 분석하여
데이터 리포팅 서비스, 초개인화 마케팅 아이디어 지원 등

빅데이터에 기반을 둔 맞춤 솔루션을 제공하며
파트너사의 회원 수 증가에 실질적인 도움을 주었습니다.

단순히 '카드사'가 아닌 '테크 기업'으로서의
새로운 비즈니스모델을 창조한 것이죠.

내친김에 현대카드는 챔피언 파트너사들과
'전방위 공동 데이터 마케팅 연맹'을 구축하기에 이릅니다.

2020년, PLCC 파트너사들 간에 공동 교차 마케팅을 펼칠 수 있는
일명 〈도메인 갤럭시domain galaxy〉라는 데이터 협의체를 기획한 것이죠.
현대카드와 파트너사 간의 일대일 관계가 아닌,
모든 파트너사가 동맹관계인 하나의 우주universe 안에서
현대카드의 데이터 분석에 기반을 둔 '다자간 마케팅 교차 협업'이 이루어지는
업계 최초의 데이터 동맹 플랫폼입니다.

[파트너들 간의 '다자간 교차 협업'은 물성적(+) 합성이 아닌 화학적(×) 융합]

이 동맹을 통해 현대카드와 손잡은 다른 파트너사들 간에
데이터로 협력할 수 있는 각양각색의 기회가 열렸습니다.
실제로 도메인 갤럭시 안에서의 비즈니스 협업은
2,000건이 넘게 활발하게 진행되고 있지요.

〈도메인 갤럭시〉의 '다자간 마케팅 교차 협업'은
'훔치고steal 뒤섞기shake'의 새로운 차원을 보여줍니다.

기존의 미국식 PLCC는 카드사와 파트너사가 일대일로 협업하는 구조라면
현대카드가 기획한 새로운 PLCC는 여러 파트너사들이 다대다(多對多)로
저마다의 입체적이고 흥미로운 스토리를 펼칠 수 있습니다.

마치 마블이나 DC 등 히어로 영화에서나 볼 수 있는
'멀티버스 세계관의 서사구조'를 훔쳐 와 신용카드업에 적용한 느낌이죠.

<도메인 갤럭시>, 히어로 멀티버스 세계관의 서사구조를 훔치다.
출처 : 유튜브 '비즈업 포트폴리오'

이러한 '새로운 차원의 뒤섞기'를 가능하게 한 힘은
엄청난 양의 데이터를 순식간에 수집하고 처리할 수 있는
'첨단 디지털 기술' 덕분입니다.

지금까지는 기획자가 '마블 같은 멀티버스 신용카드 세상'을 상상해도
그저 상상으로 그칠 수밖에 없었죠. 하지만 AI로 고도화된 디지털테크는
기획자의 상상을 현실이라는 결괏값으로 만들어낼 수 있습니다.
인간이 상상하는 무한대의 낯선 조합을 빠르게 블렌딩blending할 수 있습니다.

즉, '디지털 뒤섞기'는 '더하기(+)'로 상징되는 물성적 합성이 아닌,
'곱하기(×)'의 화학적 융합을 가능하게 합니다.
지금까지 불가능했던 다른 차원의 창조 행위가 가능해진 것이죠.
자유자재로 생각을 '갖고 노는' 수준까지 도달했다고 할까요?

이쯤 되면 '디지털 뒤섞기'는 과학data science이 아닌,
예술data art의 경지일지도 모르겠습니다.

예술의 관점에서 보면,
'디지털 뒤섞기'는 '디지털음악'과 많이 닮았습니다.

'신시사이저synthesizer'라는 건반악기를 아실 겁니다.
기존의 서로 다른 음을 합성해 완전히 새로운 음을 창조하는 전자악기입니다.
이 악기는 인간이 음악을 무한대로 '갖고 놀 수 있게' 만들어주었습니다.
신시사이저의 등장으로 대중음악의 다양성과 창의성이 비약적으로 확장되었죠.

수많은 비즈니스 전문가들이 지금의 4차산업혁명 시대의 핵심 키워드를
한목소리로 '융합(融合)'이라고 지칭합니다.
'융합'의 본체가 음악의 '신시사이징'과 같은 의미인 'Synthesis'입니다.

'융합synthesis'은
기존의 서로 다른 물성(다른 카테고리의 연상 아이디어)들이 결합해서
새로운 창조적 물질(새로운 콘텐츠)로 태어남을 의미하죠.
디지털음악과 메커니즘이 같습니다.

따라서 '디지털 뒤섞기'는
단순히 '물성적으로 섞는다shake'는 의미에서
한 단계 더 진화되어야 합니다.

[Shake(물리적 합성) → Synthesize(화학적 융합)]

Synthesize

[action code of S] ; 다양한 연상들을 디지털로 결합하여 새로운 차원의 창조 솔루션을 창조하다

비틀즈The Beatles가 역사상 가장 위대한 밴드로 불리는 이유는,
사실상 현대 대중음악의 거의 모든 장르—로큰롤, 포크록, 사이키델릭 록,
아트 록, 블루스, 컨트리, 팝—를 창조했다고 평가받기 때문입니다.
그들은 음악을 갖고 노는 경지에 있던 밴드였죠.
음악을 'Shake(물리적 합성)'하지 않고, 'Synthesize(화학적 융합)'했습니다.

비틀즈는 신시사이저synthesizer를 최초로 사용한 밴드 중 하나였습니다.

비틀즈 이후, 대중음악계에서 신시사이저는
'디지털 샘플링sampling*' 기법으로 더욱 진화하고 발전했습니다.

오늘날의 대중음악 트렌드는 '디지털 샘플링'을 빼놓고 논할 수가 없죠.
뮤지션은 '샘플링 기술'을 통해 다양한 음향과 리듬을 훔치고 뒤섞어,
새로운 음악을 빠르게 무한 창조할 수 있게 되었습니다.
* 샘플링(Sampling) - 기존에 존재하는 음원의 일부를 디지털로 추출하여 새로운 작업물에 포함시키는 것.
예를 들어, BTS의 음악을 트랙별로 분리 추출하고, 베이스 트랙을 모타운의 제임스 제머슨James Jamerson의
실제 연주 샘플로 대체하여 '모타운 x BTS'의 새로운 융합 콘텐츠를 창조할 수 있음.

현대카드도 금융을 '갖고 노는' 경지에 오른 듯합니다.
'디지털 뒤섞기synthesize'를 통해
'마케팅 협업'을 넘어 '상품기획의 협업'까지 만들어냅니다.

<현대카드 PLCC> = 미국 PLCC + 유럽 축구 챔피언스리그 + 디자인 아트 + 마케팅 협업 +
데이터 사이언스(AI) + **상품기획***

이를테면, <3 Body-A 카드>라는 현대카드의 PLCC 신상품은
한 브랜드의 리워드만 적립할 수 있다는 기존 PLCC의 고정관념을 깨고,
신용카드 한 장으로 대한항공, 제네시스, SSG.COM 세 PLCC의 리워드를
동시에 받을 수 있도록 설계한 업계 최초의 '3 in 1 PLCC 상품'입니다.
*<3 Body-A 현대카드>라는 이름은 넷플릭스 영화 <삼체3 Body Problem>의 제목에서 훔쳤다steal.

현대카드의 AI 기술로 방대한 결제 데이터를 분석한 결과,
세 PLCC 모두 소득 수준이 높고 여가 활동과 프리미엄 서비스를 즐기는
30~50대 회원이 주로 사용한다는 인사이트를 잡아냈고,
고객층이 유사한 이들 세 PLCC를 하나로 묶어(3 in 1)
새로운 시너지 혜택을 설계해 제공해보자는 의도였죠.

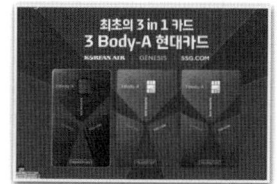

<3 Body-A 현대카드> = 대한항공 x 제네시스 x SSG.COM

이 상품기획은 마치 현대카드라는 금융계의 뮤지션이
대한항공, 제네시스, SSG.COM이라는 세 개의 뮤직 샘플을
디지털로 뒤섞어 새로운 장르의 PLCC 싱글앨범을 발표한 듯합니다.
기획을 과학으로 시작해 아트로 마무리한 멋진 창의 융합 사고죠.

무엇보다 의미 있는 것은,
그 융합 사고가 시대의 흐름에 정확히 부합한다는 점입니다.
현대카드는 이른바 빅블러*시대가 요구하는 디지털 뒤섞기synthesize를 통해
미국의 오리지널 PLCC와는 전혀 다른 '데이터 사이언스 기반 PLCC'라는
현대카드만의 독자적인 금융 생태계를 창조했습니다.

*빅블러(Big Blur) : 디지털 경제로의 전환이 가속화되면서, 기존 비즈니스 영역의 경계가
희미해지고(Blur) 산업 간 경계가 모호해지며 서로 뒤섞이는 현상

'세계 최초 데이터 사이언스 기반 PLCC'라는 명성은
앞으로의 AI 시대에 금융회사가 나아가야 할 방향성을 제시해주었고,
자연스럽게 글로벌 시장에 입소문을 일으켰습니다.
이제 현대카드의 'AI 데이터 기술력'은 유수의 글로벌 금융사들도
주목하는 새로운 경쟁력이 되었죠.

그 결과, 현대카드는 글로벌 기업 VISA와 전략적 파트너십을 맺고
〈도메인 갤럭시〉를 글로벌 데이터 협의체로 업그레이드할 수 있게 되었죠.
또한, 금융업계 최초로 일본 빅3 신용카드사인 SMCC에
독자 개발한 AI 소프트웨어를 수백억 원에 판매하는 성과를 내게 되었습니다.

사실상 '카드사'가 아닌 '테크기업'으로서의 행보가 시작된 것이죠.

물론, 현대카드의 PLCC는 당장의 실적 면에서도 성공적입니다.

**2015년 출시 이래, PLCC 누적 발급 수 700만 장 중 80%가 넘는 시장점유율 기록,
개인 회원 신용 판매 기준 시장점유율 2위 달성**

우물쭈물하며 PLCC 시장 진출을 망설이던 신용카드 경쟁사들이
현대카드의 성공을 보고 뒤늦게 시장에 들어왔지만,
이미 현대카드는 선도자 효과로 시장 리더로 자리 잡은 상태였죠.
카드 발급 매수 기준 상위 10종 중 9개를 차지할 정도로
PLCC 시장에서 현대카드의 입지는 독보적입니다.

-

지금까지 살펴본
현대카드 PLCC의 성공의 핵심 비결은 무엇일까요?

현대카드의 데이터 기술력 덕분일까요?
물론 그럴 수도 있습니다.
성공 과정에서 기술은 매우 중요한 역할을 했으니까요.
하지만 본질은 아닐 것입니다.

본질은 기술이 아니라
기획이었습니다.

선제적으로 변화를 기획했기 때문에 가능했던 일이죠.

현대카드의 새로운 브랜드 슬로건이
'아키텍트 오브 체인지Architect of Change'라고 하더군요.

다소 딱딱하고 어려운 워드이지만,

직역해보면
'변화의 설계자, 현대카드',

한마디로 의역하면
'기획자, 현대카드'입니다.

아키텍트 오브 체인지Architect of Change
다양한 변화를 통해 신용카드업을 설계해온 현대카드가 다시 변화의 설계자가 되어
새로운 영역을 만들겠다는 태도를 표현한 것.

현대카드는 자기 정체성과 지향점을 잘 알고 있는 듯합니다.
이 시대의 현대카드는 '카드사'가 아닌 '테크회사'를 지향하지만
본질적으로는 '기획회사'인 것이죠.

급변하는 시장 환경에서 숱한 고난과 난관도 있었지만
그럼에도 불구하고,
현대카드가 성공을 이어올 수 있었던 비결은

늘
변화를
기획했기 때문입니다.

먼저 고민했고 think
발칙하게 훔쳤고 steal
과감하게 뒤섞었기 synthesize 때문입니다.

전문가들에 따라 Remix, Hybrid, Combine, Connect 등으로
다양하게 지칭되는 융합 synthesis 으로서의 뒤섞기 기획은
AI로 상징되는 초디지털 시대에서 새로운 가치를 기획해야 하는
우리들에게 가슴 뛰는 창조의 영감을 전해줍니다.

아이디어는 천재들의 기발한 '발상'이 아니라
기존에 존재하는 것들을 훔치고 뒤섞는
'연상 사고'라는 것을 재확인시켜주죠.

훔치세요.
섞으세요.
백두산까지 뛰어오르세요.

아니, 우주까지 날아오르세요.

당신의 능력을 보여주세요.

제발.

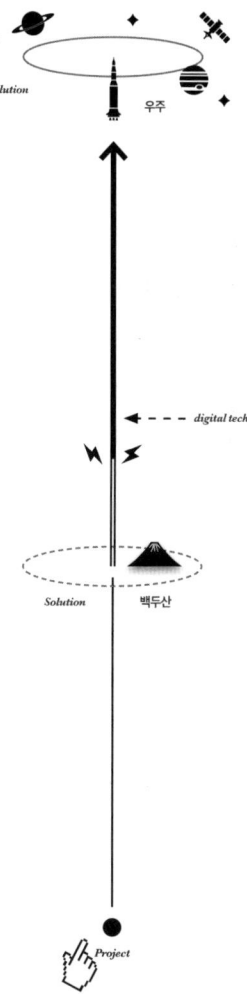

하자
창의적인 기획자들의 세 가지 연상 사고 훈련법

'훔치고 뒤섞는 연상 사고'를 잘하기 위한 방법은 무엇일까요? 핵심적인 세 가지만 말씀드립니다.

하나, 인문학을 읽자

- 간접경험의 힘

책을 읽으세요. 특히 인문학 서적이 좋습니다.
또 인문학이냐고 하실 수 있습니다.
그럴 수밖에 없는 두 가지 이유가 있습니다.

첫째, 일단 이것저것 알아야 연상을 하든, 훔치든, 뒤섞든 할 겁니다.
빈 수레에서는 아무 연상작용도 일지 않죠.
이것저것 다양하게 알려면 인문학만 한 것이 없습니다.
게다가 기획의 본질인 '인간'을 알기 위해 인문학보다 좋은 건 없지요.

둘째, 인문학은 연상 사고의 핵심인 '은유, 비유'의 집산지이기 때문입니다.
소설가와 시인이 은유를 많이 사용하듯이 대부분의 문학작품들은
기본적으로 은유, 유추, 비유에 기반하고 있습니다.
메타포적 사고력을 키울 수 있는 최상의 방법이죠.

제가 말하는 인문학은 이른바 '문사철', '데칸쇼'에 한정된 것이 아닙니다.
문사철 : 문학, 역사, 철학 / 데칸쇼 : 데카르트, 칸트, 쇼펜하우어
그림을 보고, 만화를 보고, 음악을 듣고, 영화나 뮤지컬을 보는 등
예술가들의 은유 사고를 만날 수 있는 모든 '간접경험의 접점'을 의미합니다.
개인적으로 저는 '신해철'의 음악을 들으며 삶의 의미를 생각하게 되었고,
《셜록 홈스》를 읽으며 이성과 비이성을 이해하게 되었으며
《슬램덩크》를 보며 열정이란 게 뭔지 알게 되었습니다.

제 경험상 《마케팅 불변의 법칙》 30번 읽은 기획자보다
《삼국지》를 세 번 읽은 기획자가 훨씬 기획 잘합니다.
《포지셔닝》, 《설득의 심리학》을 끼고 다니는 기획자보다
만화책 수집하는 기획자의 아이디어가 더 참신했습니다.
(오해는 마세요. "《마케팅 불변의 법칙》과 《포지셔닝》을 읽지 마세요."는 아닙니다.)

P.S.

1. '잡지'는 꼭 보세요.
 연상 사고의 치트키입니다. 훔치고 섞는 데 단기간 효과가 탁월합니다.
 잡지 자체가 다채로운 연상들을 훔쳐서 뒤섞은 영감의 미디어니까요.
 정독을 안 해도 되니 부담도 덜하죠. 단 주제와 영역은 다양하게.
 양질의 실전 기획 콘텐츠 사례들까지 접할 수 있는 건 덤입니다.

2. 책을 쓰세요.
 책을 많이 읽는 가장 좋은 방법은 책을 쓰는 겁니다.
 당신이 작가가 되는 것이죠. 책을 쓰기로 결정하세요.
 최소 100권 이상의 독서를 어쩔 수 없이(?) 하시게 될 겁니다.
 스레드, 블로그 등의 글쓰기 SNS부터 가볍게 시도해보세요.
 시작이 반입니다.

둘, 시소를 타자

- 직접경험과 관찰의 힘

네, 타는 시소 맞습니다. 웬 시소 하시겠죠.
조석 작가의 웹툰 〈마음의 소리〉를 통해 '시소의 어원'을 알게 되었습니다.

막연하게 '시소'라는 말은 순수 우리말 혹은 한자어라고 생각했었는데
조석 작가에 의하면, 사실 시소 seesaw라는 놀이기구는 오르락내리락하면서
올라갔을 때는 보이니까 'SEE', 내려가면서 봤으니까 'SAW(SEE의 과거형)',
이런 심오한(?) 원리로 만들어진 영어 합성어라고 하더군요.

믿거나 말거나겠지만, 세상 그 무엇이든 '잘 보아야 see'하는
우리 기획자들에게는 시사하는 바가 있다고 봅니다.

이른바 직접경험의 힘, 즉 '관찰'의 중요성이죠.
관찰은 '그냥' 보는 것이 아니라 '잘' 보는 것입니다.
본질적으로 잘 본다는 것은 단순히 새로운 것을 보는 것이 아니라
'익숙하게 봤던 것 saw을 새롭게 보는 것 see'을 의미하지요.

스탠퍼드 경영대의 로버트 서턴 Robert Sutton 교수는
우리가 흔히 알고 있는 '데자뷔 déjà vu'라는 것을 뒤집어
'뷔자데 vu ja de'라는 개념을 표현합니다.
'데자뷔'가 분명 낯선 것인데 마치 이전에 본 것 같은 느낌이라면,
'뷔자데'는 반대로 익숙한 것인데 낯설게 느껴지는 것을 의미합니다.

S코드의 연상 사고에서는 특히 이 '뷔자데적 관찰력'이 중요합니다.

이제, 하늘 아래 새로운 것이 없는 세상이기 때문입니다.
기존의 익숙한 것도 뒤섞으면 새로워지는 세상이기 때문입니다.

기본적으로는 많이 돌아다니며 경험하고 관찰해야 합니다.

'빵지순례'라고 하지요? 전국의 빵집을 일일이 돌아다니며 새로울 것 없는 익숙한 크림빵을 '뷔자데'의 시선으로 새롭게 해석한 기획자가 있습니다. 크림 함량이 무려 절반이 넘는 신개념 크림빵을 기획해 입소문을 만들고 100억 원 매출의 초대박을 쳤지요. 〈연세우유 생크림빵〉 열풍이라 불립니다.

낯선 곳으로 떠나 지금 이곳의 익숙한 것을 바라보는 방법도 있습니다. 외국 여행이나 해외 인사이트 트립에서 창의 기획들이 탄생하는 비결이죠. '국립박물관 굿즈'를 아시나요? '반가사유상 미니어처'를 무려 3만 개 이상 팔며 국립중앙박물관을 핫 플레이스로 만들었던 기획자가 있습니다. 그녀는 아무리 바빠도 반드시 외국의 박물관과 디자인 페어, 기념품 숍 등을 정기적으로 관찰 투어한다고 합니다. 낯선 곳에서 바라보면 익숙한 우리의 유물들이 새롭게 보인다고 말합니다. '뷔자데'의 시선으로 보면 과거의 유물도 현재의 보물이 될 수 있는 것이죠.

반드시 멀리 떠나야 하는 것은 아닙니다. '뷔자데의 관찰력'은 일상에서도 얼마든지 훈련될 수 있습니다. 가수이자 연예기획사 미스틱스토리의 윤종신 대표는 본인의 경쟁력을 서슴없이 '생활 관찰력'이라고 말합니다. 스스로를 '관찰형 MC'라고 부르는 그는, 본인이 예능에서 아무것도 안 하는 것 같지만 끊임없이 사람과 상황을 관찰하고 정보를 수집해 상황에 맞는 아이디어를 낸다고 말하죠.

광고인 박웅현 CD는 우리네 일상을 '시청'하지 말고 '견문'하라고 조언합니다. 점심에 먹은 육개장 국물에도, 바람에 날리는 비닐봉지 하나에도, 지하철 출근 풍경에도 아이디어는 들어 있다고 강조합니다. 그래서 아이디어는 딴 거 없다고 합니다. 그저 "생활을 하라."라고 조언하죠.

그런 맥락에서, S코드의 '뷔자데의 시선'을 훈련하는 슬로건을 소개해드립니다.

여행은 생활처럼,
생활은 여행처럼.

셋, 회의를 하자

- 생각의 삼투압

마지막은 회의를 하는 것입니다.
왜 회의를 해야 할까요?

언급한 대로 빅아이디어는 수많은 작은 연상들을 뒤섞어 synthesize
새로운 창조적 연상을 만들어내는 것이기 때문입니다.

창조적 아이디어는 혼자 있을 때가 아니라 여럿이 공유할 때 완성됩니다.
책(간접경험)에서, 관찰(직접경험)에서 얻은 각자의 생각의 씨앗들을
한데 모아 비비고 발아시켜 꽃을 피우는 것입니다.

따라서, 회의하는 원리는 아이디어를 만드는 원리와 같습니다.
뒤섞기 synthesize입니다.

팀원 한 사람의 경험과 지식의 양과 질은 보잘것없을 수 있지만
융합되면 실로 엄청난 것이 될 수 있습니다. 무엇도 두렵지 않습니다.
《탁월한 아이디어는 어디서 오는가》의 저자 스티븐 존슨 Steven Johnson은
'생각의 효과적인 융합'을 위해서는 자유로운 분위기에서 나누는
언쟁과 토론이 중요하다고 강조합니다.
이른바 '액체 신경망 Liquid Network'이 우리 뇌에서 제대로 활성화되어야
서로의 아이디어가 유연하게 뒤섞여 시너지를 일으킬 수 있다는 것이죠.
아직 우리나라 회의 문화는 언쟁과 토론의 문화라기보다
눈치와 권위의 문화이기에 다소 애로사항이 있는 것도 사실입니다.
그래서 회의를 이끌어가는 리더의 역할이 특히나 중요하지요.

예를 들어보죠.
〈진심이 짓는다〉 광고캠페인과 〈네이버 블로그〉 리브랜딩 프로젝트는
각자의 업계에서 손꼽는 성공한 기획 사례로 잘 알려져 있습니다.

흥미로운 점은, 두 기획의 성공의 발아점이 공통적으로
'인턴사원의 아이디어'로부터 시작되었다는 사실입니다.

"아파트 광고는 모두 가식 같아요."라는 회의 중 인턴의 말에서
'진정성'을 테마로 한 〈진심이 짓는다〉 캠페인이 시작되었고,
소비자의 아파트 선택 기준을 바꿔놓은 혁신이 만들어졌습니다.

"MZ세대에게 블로그는 기록과 일기 같아요."라는 인턴의 의견에서
몰락해가던 네이버 블로그의 제2의 전성기가 시작되는 전환점이
만들어졌습니다.

인턴사원이 남다른 생각을 했다는 점도 당연히 주목할 만하지만,
그보다 더 주목해야 할 점은 '리더의 역량'입니다.
인턴이 자유롭게 의견을 개진할 수 있는 유연한 회의 분위기를 조성하고,
선입견 없이 작은 아이디어까지도 감지하고 그것을 발전시킬 수 있었던
리더의 능력이야말로 성공의 진정한 밑바탕이었다고 할 수 있지요.

이 시대에 기획 리더들에게 요구되는 가장 중요한 역량은
팀원들의 생각들이 자연스럽고 자유롭게 뒤섞일 수 있도록
공기와 온도를 가볍고 유쾌하게 만들어주는 것, 그리고 그와 동시에
뒤섞이는 서로의 평범한 생각들 속에 숨어 있는 빛나는 통찰을
날카롭게 포착할 수 있는 안목입니다.

기획에 정해진 '정답(正答)'은 없습니다.
하지만 함께 풀어가는 '해답(解答)'은 있습니다.
답(答)은 지금, 여기, 우리 안에 있습니다.

당신의 생각에만 의지하지 마세요.
회의를 하세요.
생각을 섞으세요.
당신의 동료들을 믿으세요.

여기서 잠깐.
원천 봉쇄하여 훔치고 뒤섞는 S코드에서
한 가지 주의사항이 있습니다.

Never forget 'P'
S코드는 P코드의 함수다

여기저기서 훔치고 뒤섞는 S코드적 연상 사고를 하다 보면
그 흥미로움에 정신이 팔려 기획의 출발점이자 구심점인
P코드적 문제 규정을 깜빡 잊어버리는 우를 범할 수 있습니다.

소위 '문제정의와 해결 방안이 따로 노는 기획안'이 만들어지기 쉽죠.

설사, S코드적으로 잘 훔치고 steal 잘 섞어서 shake
모두가 감탄하는 신선한 기획 아이디어가 만들어진다 해도
그것이 P코드와 연계되지 않는다면 결국 무용지물입니다.

왜? 그런 기획은 문제를 해결하지 못하기 때문입니다.
따라서 우리는 성공 기획 사례를 살펴볼 때 더 신중해야 합니다.

이를테면,
앞서 소개한 토스TOSS의 〈B주류경제학〉 기획 사례를 볼 때,
'재무제표 + 덕후 + 취향'이라는
기발한 'S코드적 합성 기술'에만 주목할 것이 아니라,
'토스 = 숫자, 재무제표'라는
고객 인식상의 제약조건을 오히려 기획의 출발점으로 삼은
기획자의 'P코드적 사고법'에 더 집중하는 접근이 필요합니다.

역시 앞에서 살펴본 'PLCC 상품기획 사례'를 대할 때도 마찬가지입니다.
'PLCC = 챔피언스리그 + 디자인 아트 + 데이터 과학'이라는
현대카드의 창의적인 'S코드적 기술'에 지나치게 심취하지는 마십시오.
우리가 더 집중해야 하는 것은, 지난 수십 년간 뻔한 신용카드 혜택이
모든 카드를 비슷비슷하게 만들었다는 기획자의 'P코드적 문제 인식'이고,
그 문제를 해결하기 위해 기존에 없었던 새로운 파트너십 솔루션을
만들어보자는 'P코드적 과제 설정'입니다.

새로움을 위한 새로움은 아니 됩니다.
우리는 아이디어 공모전을 하는 것이 아닙니다.
현장의 실제 문제를 해결하는, 실전 기획을 하고 있는 것입니다.
기획자라면 가장 경계하고 명심해야 합니다.

절대,
S코드에 취하지 마세요. P코드를 잊지 마세요.
S코드를 볼 때도 P코드로 보세요.

S코드는 P코드의 함수입니다.

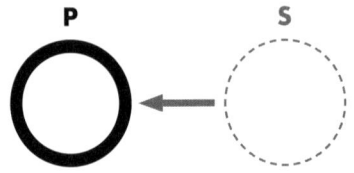

P의 송년회

연말이면 어느 조직이든 꼭 하는 게 있죠.
송년회입니다. 송년회도 기획입니다.
만약 당신이 올해 회사 송년회를 기획하신다면 어떻게 하시겠습니까?

저는 오래전 광고회사 신입사원 시절, 하늘 같은 본부장님으로부터
전사 송년회를 기획하라는 오더를 받은 적이 있습니다.
평범한 송년회가 아닌, 신입사원다운 참신한 발상으로 예산은 적게,
효과는 크게, 사회까지 보라는 매우 부담스러운 미션이었죠.
처음에는 동기들과 엽기쇼, 댄스쇼 등 화끈한(?) 송년회를 구상했었지만
시간이 갈수록 '이건 아닌데?'라는 생각이 들었습니다.

우리는 숱한 야근을 하며 신선한 송년회 아이디어를 고민하다가,
어느 날 문득, 어린 시절 즐기던 '마니또(비밀 친구) 놀이'를 떠올렸습니다.
다른 아이디어들도 많았지만, 결국 우리는 '마니또 놀이'를 훔쳐 와 steal
송년회에 적용하는 시도를 하기로 결정했습니다. 곧바로 실행에 옮겼죠.
우리는 100여 명의 전사 구성원들을 일일이 찾아다니며
추첨을 통해 임의로 각자의 '비밀 친구'를 짝지어주었습니다.
모두 한 달간 각자의 마니또를 관찰하고 관심을 가지는 것이 규칙입니다.
사장님도 예외는 없었죠. 모든 선배 직원들이 신입사원들에 의해서
강제로(?) 나만의 사무실 비밀 친구를 갖게 된 것입니다.

드디어 송년회 당일인 12월 23일,
대형 크리스마스트리를 중심으로 모든 구성원이 한자리에 모여,
차례대로 한 명씩 자신의 비밀 친구를 공개하고
그 친구에게 내 마음을 담은 편지와 선물을 전달하는 방식의
'신개념 마니또 송년회'가 열렸습니다.
나의 마니또를 공개하고 소개하는 메인 이벤트 중간중간에
시상식, 마술쇼, 댄스쇼, 퀴즈 같은 미니게임들도 뒤섞여 all shook up
행사의 재미와 완성도를 높였죠.

마니또 송년회 = 비밀 친구 공개 + 선물 교환 + 시상식 + 특별공연 + 퀴즈

다행히 마니또 송년회의 반응은 뜨거웠습니다.
내 비밀 친구를 공개하는 과정에서 묘한 재미와 긴장감이 감돌았고,
한 달간 몰래(?) 관찰하며 알게 된 내 마니또의 면면과 매력을 말하고,
그 이야기를 담은 편지와 작은 선물이 전달되는 순간에는
예상치 못한 감동과 뭉클함, 심지어 눈물까지 연출되기도 했습니다.
재미와 의미가 공존하는 신선하고 기발한 송년회였다는 평가와 함께,
단순한 행사를 넘어 모든 구성원에게 따뜻한 추억으로 남게 되었지요.
물론, 송년회 기획 오다를 내리신 본부장님도 매우 흡족해하셨습니다.
휴, 다행히 문제를 해결한 것이죠.

자, 그런데 말입니다. 한번 생각해볼 것이 있습니다.
무엇이 이 작은 성공을 가능하게 했던 걸까요?

아마도 많은 분들이 '마니또'라는 기발한 아이디어가
큰 역할을 했다고 생각하실 수 있습니다.
물론 '마니또'와 '송년회'를 합성한 'S코드적 사고'는 훌륭했습니다.
하지만 그 창의적인 생각을 가능케 한 근본은 'P코드적 사고'였죠.
즉 무엇이 '마니또'라는 컨셉을 떠올리게 했는지가 핵심입니다.

그 과정을 공유합니다.
송년회 기획 오다를 받은 순간으로 돌아가봅니다.

오다를 받자마자 기획자가 해야 할 일이 뭐라고 했지요?

네, 바로 아이디어를 생각하는 게 아니죠.
"이 기획 왜↑ 해야 하지?"라는 질문을 던지는 일입니다.
P코드-'진짜 문제를 찾는 6가지 윌리' 중 '왜↑' 파트 참조

**"왜↑ 본부장님은 우리 같은 신입사원들에게
그 중요한 전사 송년회 기획을 맡기셨을까?"**

저와 동기들은 이 질문으로 기획을 시작했습니다.

'송년회 전문 MC에게 맡겨도 되는데, 왜일까?
막내니까 만만해서? 비용 아끼려고? 사회를 잘 볼 것 같아서?'

아닌 것 같습니다. 본질적이지 않습니다.

이럴 땐 현장의 소리를 듣는 게 최고죠.
예년의 송년회는 어땠는지 선배들을 찾아가 물었습니다.
선배들은 한결같이 "썰렁했었지."라고 말하더군요.
일반적으로 광고회사의 행사 분위기는 썰렁한 편입니다.
유명 연예인이 행사를 진행해도 생각보다 호응과 참여가 저조하죠.

'아하, 본부장님이 우리 신입들에게 송년회를 맡기신 이유는
'호응과 참여'를 위해서구나. 귀여운(?) 신입사원 후배들의
고군분투와 가상한 노력으로 선배 직원들의 호응과 참여를
강제로(?) 이끌어내기를 원하신 거구나.'

그 생각은 자연스럽게 다음의 두 번째 질문으로 이어졌습니다.

"그렇다면 광고회사 송년회는 왜↓ 썰렁할까?"

우리는 그 답을 찾기 위해 치열하게 논의하고 논쟁했습니다.
그리고 다양한 의견들 중에 우리 나름의 답,
다음의 P코드를 정의했죠.

'송년회는 나와 상관없는 행사라는 생각 때문에.'

일반적으로 광고회사에는 개인주의적 성향의 사람들이 많습니다.
'우리'라는 명분의 집단주의에 본능적인 거부감이 있는 편이고요.
따라서 '나'라는 개인보다는 '우리'가 중심일 수밖에 없는
'회사 송년회' 등의 전사 행사에는 시니컬한 태도를 보이는 것이죠.
이런 논리로 선배 광고인들이 전사 송년회를 관망하는 근본 원인은
'집단 행사에 대한 개인주의 성향의 발동'이라는 결론을 내렸습니다.

이렇게 문제를 정의하니 해결의 기회가 보였습니다.
전사 송년회를 '개인 행사 같은 집단 행사'로 만들면 되는 일입니다.

생각해보면, 광고인 개개인은 개인주의적이지만
아이러니하게도, 광고업 자체는 집단주의적이지요.
광고는 결코 한 사람이 만들 수 있는 일이 아닙니다.
수많은 이들의 땀과 노력으로 만드는 집단 창작 작업입니다.
그 힘든 과정에서 일종의 전우애와 동지 의식도 강하게 공유됩니다.

즉 '개인과 개인이 동지로서 진하게 연결되고 연대할 수 있는
적절한 명분만 만들어준다면, 전사 송년회가 거부감 있는 집단 행사임에도
어느 정도 관심이 높아지지 않을까?'라는 긍정의 가설로
본부장님의 오다인 '전사 송년회 숙제'를, 이른바 '나와 깊은 관련 있는
특별한 사적(私的)관계 만들어주기 과제'로 재해석reframing할 수 있었죠.

목표 과제를 구체적으로 설정하니 그다음은 일사천리였습니다.
우리는 어렵지 않게 '사적관계를 만들 수 있는 아이디어'를 100개도 넘게
'연상'했고, 여러 대안들 중에 가장 직관적인 '마니또 게임'을 선택해서
'신개념 마니또 송년회'라는 메타포 컨셉으로 다듬었을 뿐입니다.

회사 선배들은 '마니또 송년회' 같은 아이디어를 어떻게 생각했느냐며
감탄하고 칭찬해주었지만, 사실 '마니또(S코드)'가 중요한 게 아니었죠.
'송년회는 집단주의 행사라는 선입견(P코드)'을 생각한 것이 비결이자
비밀코드였습니다.

아빠의 P

저는 대한민국의 자랑스러운 '딸바보 아빠'입니다.
언젠가 첫째 딸 다은이의 유치원 가족 체육대회에 갔을 때였습니다.
구청의 운동장에 모였는데, 어? 이건 체육대회가 아니었습니다.
타이틀이 〈후크 선장과 피터 팬〉이라고 되어 있더군요.
아빠는 후크랍니다. 선생님들이 제 얼굴에 후크 분장을 해주십니다.
얼떨결에 후크 선장 모자를 쓰고 옷을 입습니다.
아이는 피터 팬, 엄마는 웬디라네요.

유치원 선생님들이 색다르게 기획한 가족 체육대회,
〈후크 선장과 피터 팬의 즐거운 하루〉였습니다.

알고 보니, 체육대회 수주 전부터 아빠들의 사전 모임이 공지되었고
아빠들이 모여 후크 구호와 후크 댄스, 노래 등을 열심히 연습했더군요.
바쁘다는 핑계로 한 번도 참석하지 못했던 저는 깊이 반성했습니다.
어쨌든 저를 포함한 모든 후크 아빠들은 그날 하루 종일(9시부터 18시까지)
수많은 꼬마 피터 팬들과 함께 칼싸움도 하고, 해적선도 만들고,
보물도 찾고, 행진도 하고, 구호도 외치고, 춤도 추고…
힘들었지만 간만에 아이와 함께 즐겁고 행복한 시간을 보냈습니다.
체육대회가 끝날 즈음엔 지쳐서 하늘이 노랗게 보이더군요.
웬디 엄마들은 천막 그늘에서 편안하게 후크와 피터 팬을 관람할 뿐이었죠.

반응이 매우 좋았습니다(특히 엄마들의 반응이요).
모두가 좋은 기획이라며 엄지를 치켜세웠고요.
무엇보다 더없이 행복해하는 아이들의 모습은 감동적이었죠.

후크 선장과 피터 팬 = 체육대회 + 상황극 + 만들기 놀이 + 전쟁놀이 + 미션게임

플래닝코드의 S코드적 관점에서 볼 때,
이 기획은 각각의 재미 요소들이 훌륭하게 결합되어
'피터 팬 월드'라는 하나의 커다란 메타포를 만들었고,

아이들은 피터 팬이 되어 후크 아빠와 잊지 못할 추억을 체험하는
신선한 기획이었습니다.

하지만 우리가 이 사례에서도 잊지 말아야 할 것은,
역시 P코드입니다.

이 기획이 가족들에게 행복과 감동을 주었던 이유는
'후크 선장'이라는 기발한 아이디어가 아닙니다.
'좋은 아빠란 무엇일까?'에 대한 문제의식에서 비롯된
P코드적 사고입니다.

한 초등학생의 자작시가 화제였죠.

아빠는 왜?

엄마가 있어 좋다 / 나를 이뻐해주어서
냉장고가 있어 좋다 / 나에게 먹을 것을 주어서
강아지가 있어 좋다 / 나랑 놀아주어서
아빠는 왜 있는지 모르겠다

정신이 번쩍 듭니다. 문제의식을 느끼지 않을 수 없습니다.
이런 시대 문맥적 P코드를 짚었던 기획이었기에 임팩트가 컸던 겁니다.

좋은 아빠에 대한 문제의식으로
'뻔한 체육대회'를 '아빠와 함께하는 놀이'로 과제를 재정의한 reframing
기획자의 P코드적 감각이 박수를 받아야 하는 것이죠.

사실 아이디어는 후크든, 슈퍼맨이든, 배트맨이든 아무 상관 없습니다.
아빠와 아이가 함께 호흡할 수 있는 메타포라면 무엇이든 좋습니다.

아이디어 자체가 중요한 것이 아닙니다.
중요한 건 P코드입니다.

추억의 육아 예능 〈아빠! 어디 가?〉를 기억하시나요?
그 프로그램이 국민적 사랑을 받았던 이유도 다르지 않습니다.
이른바 '육아 일기+힐링캠프+여행 다큐'를
훔치고 steal 결합한 shake 이 창의 기획은 국내뿐 아니라
일본, 중국에도 포맷이 수출되는 큰 성공을 거두었죠.

하지만 성공의 본질은 역시 P코드였습니다.
이 시대 아빠들의 육아에 관한 문제의식으로 출발한
기획의도가 시청자들의 깊은 공감을 얻은 것이죠.

잊지 마세요.

기획의 제2형식, S코드에서도
잊지 말아야 할 것은 P코드입니다.

S라는 화려한 꽃 아래엔
P라는 보이지 않는 뿌리가 있습니다.

<u>S는 25,</u>
<u>P는 75입니다.</u>

이 시대가 원하는 기획자는 누구인가

탁상형 기획자 vs. 현장형 기획자

S코드 이야기의 마지막 화두로 이런 생각을 해봅니다.

'이 시대가 요구하는 기획자의 상(像)은 무엇일까?'

과거 기획자의 역할이 사실상 '기획안'까지만 책임지는 일이었다면
이젠 '기획물'까지 책임지는 기획자,
즉 '프로듀서적 기획자'가 절실히 요구되는 시대입니다.

스티브 잡스를 굳이 예로 들지 않더라도,
기획의 구상부터 결과물까지 설계하고 실행하고 조율하며 책임지는
'현장형 기획 디렉터project director'가 이 시대에 부합하는
기획자의 상이 아닐까 생각합니다.
일반적으로 '기획력'과 '실행력'은 별개의 직무 역량으로 구분되지만,
지금과 같은 무한경쟁 시대에서 양자는 결코 분리될 수 없습니다.

좋은 기획력은 좋은 실행력에서 나오고,
좋은 실행력은 현장의 경험에서 비롯됩니다.

현장을 모르는 이른바 '탁상 기획'은 이 시대에 결코 성공할 수 없습니다.
현장의 고민과 시행착오, 성취와 좌절의 땀으로 빚어진 기획안과
책상 위의 이론과 자료로 만들어진 기획안은 질적으로 다를 수밖에 없죠.

이런 면에서 귀감이 되는 '프로듀서적 기획자' 한 분을 소개하고 싶습니다.

윤종신입니다.

그는 동그란 플래닝코드의 통찰 안경이 잘 어울리는,
이 시대가 요구하는 기획자의 표상입니다.

몰스킨 먼슬리를 쓰는 기획자
궁극의 기획력은 실행력이다

다시, 윤종신입니다.

사실 기획자 윤종신의 플래닝코드적 통찰은 이미 10년 전
《기획은 2형식이다》 초판에서 소개해드린 바 있습니다.
당시 출간 서적 중 최초로 〈월간 윤종신〉의 사례를 언급했었지요.
이번 10주년 개정판에서도 이 사례를 다시금 조명하지 않을 수 없었습니다.

2010년 4월에 기획되고 시작된 〈월간 윤종신〉은 놀랍게도
15년이 지난 지금도 여전히 활발하게 진행되고 있기 때문입니다.
그동안 단 한 번도 쉬거나 중단된 적이 없었지요.
이제는 창의적이라는 평가를 넘어 경이롭다고 말할 수 있을 정도입니다.

〈월간 윤종신〉은 한마디로 '윤종신이 만든 디지털 뮤직 매거진'입니다.
하지만 단순히 '디지털 매거진'이라고 부르기엔 그 창의성의 크기가 너무 크죠.

대중음악계 현장에서 오랜 시간 경험한 숱한 성공과 실패,
도전과 좌절에서 비롯된 깊은 문제의식과 자기 성찰에서 시작해,
적확한 문제정의와 그 문제를 돌파하기 위한 과감한 자구책의 마련,
게다가 꾸준한 실행력까지 갖춘 '프로듀서적 기획'의 수작이 아닐 수 없습니다.

한마디로 말하면, P코드부터 S코드까지
플래닝코드적으로 거의 완벽한 구조를 갖춘 프로젝트입니다.
Purpose – Problem – Project – Steal&Synthesize – Solution – Story

〈월간 윤종신〉이 만들어진 과정을
플래닝코드의 월리wally로 살펴봅니다.

<월간 윤종신>의 P

2009년 어느 날 윤종신이 패스트푸드점에서 햄버거를 먹고 있는데
여고생들이 다가와 사인을 부탁했답니다.
'가수 윤종신'이라고 사인을 해주니 여고생들이 놀라며 이렇게 말했다죠.
"헐, 가수셨어요?"
"-_-"

윤종신의 문제의식은 이렇게 시작되었습니다.
뒤늦게 예능인으로서 성공을 거두긴 했지만, 한때 '음유시인'으로 불리며
대중음악계를 주름잡았던 실력파 가수가 이제 대중에게 개그맨이나
예능인으로만 인식되는 상황은 그에게 적지 않은 충격이었을 겁니다.
그렇게 그 사건은 단순한 해프닝으로 끝나지 않았습니다.
동시에 당시 수년간 계속되던 정규앨범의 흥행 실패는
가수 윤종신의 경쟁력과 정체성에 대한 진지한 고민으로 이어졌죠.

이 문제의식은 점점 윤종신, 자신을 향한
'두 개의 왜why'라는 질문으로 구체화되었습니다.

① '왜↑ 나는 음악을 하지? 앞으로 계속 음악할 수 있을까?'
음악이라는 그의 지향점을 재정립하는 큰 질문 big question이 시작된 것이죠.

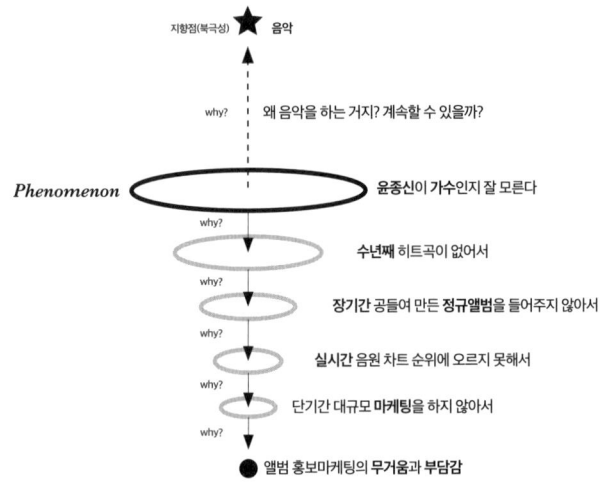

[윤종신의 P코드]

② '왜↓ 요즘 사람들은 내가 가수인 걸 모를까?'
라는 현실적인 문제도 깊이 파고들었습니다.

Q.
'왜 요즘 사람들은 내가 가수인 걸 모르지?'
A.
'모를 만도 하지. 최근 몇 년간 히트곡이 없었잖아.'
Q.
'왜 히트곡이 한 곡도 안 나오지? 정규앨범에 좋은 곡들이 10곡이나 수록됐는데?'
A.
'왜긴, 대중이 내 정규앨범 자체를 듣지 않으니까.
수년간 공들여 만든 좋은 곡들이 통째로 사장되는 게 가슴 아프네.'
Q.
'아, 내 앨범을 한 번만 들어보면 그 진가를 알아볼 텐데, 왜 안 들어주는 걸까?'
A.
'왜긴, 실시간 음원 차트에 오르지 못하니까.
요즘은 음원이 실시간 차트에 올라야 그제야 앨범을 들어주잖아.'
Q.
'내 곡은 왜 실시간 음원 차트에 못 드는 걸까? 어떻게 해야 차트 경쟁력이 생기지?'
A.
'돈이지. 실시간 차트에 오르려면 엄청난 홍보마케팅을 쏟아부어야 하니까.'
Q.
'그럼 무리를 해서라도 홍보마케팅에 크게 투자해볼까?'
A.
'리스크가 너무 커… 투자해도 성공 보장이 있는 것도 아니고
수년간 준비한 앨범에 단 며칠의 막대한 마케팅 비용을 쓴다는 게 너무 부담스럽네.'

꼬리에 꼬리를 문 치열한 궁리 끝에
윤종신이 도달한 문제의 본질은 다음과 같았습니다.

'앨범 홍보마케팅의 무거움과 부담감'
그가 정의한 'P코드'이자, 기획자로서의 '관점'이었습니다.

2010년 당시 국내 대중음악 시장은 급변하고 있었습니다.
디지털 기술은 '음악'이라는 무게 있는 작품을
'음원'이라는 가벼운 파일 형태로 변형시켰고,
대중에게 패스트푸드처럼 빠르게 도달하고 소비되고 잊히는
새로운 경쟁 방식의 '싱글 음원 시장'을 출범시켰습니다.
이 과정에서 소속사들은 '실시간 음원 차트'에 오르기 위해
전쟁 같은 마케팅 경쟁을 벌여야 했습니다.

가수의 앨범 발매 시기가 결정되면 곧바로 그 마케팅 전쟁이 시작됩니다.
매일 보도자료를 쏟아내고, 각종 티저 영상을 제작해서 배포하고
인터뷰, 쇼케이스, 기자간담회 등 다양한 행사를 통해 미디어와 만납니다.
포털에 '연습실 습격기'나 '앨범 제작기' 같은 콘텐츠를 제작 게재하고,
아티스트를 지상파 예능 프로그램 등에 집중적으로 출연시키죠.
그리고 드디어 대망의 앨범 발매일,
앨범의 성패는 음원이 공개된 후 불과 한 시간 내에 판가름 납니다.
수년간의 노력과 투자가 단 한 시간 안에 결판나는
말 그대로 죽음의 경쟁 시스템인 것이지요.

당시 윤종신은 여전히 기존의 정규앨범 시스템을 유지하고 있었습니다.
2~3년에 한 번 10곡 정도를 발표하는 기존의 정규앨범 방식은
디지털로 바뀐 새로운 시장경쟁의 룰과 맞지 않았습니다.
그의 음악적 수준과 완성도는 여전히 훌륭했지만
변해버린 대중과 팬들의 음악 소비 주기와는 엇갈릴 수밖에 없었죠.
발표하는 앨범마다 성공하지 못했고, 기존 열성팬들마저 점점 떠나갔습니다.
이런 방식으로는 더 이상 음악을 지속하는 것이 사실상 불가능해 보였죠.

무엇보다, 변화한 시장 환경에서 기존의 앨범 방식을 고수한다는 것은
재정적 리스크와 부담이 너무 컸습니다.
음악 작업에 적지 않은 시간과 에너지가 소모되는 것은 물론이고,
이젠 그에 따른 막대한 홍보마케팅 비용까지 감당해야 했으니까요.
설사 몇 곡이 히트하더라도 나머지 곡들은 쉽게 잊히기 마련이었죠.

즉 수년간의 노력이 단 한 장의 앨범으로 성패가 결정되는 방식은
그야말로 소모적일 수밖에 없었습니다.

"보통 몇 년 만에 내는 방식의 소모성과,
노래를 만들 당시와 발표할 당시의 시기 차이에서 오는
감정적 괴리를 경험했어요."

깊은 문제의식 속에서 윤종신은 스스로에게 이런 질문을 던집니다.

'그렇다면 지금의 무거운 방식을 다 내려놓으면 어떨까?
시간과 에너지, 마케팅 등 과한 투자 없이
내가 평소 느끼는 감정 그대로 만든 음악 작업 결과물을
부담 없이 가볍게 발표하는 형식으로 팬들과 소통하면 어떨까?'

이 질문을 통해 그는
'음악 발표의 마케팅 경량화 프로젝트'를 구상하게 됩니다.
문제를 명확하게 정의하고, 해결 과제를 분명하게 설정했습니다.

이미 기획의 75%가 끝났습니다.
'Problem mind - Problem definition - Purpose - Project'까지
P코드의 핵심 화두들이 일관된 흐름으로 유기적으로 설계됨.

<월간 윤종신>의 S

이제 윤종신에게는 '음악 발표의 마케팅 경량화 프로젝트'를
구현시킬(백두산까지 뛰어오를) 25%의 S코드의 아이디어가 필요했습니다.

방향성이 명확해지니 아이디어가 선명해집니다.

대량의 보도자료와 쇼케이스, 기자간담회, 인터뷰,
광고 콘텐츠 제작 및 온오프라인 매체 광고 등
무거운 유료 마케팅 매뉴얼을 모두 내려놓았습니다.

대신, 그는 음악을 무료로 공개하기로 합니다.

기존의 비싼 유료 매체가 아닌 본인의 SNS에서 음악을 발표합니다.
'한 개의 디지털 음원 파일과 한 개의 뮤직비디오' 형식입니다.
홍보와 마케팅 역시 비용이 들지 않는 트위터, 페이스북, 유튜브 등의
디지털매체를 활용해 팬들과 실시간 소통하며 피드백을 반영하는
리얼타임 제작 패턴을 구축했지요.

"가볍게 만들어, 자주 발표하자!"
윤종신만의 '가벼운 음악 발표 시스템'을 개발한 것입니다.

음악을 부담 없이 가볍게, 자주 발표하기 위해 본인의 SNS 매체를 활용했다. 윤종신만의 뮤직 아카이빙 플랫폼이 되었다.

당시 이미 많은 가수들이 디지털 싱글 음원 발표를 시도하고 있었고,
정규앨범 방식을 고집하던 기성 가수들 역시

'이제 싱글로 가야 하나?'를 고민하던 시기였습니다.

윤종신은 그 선택의 고민에서
세상에 없던 '정기적으로 발표하는 싱글앨범 방식'을 고안해냅니다.

'정기적인 싱글앨범'.
다소 낯설기도strange 하고, 동시에 공감도 가는sympathy 이유는
새로운 '싱글 음원 방식'과 기존의 '정규앨범 방식'을
융합한synthesize 포맷이기 때문입니다.

'정규냐, 싱글이냐'의 고민을
'싱글을 정기적으로 발표한다'라는 답으로 절묘하게 결합시킨 것이죠.

정규앨범 + 싱글 음원 = 정기적으로 싱글앨범 발표

오랜 시간 대중음악계에서 산전수전의 현장 경험을 쌓아온 윤종신은
기존의 '정규앨범 방식'의 미덕과 장점도 잘 이해하고 있었기에
새로운 '싱글 음원 방식'과의 결합을 성공시킬 수 있었던 것입니다.
이른바 '정-반-합'의 시너지를 만들어낸 것이지요.
뛰어난 훔치기steal와 뒤섞기shake의 사례가 아닐 수 없습니다.

그다음엔 자연스럽게
'정기적인 발표 주기term'를 정해야 하겠지요.
즉 '음악을 얼마나 정기적으로 발표해야 하는가?'의 문제입니다.

일주일에 한 번? 주기가 너무 짧으면 부담스럽고,
6개월에 한 번? 너무 길면 기획의도가 흐려집니다.

기획자 윤종신은 또 훔쳤습니다steal.
어디서?

자신의 '몰스킨 먼슬리Moleskine Monthly 다이어리'에서 훔쳤다고 자백(?)했습니다.

적당한 발표 주기를 궁리하던 그는 어느 날 문득,
늘 들고 다니던 몰스킨 먼슬리를 보고saw
'그래, 먼슬리Monthly, 한 달이 딱 좋겠다.'라고 생각했다고 합니다.

"정기적으로 한 달에 한 곡씩 발표하는 시스템."이라는
세상에 없던 앨범 발표 시스템 아이디어가 탄생했습니다.
아이디어가 '유레카!' 하고 불현듯 생각난 게 아니죠.
오랫동안 이 문제에 몰입하고 있었기에 가능했던 일입니다.

정례화 주기를 '한 달'로 정하고 나니 그다음부터는 술술 풀립니다.
자연스럽게 '한 달? → 월간? → 잡지!'를 연상하게 되었고(발상이 아닌 연상)
'월간 잡지'의 형식을 마구 훔쳐 올 수steal 있었습니다.

자연스럽게 윤종신은 '월간지 편집장monthly magazine editor'이 되고
그의 SNS 팔로워들은 '월간지 구독자'가 되었습니다.

'잡지'란 말 그대로 잡다하게 일정한 형식이 없죠.
가십부터 칼럼, 뉴스, 생활 정보, 에세이, 그림, 광고 등 어떤 것도
편집장의 재량으로 자유롭게 설계하고, 표현하고, 담을 수 있습니다.
'편집장 윤종신'은 잡지 본연의 형식에 자신의 취향을 듬뿍 담아
싱글 음원, 뮤직비디오는 기본, 커버 아티스트, 곡의 의도, 제작 비하인드,
피처링 가수 인터뷰, 심지어 광고 등 다양한 콘텐츠를 요리합니다.

세계 최초의 '디지털 음악 월간지'가 창조된 것입니다.

<월간 윤종신> = 이달의 싱글 음원 + 곡의 기획의도 + 뮤직비디오 + 피처링 뮤지션 소개 + 커버 이미지 + 제작 비하인드 스토리 + 소속사 가수 광고

싱글 음원 방식에서도 정규앨범의 미덕인 '앨범 재킷 아트 요소'를 적극적으로 차용했다.

가벼운 '월간 싱글 시스템'에서는
기존의 '무거운 정규앨범 시스템'에서 할 수 없는
갖가지 새로운 음악적 시도가 가능해집니다.

다양한 뮤지션들과의 콜라보와 피처링featuring을 통해
매달 자신의 음악을 다양한 색채로 마음껏 연출할 수 있게 된 것이죠.
예컨대 이번 달에는 '여성 보컬 피처링'으로 기획해본다든가,
다음 달에는 '아이돌가수 피처링', 그다음 달에는 '인디밴드 콜라보',
어떤 달에는 리메이크 음악을 발표해볼 수도 있겠지요.
또 어떤 달은 국내에서는 생소한 B급 음악도 실험해볼 수 있지요.

영화, 소설, 게임, 제품 등 이종 콘텐츠를 닥치는 대로 섞었다. 실패해도 '월간' 포맷이라 부담이 적다.

또는 영화나 소설, 게임 등의 콘텐츠에 자신의 음악을 섞어shake본다든지,
상업 브랜드들과 마케팅 콜라보한 음악을 발표해볼 수도 있겠지요.
혹 반응이 좋지 않아도 부담이 크지 않습니다.
시치미 뚝 떼고 바로 다음 달 다른 음악을 쓱 발표하면 되니까요.

〈월간 윤종신〉의 기획 사고의 과정을 그림으로 정리해봅니다.

잊지 않으셨죠?
생각은 입체입니다.

위에서 보면,

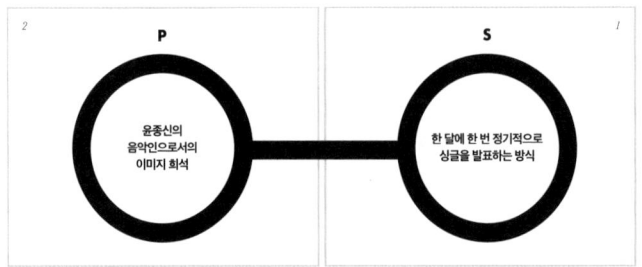

| 생각의 단면 |
생각의 1사분면과 2사분면이 보입니다.
문제의식과 해결 방안의 결과가 표면에 드러난 도식입니다.

옆에서 보면,

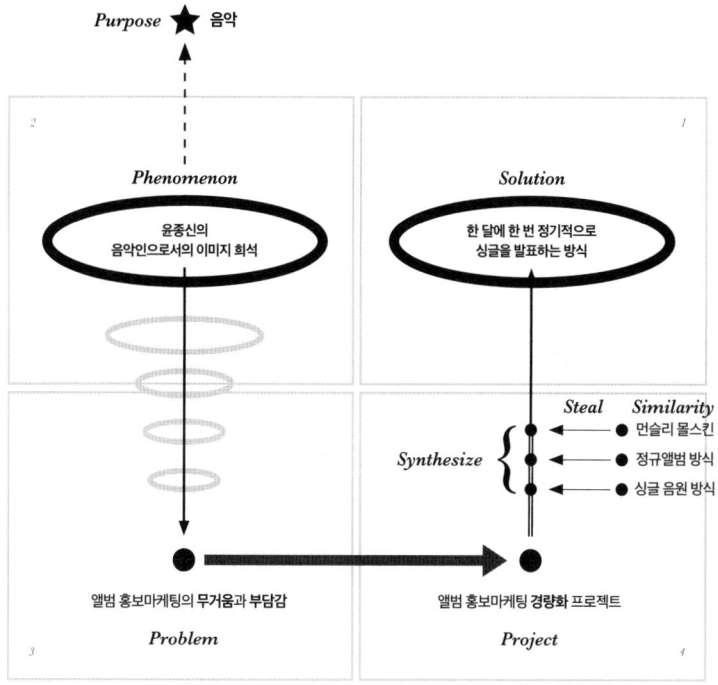

| 생각의 이면 |

결과의 표면 아래, 'P → S' 기획 사고 과정의 메커니즘이 보입니다.
기획자는 생각의 3사분면과 4사분면에 더 주목해야 합니다.

<월간 윤종신>의 시사점

<월간 윤종신>은 급변하는 디지털 환경에서 기존의 콘텐츠가
어떻게 진화해나가야 하는지를 보여주는 모범 사례입니다.

이 기획으로 괄목한 수익적 성과를 만들어낸 건 아니지만
그건 애초에 이 기획의 목표가 아니었죠.
유일한 목표는 그저 윤종신이 계속 음악을 할 수 있게 하는 것이었습니다.
목표를 달성했지요. 그래서 성공한 기획입니다.
윤종신이 그 목표 외 성과를 다 '덤present'이라고 말하는 이유입니다.
하지만 모든 것을 덤이라고 하기엔 대단한 사건들이 많습니다.

2017년 9월 1일, 대단한 사건 중 하나가 일어났습니다.
윤종신이 데뷔 27년 만에 처음으로 지상파 음악방송 1위에 오른 것입니다.

<텅빈 거리에서>, <오래전 그날>, <부디>, <환생>, <팥빙수> 등
숱한 그의 히트곡들도 이루지 못한 지상파 1위의 성과였습니다.'
그의 2017년 신곡 <좋니>는 발표 두 달이 지난 후, 팬들의 뒤늦은 사랑으로
이른바 '역주행'이란 걸 하게 되었고, 입소문을 통해 확산되기 시작했습니다.
5개 음원 사이트의 실시간 차트 1위를 차지하며 분위기가 심상치 않더니,
급기야 KBS <뮤직뱅크>에서 인기 절정의 아이돌그룹을 제치고
지상파 음악방송 1위 트로피를 거머쥐게 됩니다.
윤종신은 감격하며 팬들에게 감사의 마음을 전하면서도,
'<월간 윤종신>을 꾸준히 하다 보니 덤으로 생긴 선물'이라는
진솔하면서도 겸손한 소감을 밝혔지요.

데뷔 27년 만의 첫 지상파 1위 곡 <좋니>, 답가 <좋아>의 센스.

그러나 우리가 주목해야 할 점은 따로 있습니다.

지상파 1위 곡 〈좋니〉의 총 제작비가 790여만 원에 불과했다는 것,
뮤직비디오 제작, 마케팅, 홍보 비용이 거의 0원이었다는 점은
〈월간 윤종신〉이 창조한 하나의 '혁신'이라고 할 수 있습니다.

무엇보다 〈월간 윤종신〉은 이제 단순히 가수 윤종신의 개인적 성과를 넘어,
다양한 영역의 기획자들에게 창조적 영감을 주고 있습니다.
〈월간 윤종신〉을 모방한 '월간 ○○○', '주간/일간 ○○○' 등의
벤치마킹과 패러디 열풍을 익히 잘 아실 겁니다.
그의 기획은 하나의 문화적 현상이 되었다고 해도 과언이 아니지요.
급변하는 시대에서 어떻게든 성공을 기획해야 하는 사람들에게
실질적인 영감을 제공한 사례로 평가받고 있습니다.

이 정도면 단순히 성공한 기획을 넘어,
좋은 기획이라고 말할 수 있지 않을까요?

—

윤종신은 그럴듯한 기획안을 구상하는 데서 멈추지 않고,
기획의 전 과정을 책임지고 실행하는 프로듀서적 기획자의 표상입니다.

우리가 윤종신에게서 배워야 할 본질은,
단순히 '월간 잡지'라는 포맷 아이디어나 '이종 업종 간의 힙한 콜라보',
'디지털 트렌드에 맞는 홍보 전략' 같은 소위 S코드적 요소들이 아니지요.
'윤종신이라는 기성 뮤지션이 어떻게 계속해서 음악을 할 수 있을까?'라는
문제의식에서 비롯된 깊은 사고와 그것을 실천으로 옮기는 끈기입니다.

결국, P코드입니다.

"돌파구였어요. 정규앨범 방식으로 해낼 자신감이 없었거든요.
앨범을 아무리 잘 만든다 해도 세일즈로 이어진다는 보장도 없고…
그래서 그냥 한번 해보자. 음악을 거대한 이벤트가 아닌
생활의 일부로 삼아보자 하고 시작한 거죠.
숙제task처럼 느껴지면 그만해야죠."

윤종신은 우리에게 기획력은
'능력'이 아닌 '태도'임을 다시 한번 상기시킵니다.

기획자 윤종신은 여전히 〈월간 윤종신〉을 통해
자신만의 음악을 선보이며 스스로의 가치를 증명하고 있습니다.
대중들은 뮤지션으로서의 그의 가치를 납득하고 즐길 수 있게 되었죠.

이젠, 15년 전의 그 햄버거 가게 여고생도
윤종신을 '멋진 가수, 진정한 뮤지션'으로 바라볼 것입니다.

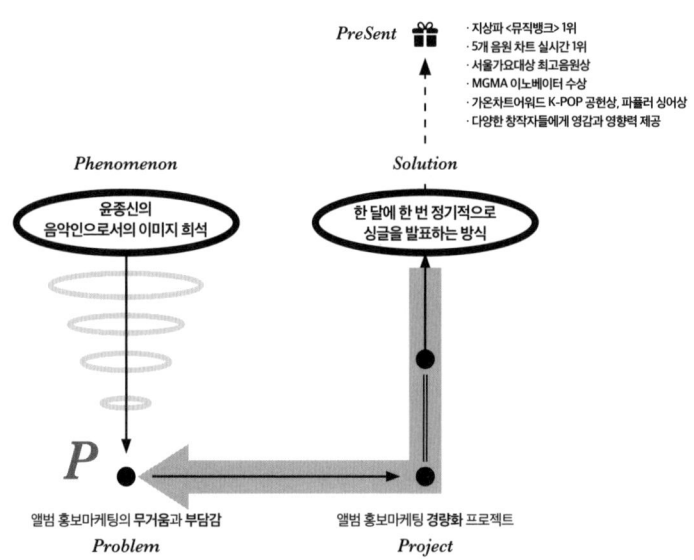

[창의적인 S코드의 뿌리는 결국, P코드]

기획은 그런 겁니다.

문제를 인식하는 것.
문제를 해결하기로 결심하는 것.

묵묵하게, 꾸준하게
실행해가는 것.

실패에서 배우고 다시 시도해보는 것.
나답게 새로운 가치를 창조하는 것.

그래서
기획자도, 상대도, 세상도
모두 행복해지는 것.

우리도
윤종신처럼
할 수 있습니다.

Art

S코딩의 기술, 당신의

of S

기획을 예술로 만들다.

So

Strange &

Sim

발상하지 마세요.
닮지 않은 곳에서

lution

기획의 솔루션 아이디어는 대단한 것이 아닙니다. 쫄지 마세요.

Sympathy

살짝 낯설고 깊이 공감되는 생각일 뿐입니다.

ilarity

P코드를 연상하세요. 연상은 이미 당신이 익숙하고 잘하는 것이죠.
닮은 구석을 찾아보는 거예요.

Steal

Shake

Synth

AI와 디지털 기술로 더
덕분에 당신의 상상력은

Solution,

마지막으로, 당신의 아이디어가
기획의 사전에 '아이디어'란

쉽게 말해 훔치는 거죠.
'되도록 멀리서', '되도록 보이지 않는 것들을', '되도록 많이' 훔치세요.

그리고 훔친 티 안 나게 흔드세요. 뒤섞으세요.
시침 떼고, 당신만의 한마디로 아이디어를 정의해보세요.

esize

과감하게 섞어보세요. 당신만의 멋진 생각을 플레이하세요.
거칠 것이 없어졌습니다.

again

P코드를 해결해주는 솔루션이 되는지 재점검해보세요.
없답니다. '솔루션 아이디어'만이 존재할 뿐이죠.

Map of S

이제 당신은 창의적인 해결책을 만들 수 있습니다.

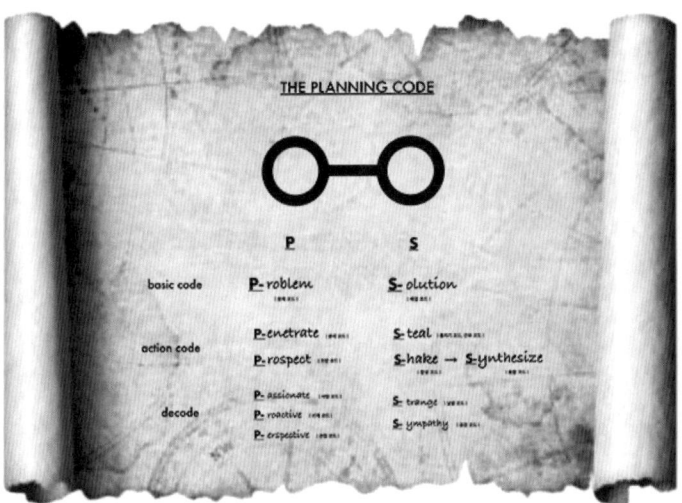

code

P—S

P—S 통합 코드 이야기

이성은 결론을 낳지만 감정은 행동을 낳는다.
Emotion leads to action while reason leads to conclusions.

도널드 칸 Donald Calne

끝의 시작

두 번째 기획의 시작, 설득코드의 설계

P코드와 S코드를 세팅하셨다면 이제 기획은 끝이 났습니다.
그리고 새로운 기획이 시작됩니다.
당신의 구상을 기획서로 구성해서 '의사결정자'를 설득하는 것이지요.
설득은 'GO 사인'을 받아내는 것입니다.
기획안은 말 그대로 안(案)일 뿐입니다. 실행되지 못하면 아무것도 아닙니다.
많은 분들이 기획안의 설득에 어려움을 토로하십니다.

하지만 걱정하실 필요 없습니다.

당신에게는 플래닝코드가 있습니다.
이미 세팅하신 P코드와 S코드를 서로 잘 연결만 해주면 됩니다.

P ——— S

그래서
ProposaI기획서 작성이고
PreSentation발표이며
PerSuade설득입니다.

플래닝코드로 기획서 씁니다.
프레젠테이션합니다.
설득합니다.

나 혼자

설득은 내가 하고 싶은 말이 아닌 상대가 듣고 싶은 말

축하합니다.
인간에서 시작해서 인간으로 끝나는
인간적인 아날로그 작업인 기획의 마지막 스테이지,
'설득의 방'에 입장하셨습니다.

제가 몸담았던 광고계에 이런 말이 있습니다.
"전략에 실패한 기획자는 살아남아도
설득에 실패한 기획자는 살아남지 못한다."
기획자라면 수단과 방법을 가리지 말고 팔아야 합니다.
그래서 기획자는 기획서를 쓰고 프레젠테이션을 합니다.

아시다시피 사람을 설득하는 건 결코 쉬운 일이 아니죠.
설득코드를 본격적으로 시작하기 전에 대전제를 말씀드립니다.
제가 십수 년 동안 현장에서 깨지면서 배운 교훈입니다.

"좋은 프레젠테이션은 좋은 콘텐츠에서 나온다."

나쁜 콘텐츠에서는 절대 좋은 프레젠테이션이 나올 수 없습니다.
좋은 프레젠테이션을 하는 첫 단계는 좋은 콘텐츠를 만드는 일입니다.
만약 지금 당신의 콘텐츠가 별로라는 생각이 드신다면
기획서, 프레젠테이션 고민하실 때가 아닙니다.
다시 돌아가 콘텐츠부터 손보십시오. 그게 정신 건강에 좋습니다.

지금부터 우리가 나눌 설득에 관한 이야기는
콘텐츠는 좋은데 설득이 잘 안되는 경우만 해당됨을 말씀드립니다.

훌륭한 기획안이 설득이 되지 않아
비명횡사하는 것은 회사와 국가의 막대한 손실입니다.

자, 이제 당신은 좋은 기획 콘텐츠를 가지고 있습니다.
좋은 콘텐츠와 빈틈없는 백업 자료, 깔끔한 발표 자료로
당신은 멋지게 프레젠테이션을 했습니다.

그런데 혹시
프레젠테이션이 끝난 후 이런 공기를 느끼신 적 있나요?

정적과 고독. 프레젠터만의 공허한 외침.

나 혼자 주장하고, 나 혼자 논증하고, 나 혼자 감동하는 느낌.
사실 우리 주변에서 흔히 목격할 수 있는 사건(?)입니다.
PT 후 최악의 코멘트는 "저건 안 돼."가 아니고 "쟤 뭐래니?"입니다.
최악의 반응은 격렬한 반대가 아니라 격렬한 무반응입니다.

왜 이런 일이 발생할까요?
불편한 진실을 말씀드리겠습니다.

당신은 하고 싶은 말이 너무 많다.
그리고
당신이 하고 싶은 말만 한다.

많은 분들이 오해하시는데
의외로 우리의 상사들은 당신이 얼마나 많이 아는지
당신이 얼마나 오래 공부하고 고민했는지
당신이 얼마나 말을 잘하는지 당신이 얼마나 고생했는지
눈곱만큼의 관심도 없습니다.

하지만 당신은 상사가 꼭 알아주었으면 하지요.
당신이 얼마나 많이 아는지, 얼마나 고생했는지, 얼마나 말을 잘하는지
당신을 어필하려는 마음으로 기획서를 쓰고 프레젠테이션합니다.
말은 청산유수지만 그 말은 혼자 달리는 말입니다.
프레젠테이션이 아니라 자기 자랑입니다.

기획서는, 그리고 프레젠테이션은
내가 하고 싶은 말을 하는 것이 아니라
상대방이 듣고 싶은 말을 하는 것입니다.

심플하게
핵심만.
논리와 감정의 조화로 말이지요.

답은
〈플래닝코드〉입니다.

사실 사장님이 당신에게 듣고 싶어 하는 말은
명확합니다. 심플합니다.

문제가 뭐고
해결책이 뭐야?

단
2형식입니다.

쓴다가 아닌 그린다
기획서는 상대의 머릿속에 영상을 떠올리게 하는 것

음악가들은 '작곡한다'라는 것을 '곡을 쓴다'라고 말하곤 합니다.

사실 '쓴다'보다 '그린다'가 더 맞는 표현입니다.
훌륭한 음악은 소리를 남기지 않고 이미지를 남기기 때문입니다.

'곡을 그린다.'

음악가는 의도된 음의 조합으로써
우리 마음속에 강렬한 영상으로 여운을 그립니다.

기획서도 마찬가지입니다.
'쓴다'보다 '그린다'가 더 적확한 표현입니다.
프레젠테이션 후에 "쟤 뭐래니?"라는 반응은
상사의 머릿속에 당신 콘텐츠의 그림이 그려지지 않았기 때문입니다.

'기획서를 그린다.'

앞서 언급했듯이 기획의 '획(劃)'은 그릴 '화(畵)'를 포함합니다.
기획은 곧 오디언스의 머릿속에 '기회의 그림을 그리는 일'입니다.

"훌륭한 기획서는 상대방이 핵심이 되는 한 줄을 보았을 때
머릿속에 영상이 떠오르는 것이다.
상대방의 머릿속에 같은 영상을 비춰줄 수 있다면
기획은 결실을 맺을 수 있다."

《기획서는 한 줄》에 나오는
터그보트 대표 오카 야스미치(岡康道)의 말입니다.

내가 본 기회의 그림을 오디언스도 똑같이 보게 한다면 게임 끝입니다.
그것이 곧 설득이고 소통입니다. 설득을 넘어 매료됩니다.
우리는 음악을 들으며 설득당하지 않습니다. 매료당하지요.
훌륭한 기획은 예술과 같습니다.
설득하지 않습니다. 매료시킵니다.

복잡하면, 장황하면 그려지지 않습니다.

"알았으니까 핵심만 짧게 말해."

오디언스의 직급이 높을수록 복잡한 것을 더 싫어합니다.
바쁘시기 때문입니다.

기획의 핵심, 〈플래닝코드〉로 그려주세요.

오디언스의 머릿속에 심플하게
P-S를 연결해주세요.

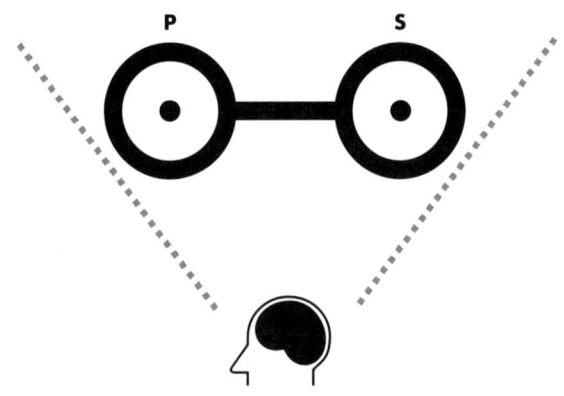

P
'왜 이것이 진짜 문제지?'를 그려주기

S
'왜 이것이 최적의 해결책이지?'를 그려주기

P──S
이 두 코드를 흥미롭게 이어주기
끝.

기획서를 작성할 때
'쓴다'라고 생각하는 것과 '그린다'라고 생각하는 건
생각보다 큰 차이가 있습니다.

기획서를 '쓰는' 건
상사의 숙제를 수행하고 컨펌받는 수동적 느낌이라면

기획서를 '그리는' 건
능동적으로 해결의 기회를 모색해나가는 느낌입니다.

전자는
통상적인 논리와 딱딱한 구성의 기획서가 될 것만 같고
후자는
흥미로운 이야기로 전개되는 기획서가 될 것만 같습니다.

오디언스는 어디에 설득되고 매료될까요?

프러포즈 코드

상대의 마음을 움직이는 것은 What이나 How가 아닌 'Why'

영화 〈러브 액츄얼리 Love Actually〉의 '스케치북 프러포즈'를 기억하시나요?

'내가 꿈꾸는 영화 속 프러포즈' 설문조사에서
늘 1등을 놓치지 않는 전 세계 여성들의 로망이 된 그 프러포즈입니다.

프러포즈 propose는 프레젠테이션 presentation입니다.

영화 속 남자는 '스케치북'에 기획서를 '그렸습니다'.
그리고 여자에게 그 기획서를 들고, 이렇게 프레젠테이션합니다.

With any luck by next year
I'll be going out with one of these girls.
내년에 행운이 따른다면 난 이 여자들 중 한 명과 데이트할 거야. (섹시한 배우들 사진- joke)

But for now, let me say without hope or agenda.
Just because it's Christmas. (And at Christmas you tell the truth.)
하지만 지금은, 어떤 희망이나 조건 없이 그냥 말할게.
크리스마스니까. (크리스마스에는 진실만을 말한다잖아.)

To me, you are perfect.
And my wasted heart will love you until you look like this.
내겐 넌 완벽해. 그리고 너한테는 이런 내 감정이 소용없겠지만
난 앞으로도 널 사랑할 거야. 네가 이렇게 될 때까지. (팍삭 늙은 할머니 그림 - joke)

Merry Christmas.
메리 크리스마스.

다시 봐도 감동의 도가니탕입니다.
질문 하나 드려볼까요?

이 프러포즈가 영화 속 여자뿐 아니라 영화를 보는 여자들까지
매료시켜버린 비결이 무엇이었을까요?

강의에서 이 질문을 던지면, 여성분들이 대체로 이렇게 대답합니다.

'스케치북'을 이용한 로맨틱함.
어색하지 않게 치는 적당한 유머와 위트.
"To me, you are perfect."라는 전율 돋는 고백 멘트.
등등

모두 맞습니다. 하지만 감동의 결정적 사유는 따로 있습니다.
그 비결은 바로 이것입니다.

"Just because it's Christmas."

크리스마스니까.
크리스마스는 진실을 말하는 날이고, 마음을 고백하는 날이니까.
'사랑 고백의 동기와 명분'입니다.

이 프러포즈가 여자들에게 감동을 준 비결은
단순히 '사랑 고백' 때문이 아니라
'크리스마스니까why' 비로소 고백할 수 있는
남자의 슬프고 애절한 진심 때문이었던 것이죠.

'사랑한다'라는 'What'보다, '스케치북'이라는 'How'보다
더 중요한 것은 'Why'입니다.
'오늘은 크리스마스니까 진심을 전할 수 있다'라는
'Why'가 본질적인 힘이었던 것입니다.

그렇다면 이 프러포즈는 성공한 프레젠테이션이었을까요?

프러포즈가 끝난 후
여자는 남자에게 가벼운 키스를 하고 홀연히 떠납니다.
그리고 홀로 남겨진 남자는 자신에게 이렇게 말하죠.
"Enough.", 번역하면 "목표 달성했어."입니다.

영화 속 여자는 유부녀였습니다. 남자는 금기된 짝사랑을 하고 있었죠.
남자의 프러포즈 목표는 여자가 가정을 깨고
그의 사랑을 받아주는 게 아니었습니다.
그저 그녀가 자신의 마음을 알아주었으면 하는 소박한 바람이었지요.
'크리스마스'라는 'Why'가 그의 목표를 달성하게 만든 것입니다.

"Why?"

이것이 우리들이 간과하고 있는 설득의 핵심코드입니다.
이것도 제가 십여 년간 현장에서 처절하게 깨지면서 배운 교훈입니다.

Why — What — How

기획자는 기획안에서 What과 How를 가장 중요하게 생각하지만
오디언스가 더 중요하게 여기는 건 What이 아니라 'Why'입니다.
특히 최종 의사결정자인 사장님들은
'Why'를 최우선으로 생각하는 특별한 오디언스입니다.

"그 기획안을 내가 왜why 승인해야 하지?"
(내가 납득할 수 있게 'Why'를 말해줘.)

극단적으로 사장님에게 What의 설득은 실패하더라도
Why가 성공하면 그 기획안은 일단 살아남을 수 있습니다.
하지만 그 반대의 경우는 여지없이 휴지통으로 갑니다.

그런데
'기획의 Why!' 어디서 많이 듣던 이야기 아닌가요?

'Why'는 P코드의 핵심이고
'What/How'는 S코드의 화두지요.

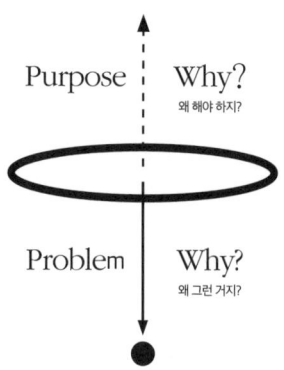

P코드는 '왜Why'라고 했습니다.
Purpose(왜 이거 해야 하지?)와 **Problem**(왜 이게 문제지?).
— *2 great Whys* —

그러니 걱정 마세요.
당신은 이 책의 110페이지부터 저와 함께
'왜Why'에 대해 치열하게 고민해왔습니다.

《나는 왜 이 일을 하는가 Start with Why》의 저자,
사이먼 사이넥Simon Sinek은 이른바 '왜Why'로 유명해진 사람입니다.
동그라미 하나로 Why의 힘을 통찰력 있게 보여주었지요.
'골든 서클Golden Circle'이라고 명명한 그의 동그라미는
Why로 움직이는 우리 뇌의 작용 기제를 쉽게 설명해줍니다.
흥미롭게도, 골든 서클의 'Why'와 플래닝코드의 'P코드'는
서로 많이 닮았습니다.

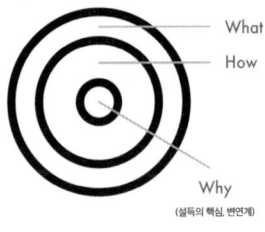
Golden Circle

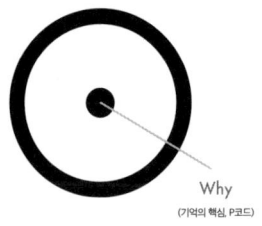
Planning Code

사이넥에 따르면
골든 서클에서 'What'에 해당하는 부분은
뇌의 바깥쪽, 즉 이성과 논리를 담당하는 신피질에 해당합니다.
반면 'How'와 'Why'는 뇌의 중심부인 변연계와 연결되며,
이는 인간의 감정과 감성을 담당하는 영역입니다.

그는 인간을 설득하는 핵심은 뇌의 중심에 있는 변연계,
즉 '감정적인 Why'에 있다고 강조합니다.
따라서 메시지를 전달할 때는 'Why'에서
출발해야 한다고 주장합니다.

그런데
대부분의 사람들은 'What → How → Why' 순으로
메시지를 전달한다고 합니다.

하지만
설득의 달인들(마틴 루서 킹Martin Luther King이나 애플 등)은
'Why → How → What'의 순으로 메시지를 전달한다고 하죠.

사이넥은 애플과 일반 컴퓨터회사의 예를 듭니다.
대부분의 컴퓨터회사들은 소비자에게 다음과 같이 프러포즈합니다.

What → How → (Why)

"우리는 훌륭한 컴퓨터를 만들었습니다(What). 디자인이 유려하고 사용이 편리하며 사용자 친화적입니다(How). 한 대 사실래요?"

반면, 애플은 이렇게 프러포즈하지요.

Why → How → What

"우리가 하는 모든 일은 현실에 도전하기 위함입니다(Why). 그리고 우리는 다르게 생각하기의 가치를 믿습니다(Why). 그것을 위해 우리는 모든 제품을 유려한 디자인, 편리한 사용법, 사용자 친화적으로 만들죠(How). 그래서 이 훌륭한 컴퓨터가 탄생했습니다(What). 한 대 사실래요?"

―

스카우트도 프러포즈죠.

"계속 설탕물이나 팔래요? 아니면 나랑 세상을 바꿔볼래요?" 스티브 잡스가 펩시 CEO였던 스컬리John Scully를 설득할 때도 핵심은 바로 Why였습니다.

면접도 프러포즈입니다.

면접관이 던지는 첫 질문은 늘 이렇죠.
"왜why 지원하셨어요?"

유튜브도 물론 프러포즈입니다.

사랑받는 유튜브 콘텐츠들을 자세히 들여다보면 하나같이 '왜why'가 명확한 콘텐츠들입니다. 'Why → How → What'의 흐름으로 이야기를 풀어냅니다.

프레젠테이션이란 그런 것입니다.

기본적으로 설득은 논리의 게임이지만
더 본질적인 건 논리(What/How) 이전에 감정(Why)입니다.
오디언스는 S코드(What/How)보다
P코드(Why)에 '감정적으로' 반응합니다.

기획에서 중요한 건,
해결책solution이 무엇이냐보다 왜 이 기획을 해야 하는지purpose,
그리고 그것은 어떤 문제로 기인한 것problem인지에 대한
당신의 확신과 신념입니다.

그것이 곧 플래닝코드의 '동그라미'이자,
골든 서클의 '동그라미'입니다.

P(Why) → **S**(What, How)
이 순서가 핵심입니다.

이 사실을 알고
저의 프레젠테이션에 대한 관점이
180도 바뀌었습니다.

"프레젠테이션은
나의 아이디어What/How를 파는 자리가 아니라
나의 확신Why을 공유하는 자리다."

오디언스 머릿속에
플래닝코드 그리기

How to Persuade with Planning Codes

1
빅픽처 그리기
Planning Essence

2
오디언스 몽타주 그리기
Audience Analysis

3
스토리 그리기
Storyline & Storytelling

1
빅픽처 그리기

Planning Essence

기획서 작성의 시작은
파워포인트를 여는 것이 아닙니다.

생각보다 많은 분들이 일단 파워포인트를 켜고
쭉 써 내려가며 생각을 정리하려 하시는데요,
기획서는 생각을 정리하는 도구가 아닙니다.
정리된 생각을 전달하는 도구이지요.

지금 당장 빈 캔버스 위에 훌륭한 콘텐츠를
멋지게 그려내고 싶으시겠지만 잠시 참아야 합니다.

본격적으로 작성에 들어가기 전,
기획의 명확한 '큰 그림'부터 그려야 합니다.

여기서 말하는 큰 그림 big picture이란,
바로 '가장 큰 Why'를 그리는 것입니다.

즉 '이 기획은 왜Why 해야 하는가'에 대한 근본적 물음에 대한
당신의 정리된 생각을 한눈에 파악할 수 있는 전체 구조,
그것이 '큰 그림 big picture'입니다.

우리는 이 그림을
'기획의도(圖 - 그림 도)planning Essence'라고 부릅니다.

설득 설계의 최초 작업이 '기획의도 그리기'인 이유는
가장 본질적이고 중요하기 때문입니다.

기획자에게 '기획의도 planning essence'는
큰 그림 big picture이자 방향성, 나침반입니다.
'기획의도'를 통해 전체 기획의 판을 한눈에 선명하게 볼 수 있어야
정교하고 힘 있는 설득 논리가 설계될 수 있습니다.

흥미로운 건
대중들도 '기획의도'를 서슴지 않고 논한다는 것입니다.
이 마케팅기획은 '기획의도'가 불순하다며,
이 드라마는 '기획의도'를 잘 살리지 못했다며,
이 예능은 '기획의도'가 희석되고 있다고 말하곤 합니다.

기획자에게도, 일반인들에게도
이토록 중요한 기획의 큰 그림, 기획의도 planning essence.
어떻게 그려야 할까요?

저는 세상에서 가장 완벽한 기획의도가
〈세종대왕의 한글 창제 의도〉라고 생각합니다.
여기서 훔쳐봅시다.

"나라의 말이 중국과 달라 문자와 서로 맞지 않아(말과 글이 맞지 않아)
이런 이유로 가여운 백성이 말하고자 할 것이 있어도
마침내 제 뜻을 알리지 못하는 일이 많다.
내 이를 위하여 불쌍히 여겨 새로 스물여덟 자를 만드니
사람마다 하여 쉽게 익혀 매일 써서 편안케 하고자 할 따름이니라."
by 기획자 세종대왕

멋지지 않습니까.
저는 아직도 한글 창제 의도를 보면 가슴이 뜁니다.
단순하고 명확하기 때문입니다.

> 나랏말ᄊᆞ미 中듕國귁에 달아
> 文문字ᄍᆞ와로 서르 ᄉᆞᄆᆞᆺ디 아니 ᄒᆞᆯᄊᆡ
> 이런 젼ᄎᆞ로 어린 百ᄇᆡᆨ姓셩이
> 니르고져 홇 배 이셔도
> ᄆᆞᄎᆞᆷ내 제 ᄠᅳ들 시러 펴디
> 몯 홇 노미 하니라
> 내 이ᄅᆞᆯ 爲윙ᄒᆞ야 어엿비 너겨
> 새로 스믈여듧字ᄍᆞᄅᆞᆯ ᄆᆡᇰᄀᆞ노니
> 사ᄅᆞᆷ마다 ᄒᆡ여 수ᄫᅵ 니겨 날로 ᄡᅮ메
> 便뼌安ᅙᅡᆫ킈 ᄒᆞ고져 홇 ᄯᆞᄅᆞ미니라

전 세계에서 유일하게 '기획된 글자'인 한글.
그 기획의도가 한눈에 선명하게 그려집니다.

한글의 기획의도를 들여다봅니다.

먼저 '백성이 쉽게 제 뜻을 펼치고 있지 못하다'라는
현상 문제 phenomenon를 정확하게 명시하고 있습니다.
또한 그 현상의 근본 원인이 '말과 글이 서로 달라서'라는
문제점 problem이라고 명확하게 규정하고 있습니다.
그리고 '스물여덟 자의 쉬운 새 글자'라는 해결책 solution을 제시하며,
그 결과 '백성의 삶을 쉽고 편안하게 만들겠다'는 지향점까지
기획자 세종대왕의 큰 그림이 완벽하게 세팅되어 있습니다.

이렇듯, 훌륭한 기획의도에는 방향성과 문제 규정, 그리고 해결책이
조화롭게 그려져 있음을 알 수 있습니다.

즉 기획의도planning essence는 플래닝코드로 그립니다.

이렇게요.

잘 그려진 기획의도는
P코드와 S코드의 조화로운 결합으로
'무엇을 위해 무엇을 한다'는 기획인지가 한눈에 그려집니다.

그리고
이 기획으로 기대할 수 있는 선물(성과)*까지 더해준다면
기획의도는 더욱 선명해집니다.

이렇게요.

The Planning Essence =

$$\underline{(P \times S) + PreSent^*}$$

문제를 × 해결하여 + 새로운 가치를 만들다

*PreSent = 기획이 주는 선물 ; 새로운 가치

히트 연애 프로그램 〈나는 Solo〉의 기획의도입니다.

기존의 판타지 같은 데이팅 프로그램들과는 다르게 ──── (P)
결혼을 진지하고 간절하게 원하는 솔로 남녀들이 모여 사랑을 찾기 위해
고군분투하는 극사실주의 데이팅 프로그램. ──── (S)
평범한 일반인 참가자들의 연애 과정에서 깊은 감정이입을 할 수 있다. ──── (PreSent)

‒

15년째 이어오는 〈월간 윤종신〉의 기획의도입니다.

<u>보통 몇 년, 몇 달 만에 내는 방식의 소모성과 노래를 만들 당시와
발표할 당시의 시기 차이에서 오는 감정적 괴리를 경험했다.</u> ──── (P)
내가 느끼는 평소의 감정을 바탕으로 이것저것 수시로 상상하고
<u>곡을 만드는 즉흥적인 작업 결과물을 수시로 발표하는 형식으로 소화하고 배출해</u> ──── (S)
팬들과 날것 그대로의 다채로운 콘텐츠로 만나고 소통하겠다. ──── (PreSent)

‒

글로벌 스타, 〈뉴진스〉의 기획의도입니다.

복잡한 세계관과 부담스러운 칼군무의 걸 크러시에 지쳐 있는 대중들에게 ──── (P)
청량하고 순수한 이미지의 걸그룹이 ──── (S)
남녀노소 누구나 즐길 수 있는 쉽고 편안한 음악을 선사한다. ──── (PreSent)

‒

흥행 보장 영화, 〈범죄도시〉 시리즈의 기획의도입니다.

"통쾌하게! 화끈하게! 살벌하게! 오늘 밤, 싹 쓸어버린다!"
현실 사회의 온갖 부조리와 불법에 분노하고 스트레스 받는 대중들에게 ──── (P)
시원하고 유쾌하게 범죄자를 응징하고 소탕하는 정의의 모습에서 ──── (S)
권선징악의 강렬한 대리 만족을 느끼게 한다. ──── (PreSent)

‒

토스가 펴낸 ≪더 머니북The Money Book≫의 기획의도입니다.

'내 삶에 돈이 중요해'라는 마음과 "그런데 금융은 잘 몰라"라는 2030의 고민,
그들이 가진 경제 상식 수준과 기존의 경제서의 간극,
그 간극의 문제를 채우고 싶어서 ─── **(P)**
가이드북처럼 필요할 때 언제든지 펼쳐 볼 수 있도록 ─── **(PreSent)**
물성의 경제생활 안내서를 기획했다. ─── **(S)**

좋은 기획은 기획의도가 명확합니다.

시작할 때,
기획의도(P×S + PrsSent)를 잘 그리느냐가

끝날 때,
기획서의 품질(品質)을 좌우합니다.

당신의 기획안도 빅픽처를 먼저 그려보세요.

P×S로 그려보세요.

2
오디언스 몽타주 그리기
Audience Analysis

기획의도는 말하자면, '당신의 자화상'을 그린 것입니다.
이제 '상대방의 몽타주'를 그려야 할 차례입니다.

설득에서 오디언스의 중요성을 모르는 기획자는 없지만
의외로 오디언스를 제대로 파악하지 않은 채 설득하는 기획자는 꽤 많습니다.
기본적으로 설득은 상대방을 위한 소통communication이고
내가 하고 싶은 이야기가 아닌 상대방이 듣고 싶어 하는 이야기를 하는 것인데
상대방이 누구인지도 모르고 설득을 설계한다는 것은 어불성설입니다.

설득을 설계하기 전 오디언스를 설계하고 계신가요?

○―○
오디언스를 심사위원이 아닌 친구로 만들어라

잊지 말아야 할 대전제는
오디언스도 '인간'이라는 사실입니다.

앞서 인간의 행동을 이끄는 것은
인간 두뇌 변연계의 '감정의 Why'라고 했습니다.
그래서 프레젠테이션은 '감정이입'이죠.
프레젠테이션을 잘한다는 것은
곧 Why로 상대방의 '감정을 자극할 줄 안다는 것'입니다.
물론 상대방을 믿게 하는 '논리'도 필요합니다.

적게는 수백만 원, 많게는 수백억 원이 드는 기획안을
감정만으로 승인할 수는 없겠지요.
그런데 이 논리조차도 '감정이 개입되지 못한 논리'라면
씨알도 안 먹힌다는 사실을 잊지 말아야 합니다.

프레젠테이션이 '감정이입'이라는 것을 충분히 되새기셨다면

세상에서 가장 쉬운
프레젠테이션 비법을 알려드리겠습니다.

오디언스를 친구로 만드세요.

세상에는 크게 두 개의 프레젠테이션이 있습니다.
오디언스를 '심사위원'으로 만드는 프레젠테이션과
'친구'로 만드는 프레젠테이션.

가장 바보 같은 프레젠터는
오디언스를 '논리'로만 설득하려는 사람입니다.
(확실한 자기 논거와 치밀한 자기 논리로.)
인간은 논리 앞에서 냉철해지고, 냉철해지면 평가하려 합니다.
(PT를 잘하는지 못하는지 아이디어에 꼬투리 잡을 거 없는지.)
인간이 냉철해지면 딴생각합니다.
(저게 맞아? 나라면 이렇게 하겠는데.)
스스로 정말 어려운 게임판을 만드는 겁니다.

프레젠테이션은 '감정이입'이라고 했습니다.
'논리'보다는 '감정'으로 몸이 달아오르게 만들어야 합니다.
그래야 평가하거나 딴생각 못 하고 내 이야기에만 몰입하게 할 수 있습니다.

'감정'으로 내 이야기에 몰입해주는 인간.
우리는 '친구'라고 부릅니다.

물론 친구에게도 '최소한의 논리'는 필요하지만 '감정'이 우선이죠.
친구가 되면 게임이 쉬워지는 것이 아니라 게임 끝입니다.
친구는 당신을 평가하지 않습니다.
평가하지 않고 내 편에서 내 이야기를 들어줍니다.

오디언스를 '심사위원'으로 만들 것인가 '친구'로 만들 것인가.
이는 전적으로 프레젠터에게 달려 있습니다.

같은 말이라도 어떻게 하느냐에 따라
심사위원이 되기도 하고 친구가 되기도 합니다.

"이 브랜드에 대한 소비자 평가는 매우 부정적입니다"
프레젠터가 이렇게 제삼자처럼 말하면 오디언스는 속으로
'너 잘났다.' 아니면 '네가 뭔데 감히.' 하죠.

"정말 안타깝게도 아직 소비자는 우리의 마음을 몰라주고 있습니다."
이렇게 말하면 오디언스는 속으로
'그래, 나도 그렇게 생각해!'라고 외치죠.

건너편이 아닌 같은 편에 앉아 있게 됩니다.
설득이 200% 쉬워집니다.

프레젠테이션 끝나고 술친구 되려 하지 마시고
프레젠테이션 전에 친구로 만드세요.

이런 맥락에서 이런 돌연변이 프레젠터들도 있습니다.

내 훌륭한 기획안에 (감히) 토를 달지 말고
사려면 사고 말려면 마라 식으로
싸움꾼처럼 오디언스를 거세게 몰아붙이시는 기획자들.
하나도 안 멋있습니다. 하루빨리 정신 차리시기 바랍니다.

사장님이든 고객사든 고객이든 팀장님이든 파트장님이든 동료든
오디언스라면 '전사'가 아닌 '동지'를 원합니다.
가장 훌륭한 프레젠테이션은 아이디어를 파는 것이 아니라
관계를 구축하는to build a relationship 프레젠테이션입니다.

프레젠테이션은 일종의 선동입니다.
너와 내가 아니라 우리가 되는 것.
그것에 프레젠테이션의 성패가 달려 있습니다.

오디언스의 신상과 성향을 파악하라

'인간'으로서의 오디언스를 이해하셨다면
이젠 '개인'으로서의 오디언스를 파악하셔야 합니다.
오디언스의 기본 신상(?) 정보는 많을수록 좋습니다.

그들은 누구인가
최고 경영층인가 | 평사원인가 | 일반인인가 | 부서는? | 직책은? | 주로 남자인가, 여자인가 | 연령대는?

프레젠테이션의 중심 메시지를 좌우하지는 않지만
내용의 수위와 골격을 결정합니다.
그들에게 '말해야 할 것'도 결정되지만 '말하지 말아야 할 것'도 결정됩니다.
'임원진 PT'와 '실무자 PT'는 같을 수가 없죠.
남자와 여자가 반응하는 사례도 다르고, 부서에 따른 입장도 다릅니다.
보통 기획서 하나로 모든 대상들을 똑같이 대응하시는데 그러시면 안 됩니다.
각각의 오디언스에 따라 맞춤식으로 작성하는 것이 옳습니다.

그들은 얼마나/어떻게 알고 있는가
전문가인가 | 초보자인가 | 짬뽕인가 | 과대평가는 금물 | 과소평가는 절대 금물

오디언스의 관여도와 수준도 고려해야 합니다.
낮으면 낮은 대로 높으면 높은 대로 맞춤 설계가 필요합니다.
관여도와 수준이 높은 오디언스를 만날 때가 까다롭지만 재미있죠.
그들도 자기만의 빅픽처(P×S)를 그려놓고 들어옵니다.
우리가 그려놓은 빅픽처(P×S)와 어떤 식으로든 충돌하게 되는데
우리는 그것을 '쟁점'이라고 부르죠.
쟁점은 특히 '문제 규정(P코드)'에서 두드러지게 나타납니다.

따라서 사전에 오디언스가 '프로젝트의 문제(P코드)'를
무엇으로 보고 있는지 파악하는 것은 매우 중요합니다.

예를 들어,
오디언스가 자사 제품 매출 하락의 문제를 '디자인'으로 규정하고 있는데
우리는 해당 제품의 문제를 '기능'이라고 규정한다면
이 부분에서 '첨예한 쟁점'이 형성될 겁니다.
사전에 이 정보를 아는 것과 모르는 것은 천지 차이죠.

그들의 태도는 어떤가
중립적인가 | 긍정적인가 | 부정적인가 | 호의적인가 | 반감을 가졌는가

'나'에 대한 태도 역시 중요한 변수입니다.
호의적이라면 나의 콘텐츠 매력 어필에 중점을 두면 되지만
반감을 가지고 있다면 콘텐츠가 좋다고 주장해봤자 별 소용 없습니다.
이럴 땐 먼저, 반감을 최대한 희석시킬 수 있는
라포rapport(유대 관계) 형성에 중점을 두는 것이 중요합니다.
친구 같은 동질감과 친밀감을 느끼게 하는 것이 포인트입니다.

라포rapport는
그들의 용어를 사용하고 그들의 문화와 업적을 존중하고
그들의 꿈과 비전에 진지한 관심을 보이는 것입니다.

1963년, 그 유명한 존 F. 케네디John F. Kennedy의
'서베를린 연설'을 기억하시나요?

동독의 침략에 불안해하던 서베를린 시민을 격려하기 위한 연설로서
케네디는 그들과 라포를 통한
강력한 공감대를 만들어냅니다.

"2,000년 전 가장 훌륭한 자랑거리는
'나는 로마 시민이다'였습니다.
이제 자유세계에서 가장 훌륭한 자랑거리는
'나는 베를린 시민이다Ich bin ein Berliner'입니다.
…저 또한 자유인의 한 사람으로서 '나는 베를린 시민이다'라고
말할 수 있는 것이 자랑스럽습니다."

3
스토리 그리기
Storyline & Storytelling

'나'의 기획의도를 그렸고 '상대방'의 성향도 그렸다면
이제 본격적으로 '우리'의 이야기를 그릴 시간입니다.

대전제가 있습니다.
'재미있어야' 한다는 겁니다.

기획서와 프레젠테이션은
너와 내가 얼굴을 맞대고 나누는 대화이기에 지루하면 끝장입니다.
그래서 프레젠터는 '이야기꾼'이 되어야 합니다.

교장선생님 훈화 좋아하는 사람 없고,
약장수 말 싫어하는 사람 없습니다.

우리는 이야기가 인간에게 얼마나 중요한지 잘 알고 있습니다.

세계적인 지식 공유 플랫폼 테드를 이끄는 크리스 앤더슨Chris Anderson도
프레젠테이션을 한마디로 '스토리'라고 정의합니다.
그래서 테드의 강연을 잘 짜인 '드라마' 같은 프레젠테이션으로 만드는 데
모든 역량을 집중한다고 하죠.

"테드는 선사시대의 캠프파이어 경험을 복원하려 해요.
모닥불에서 불이 타고 한 명이 물감을 잔뜩 칠한 얼굴로 앞에서 이야기해요.
또 누군가는 드럼을 치겠죠. 모두가 참여해요.
지루하게 강단에서 혼잣말하는 것과는 매우 다른 것입니다."

-크리스 앤더슨

결국
프레젠테이션은 스토리이고, 프레젠터는 작가이며, 기획서는 극본입니다.
나 자신이 '(진짜)작가writer'라고 생각하고
스토리를 그려야 합니다.

스토리라인 Storyline 그리기
흥미로운 논리 전개와 구성 아이데이션

저는 직업상 현장에서
다양한 기획서와 프레젠테이션을 접할 기회가 많은 편인데
생각보다 많은 분들이 이런 형식을 취하십니다.

시장상황 → 고객 분석 → 경쟁 환경 → 당사 환경 → 사례연구 → 방향성 정립 → 컨셉 도출 → 실행전략 → 소요 예산

보기만 해도 졸리고 지루한 이유는
정해놓은 '프로세스'에 팩트를 단순 나열하는 방식이기 때문입니다.
흥미로운 건 이렇게 하시고도 본인은
'스토리텔링 프레젠테이션'을 했다고 생각하신다는 겁니다.
입으로 나온 말이라고 다 스토리가 아닙니다.

'작가writer'는 절대 이렇게 하지 않죠.
이야기 전개는 이렇게 하는 거라고 우리는 초등학생 때 배웠습니다.

기-승-전-결 or 발단-전개-위기-절정-결말

이것이 '작가적 프레젠테이션의 흐름flow'입니다.
'기-승-전-결? 전문 작가도 아닌 내가 이걸 어떻게 하라고?'

약간의 부담을 느끼실 수 있는데 역시 걱정 마세요.
우리는 쉽게 작가가 될 수 있습니다. 믿을 구석이 있기 때문입니다.

〈플래닝코드〉로 스토리story를 그립니다.
〈플래닝코드〉로 내러티브narrative를 만듭니다.

플래닝코드에는 '이야기의 메시지'와
'이야기의 전개'를 그리는 방법이 이미 다 들어 있습니다.

먼저 '이야기의 메시지'인데요,
스토리텔링이라고 해도 아무 이야기나 하는 게 아니죠.
기본적으로 이야기의 '핵심 메시지'가 있어야 하는데
이는 우리가 앞서 기획의도라는 빅픽처에 이미 그려놓았습니다.

Problem ; 왜 이게 문제지?
Solution ; 왜 이게 답이지?

P코드와 S코드가 스토리텔링의 핵심 메시지이자 콘텐츠이며
내러티브와 로직을 만드는 구심점이 됩니다.

두 번째는 이야기의 전개 흐름에 관한 것인데요.
우리가 계속 스토리, 스토리 하는데 스토리의 핵심이 뭘까요?

바로, 갈등conflict입니다.

저는 스토리를 한마디로 '갈등'이라고 정의합니다.
조커 없는 배트맨, 가가멜 없는 스머프, 제리 없는 톰이 상상이 되시나요?
갈등이 없으면 스토리가 밋밋하고 지루해집니다.
'기승전결'도 '발단 전개 위기 절정 결말'도
사실 그 앞에 '갈등'이란 말이 생략되어 있는 겁니다.

(갈등의) 기, (갈등의) 승, (갈등의) 전, (갈등의) 결.
(갈등의) 발단, (갈등의) 전개, (갈등의) 위기, (갈등의) 절정, (갈등의) 결말.

'갈등'이 시작되고 전개되다가 절정을 맞고 어느새 '갈등'이 해결되는 것.
스토리는 곧 '갈등의 기승전결'입니다.
갈등이 있기에 내러티브가 흥미로워질 수 있는 거죠.

따라서 흥미로운 프레젠테이션이 되기 위한 핵심은
'갈등의 전개 과정'을 잘 그리는 것입니다.

그런데 플래닝코드에는
이미 '갈등의 전개 과정'이 들어 있죠.

'문제(갈등)'가 일어나고 전개되다가 '해결책'으로 문제(갈등)가 종료되지요.
갈등이 곧 'P코드', 갈등의 해소가 'S코드'입니다.
즉 밋밋한 프레젠테이션과 흥미로운 프레젠테이션의 결정적 차이는
P코드가 얼마나 흥미롭게 S코드로 전환되느냐입니다.

〈플래닝코드〉가 곧 스토리입니다.

우리는 플래닝코드로 훌륭한 작가가 될 수 있습니다.
흥미로운 이야기를 그릴 수 있습니다.

P코드를 '기(起)'와 '승(承)'에, S코드는 '전(轉)'과 '결(結)'로 대입하여
스토리라인을 그려보세요.

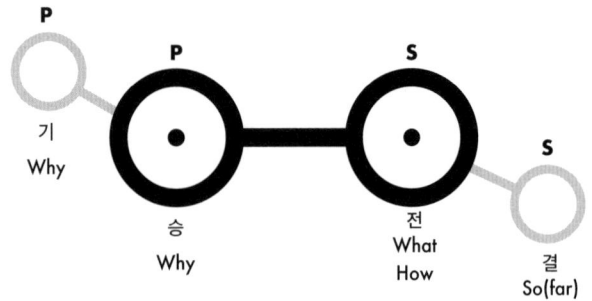

기(起)

왜 이 기획을 하는지(Purpose)

우리의 과제는 무엇인지(Project-objective)

승(承)

현상적 문제(Phenomenon) 진단 및

근본 원인은 무엇인지(Problem)

전(轉)

문제 해결을 위한 구체적인 핵심 아이디어(Solution)와

실행을 위한 액션플랜(Simulation)

결(結)

본 기획안의 기대 효과(PreSent) 및

수미쌍관식 요약(Summary)

어떠세요? 이제 좀 이야기하듯 흥미롭게 흘러가죠?
단계별 포인트를 살펴볼까요.

기(起)
Purpose | Project ; Why

시작이 가장 중요합니다.
기획서와 프레젠테이션은 사실상 도입부에서 성패가 결정됩니다.
오디언스의 주의attention를 도입부에서 잡지 못하면 끝까지 할 수 없습니다.
통상적인 '상황분석'으로 시작하는 도입부는 몰입을 떨어뜨리기 쉽습니다.
그들이 첫눈에 몰입할 수 있는 '강력한 이슈의 제기'가 필요합니다.

기획 용어로는 '토피카topica'라고 하죠.
말 그대로 '토픽topic'과 관련된 명언이나 속담, 글귀, 사례 등을 말합니다.
가령, 저는 고객사의 '신상품 런칭 프로젝트 제안서'의 도입부에
'런칭의 실패는 실패를 런칭하는 것이다.'라는 토피카를 애용(?)하는 편입니다.
시작부터 전략의 경각심을 일깨워 제 이야기에 몰입시키려는 의도죠.
토피카는 기획서 작성 시에 찾는 것이 아닙니다.
평소에 적절한 예와 명언을 수집하는 습관이 필요합니다.

기획 과제와 상관없는 농담, 뜬구름 잡는 이야기는 금물입니다.
강의도 프레젠테이션이죠.
제가 모 대학교 신문방송학과에서 '새로운 시대의 광고'라는 주제로
강의를 할 때 오프닝을 이렇게 시작했습니다.

"여러분 안녕하세요? 반갑습니다. (중략) 대학생이시니 혹시 아실까요?
얼마 전 <대학가요제>가 폐지되었습니다.
신세대 오디션 프로그램에 밀려서, 구시대의 산물이라는 낙인과 함께
죽임을 당했습니다. <대학가요제>를 사랑하는 저는 가슴이 아팠습니다.
그런데 혹시 아시나요? 광고도 죽었습니다.

많은 마케팅 구루들이 광고는 죽었다고 선언했습니다.
더 이상 광고는 의미가 없다며 구시대의 산물로 취급받고 있습니다.
광고를 사랑하는 저는 또 가슴이 아팠습니다.
여러분, 정말 광고는 구닥다리 마케팅일까요? … (후략)"

시작부터 학생들이 몰입하는 것이 피부로 느껴졌습니다.
이렇듯 프레젠테이션의 시작은
우리가 이야기 나눌 해당 문제problem 및 과제project와
밀접하게 관련되어 있는 것으로 시작하는 것이 좋습니다.
〈플래닝코드〉로 기획하는 우리에겐 그리 어려운 일이 아니죠.
이미 당신만의 관점으로 재해석한 과제project가 준비되어 있으니까요.
즉 오디언스가 규정한 기획 과제task와는 다른
기획자가 재해석한 새로운 기획 과제project를 이슈화하는 것이지요.
그에 따라 재조정된 기획 목표objective도 보여줍니다.
오디언스는 일단 자신의 생각과 뭔가 다른 과제project를 접하게 되면
한눈을 팔 수가 없습니다.

가령 오디언스는 '제품 광고기획'을 과제로 주었는데
기획자는 "귀사에 진정 필요한 것은 제품 광고가 아니라 기업 광고입니다.
왜냐하면…"이라고 시작하면 몰입할 수밖에 없다는 거죠.

'사고할 때의 P코드'는
현상phenomenon에서 문제problem를 찾고
그것에서 과제project를 설정하는 순서이지만

'설득할 때의 P코드'는
과제project부터 제시한 후 왜 그렇게 재해석했는지에 관한
문제problem를 밝히는 순서가 효과적일 수 있습니다.

승(承)
Phenomenon | Problem ; Why

말 그대로 기(起)의 흐름을 올라타고(承)
분위기 '후끈 달아오르는' 단계입니다.
스토리 구조상 '가장 논리적이어야 하는 부분'이기도 하죠.
기(起)에서 왜 그런 과제를 제시했는지 합리적 논거로 증명해야 하기 때문이죠.
(과하지 않은 통계나 숫자 등의 도구를 십분 활용)

"왜why 그것이 우리가 해결해야 할 진짜 문제지?"에 관해
앞 장에서 소개해드린 'P코드의 현상과 본질의 메커니즘'으로 이야기합니다.
당신 기획안의 운명을 결정하는 '핵심 통찰'이 전달되는 부분이기에
스토리 구조의 '사실상의 하이라이트'라고 할 수 있습니다.
정교하게 섬세하게 설계하셔야 합니다.

전(轉)
Solution | Simulation ; What, How

드디어 당신의 솔루션 아이디어가 등장하는 부분입니다.
분위기가 확실히 전환되는 느낌과 함께
당신의 솔루션을 드라마틱하게 등장시키는 것이 관건입니다.
궁금증을 유발하세요. 살짝 '뜸pause'을 들이시면 좋습니다.

"폰, 인터넷, 아이팟… 폰, 인터넷, 아이팟… 폰, 인터넷, 아이팟…
이제 우리는 이 세 가지를 하나의 이름으로 부를 겁니다."

2007년 잡스가 아이폰을 세상에 소개할 때 활용했던 '뜸'이죠.
'핵심 아이디어'를 멋지게 등장시킨 후에는
'실행계획action plan'을 구체적으로 보여줍니다.

단계별로 친절하게 '시연하여simulation' 보여주면 좋습니다.
잡스가 얇은 서류철에서 더 얇은 아이패드를 꺼내어
소파에 앉아 편안하게 아이패드의 기능과 사용법을
차근차근 설명했던 시연 장면은 유명하지요.
오디언스를 사로잡는 시뮬레이션이 무엇인지
힌트를 얻을 수 있습니다.

결(結)
PreSent | Summary ; So (far)

결(結)의 포인트는 기(起)와의 '수미쌍관(首尾雙關)'입니다.
즉 승(承)과 전(轉)을 삭제하고 기(起)와 결(結)만 남겨두어도
무슨 말인지 이해가 되어야 한다는 거죠.
기에서 '이 기획을 왜Why 해야 하지?'를 화두로 던졌으니
결에서는 '이 기획 실행하면, (So~)
이런 효과를 얻을 수 있지'를 보여주는 겁니다.
소위 '기대 효과'를 언급하는 것인데 마지막 순간에 꽤 효과적입니다.
또 반드시 지금까지의so far 이야기를
한눈에 파악할 수 있게 요약summary해줍니다.
인간의 뇌는 한꺼번에 많은 것을 기억하지 못하기 때문입니다.

끝도 시작만큼 드라마틱하면 금상첨화죠.
스티브 잡스는 특유의 "한 가지 더one more thing…"라는 멘트와 함께
깜짝 뉴스나 기발한 이벤트로 마무리하는 것으로 유명했죠.

자,
이것이 플래닝코드로 스토리라인을 그리는 윌리입니다.
물론 '스토리'라고 해서 '기→승→전→결'의 흐름을
반드시 따를 필요는 없습니다.

특히 짧은 시간에 구두로 설득해야 하는 경우에는
결론부터 제시하는 '결→기→승'이나
'기→결→승'의 구조가 더 효과적일 수 있습니다.
탄력적으로 생각하시되,
스토리라인의 기본 구조는 반드시 염두에 두시기 바랍니다.

그런데
라인storyline은 라인line일 뿐입니다.
이야기를 전개하는 '기획서의 밑그림draft'을 그리셨다고 보면 되겠습니다.
이 라인 위에 '적절한 색깔'을 입히면
멋진 스토리텔링 기획서가 완성되는 것이죠.

즉 스토리'라인line'을 스토리'텔링telling'으로
승화시키는 작업이 필요합니다.

스토리텔링Storytelling 그리기
스크립트 | 말의 디자인 | 인용과 비유

스토리를 '라인'에서 '텔링'으로 승화시킨다는 것은
말하듯이telling 쉽고 부드럽게 조정되어야 한다는 것입니다.
쉽지 않으면 이야기가 아닙니다.
이야기는 무조건 쉬워야 합니다.

좋은 기획서는 쉬운 기획서입니다.
어렵게 쓰기는 쉽고 쉽게 쓰기는 어렵습니다.
이것이 고수와 중수의 차이죠.
논리 구조 설계에 어느 정도 숙달된 기획자들도
가장 어려움을 겪는 부분이기도 합니다.

제 경험상
'라인'을 '텔링'으로 바꾸는 가장 좋은 방법은 이것입니다.

스크립트를 쓰세요.

준비된 스토리라인을 대본 삼아
'안녕하세요'부터 '감사합니다'까지 당신이 프레젠테이션할 모든 말들words을
워드word 문서에 글로 써보는 겁니다.

스크립트는 초보나 쓰는 거라고 오해하시는데
제가 만난 '빨간 얼굴 기획클럽'의 기획고수들은 대부분 스크립트를 씁니다.
스티브 잡스는 원래 말을 잘하니까 안 했을 거 같다고요?
잡스, 처칠 등의 대가들도 무대 오르기 직전까지
깐깐하게 스크립트 고쳐 쓰기로 유명합니다.

포인트는 이것입니다.
진짜 대화하듯이 '중얼거리며' 써야 한다는 것.
제가 주로 사용하는 방법은 '녹음 recording'입니다.

약간의 상상력이 필요합니다.
당신이 만날 그 오디언스를 당신의 맞은편에 앉히시고
그의 눈을 보면서 그와 대화를 나눕니다.(스토리라인을 대본 삼아)
누군가 보면 당신 혼자 중얼거리는 것이지만
당신은 '정말' 오디언스와 '이야기'를 나누고 있는 겁니다.
녹음이 끝나면 재생해서 하나하나 들으며 스크립트를 작성하는 거죠.
말하듯이 자연스러운 글말의 스크립트가 될 겁니다.

나도 모르게 말이 어려워지고 장황해질 수 있습니다.
그럴 땐 당신 앞의 (상상의) 오디언스를 다시 한번 슥 쳐다보면 됩니다.
아마 졸고 있거나 노려보고 있을 겁니다.
정말로, 진짜로, 실제로, 내 눈앞에서 그분이 내 이야기를 듣고 있다고 생각하면
나의 글말은 쉽고 간결하게 바뀔 수밖에 없습니다.

'대비효과'를 활용해보는 것도 좋습니다.
오디언스의 머릿속에 당신의 말이 쉽게 그려지는 요긴한 기술입니다.
당신의 말을 더 강렬하고 분명하게 만들어줍니다.

"<u>여자의 지조는 그의 남자가 빈털터리가 됐을 때 드러나고,
남자의 지조는 그가 모든 것을 가지게 됐을 때 드러난다.</u>"
쉽습니다.

"<u>네가 옳다면 화낼 필요가 없다. 네가 틀렸다면 화낼 자격이 없다.</u>"
명확합니다.

"<u>준수한 예술가는 베낀다. 위대한 예술가는 훔친다.</u>
Good Artist Copy, Great Artists Steal."
강력합니다.

당신의 기획서와 프레젠테이션에도
대비효과를 활용해보세요.
대비효과와 콤비로 활용하면 좋은 기술이 있습니다.

'인용'과 '비유'입니다.

'인용'과 '비유/은유'는 이야기를 진짜 이야기답게 풀어가는
고수의 기술이죠. 왜일까요?
'논리'보다는 '감정'을 자극할 수 있기 때문입니다.
이야기는 감정의 커뮤니케이션.
비유는 활발한 쌍방향 커뮤니케이션을 만듭니다.

비유의 역대 최고수는 예수님 Jesus입니다.
예수의 가르침 중 3분의 1이 비유라고 하죠.
예수는 심오한 진리들을 논리적이고 철학적 진술로 설명하기보다는
생활 주변에서 일어나는 다양한 현상들에 빗대어
일상적인 쉬운 언어로 이야기했습니다.

겨자씨 비유, 무화과 열매 비유, 밭에 감춰진 보물 비유,
혼인 잔치 비유, 신랑을 기다리는 열 처녀 비유 등등.

일상의 쉬운 비유와 인용을 활용해보세요.
당신의 프레젠테이션이 쉬워집니다.

한 야구배트 회사의 프레젠테이션입니다.

"이번에 우리 회사는 반드시 중국에 진출해야 합니다.
첫째는 현재 중국에서 야구 붐이 조금씩 일어나는 중이고,
둘째는 한류를 타고 한국 브랜드에 대한
선호도가 좋기 때문입니다."

흠잡을 데 없는 논리이지만 사장님이 설득되는 건 이런 식입니다.

"반년 전에 중국에 진출한 야구공 회사가 지금은 대박이 나서
얼마 전에 강남에 큰 건물을 샀답니다."
- 이시한, ≪논리로 설득하고 스토리로 공감하라≫ 중에서 -

이런 맥락에서 기획서의 숫자 활용도 마찬가지입니다.
숫자 자체를 말하면 어렵습니다.
듣는 사람의 입장에서 숫자의 의미를 쉽게 은유적으로 풀어주세요.

스티브 잡스는
'12GB 메모리 카드'라고 말하지 않고
'달까지 왕복하면서 음악을 들을 수 있는 충분한 용량'으로 말했고
'5GB 용량의 MP3 플레이어'가 아닌
'주머니 속의 1,000곡'이라고 표현했지요.
-

자,
당신은 플래닝코드 하나로
빅픽처를 그렸고, 오디언스를 그렸고, 멋진 스토리를 그렸습니다.

기획서를 그렸습니다.

이제 오디언스를 매료시키기 위해 무대에 오르는 당신이
마지막으로 해야 할 일이 있습니다.

무엇일까요?

플래닝코드 버리기
Not Planning Code. But YOU

이제 '플래닝코드'를 버릴 시간입니다.

플래닝코드는 당신의 기획을 돕기 위한 도구일 뿐,
프레젠테이션의 주인공은 당신입니다.
이제 당신이 부각될 시간입니다.

프레젠테이션은 '메시지'를 파는 게 아닙니다.
'메신저'인 당신을 파는 것입니다.

당신의 열정, 당신의 자신감, 당시의 진정성,
당신의 목소리, 당신의 말투, 당신의 몸짓, 당신의 스타일…

당신으로부터 표출되는 모든 것이 프레젠테이션에 영향을 끼칩니다.

이 시점에서 당신이 처신을 잘못하게 되면
주인공이 바뀌는 이상한 프레젠테이션이 되고 맙니다.

당신의 주연 자리를 호시탐탐 노리는 조연이 있습니다.

바로 '스크린'입니다.

프레젠테이션은 시작부터 끝까지
주연 자리를 두고 스크린과 경쟁하는 게임입니다.
이 경쟁자를 우습게 보시면 큰코다칩니다.
만만치 않습니다.

그와의 경쟁에서 이기는 핵심은 '내용의 완벽한 숙지'입니다.
당신이 준비한 발표 자료를 구워삶을 정도로 완벽히 장악하지 못하면
스크린을 지배할 수 없습니다. 지배당합니다.
스크린을 맘대로 가지고 놀 수 있을 정도로 숙지하세요.

이런 맥락에서
프레젠터가 주인공이 되는 몇 가지 유용한 팁을 말씀드립니다.

내용을 줄이세요.

한 슬라이드에 너무 많은 내용이 있으면
오디언스는 내가 이야기하는데 나를 안 보고 화면을 봅니다.
Less is more입니다.
내용을 줄이면 의미를 왜곡할 수 있는 거 아닌가 생각하실 수 있는데
오디언스는 당신의 생각보다 똑똑합니다.
그들 스스로 맥락을 이해하고 해석하도록 내버려둬야 합니다.
한 슬라이드에는 하나의 이야기만 넣으세요.
슬라이드 여백이 많을수록 내게 집중하게 됩니다.

읽지 마세요.

의외로 스크린 쳐다보고 내용 읽는 분들 꽤 있습니다.
프레젠테이션에서 '읽는다는 것'은 '나는 하수입니다'라고 말하는 겁니다.
첫째, 프레젠터가 내용 숙지가 안 되어 있다는 느낌을 주고
둘째, 스크린이 나보다 더 중요하다는 인상을 줍니다.
'프레젠터가 읽고 있다'고 느껴지는 순간
프레젠테이션의 분위기는 급속도로 가라앉습니다.

전환을 활용하세요.

적절한 전환을 이용하시는 것도
프레젠터에게 집중되도록 하는 좋은 방법입니다.
'그러나, 그래서, 왜? 결론적으로'라는 전환어의 사용으로
오디언스의 주의를 당신의 것으로 잡아 올 수 있지요.
저는 그런 전환어와 함께 검은색의 간지(間紙)나 빈 슬라이드를
이용하기도 하는데 꽤 효과적입니다.

눈을 맞추세요.

시선 처리도 중요합니다.
천장, 바닥 쳐다보기는 금물, 여기저기 둘러보기는 끝장입니다.
당신의 시선은 오디언스의 눈을 향해야 합니다.
괜히 맞추는 게 아닙니다. 생각을 전하기 위함입니다. 호흡하기 위함입니다.
생각은 눈으로 전해지니까요.
한 사람만 째려보면 안 됩니다.
키맨(사장님, 실장님 등)부터 시작해서 천천히 여러 사람으로 확대해갑니다.
친구가 되어야 한다고 했죠.
테드의 앤더슨 씨는 오디언스를 지난 1년간 보지 못한 친구라고
생각하며 눈을 맞추라고 조언합니다.

적당히 움직이세요.

서 있는 위치를 변경하면 자연스레 오디언스의 시선이 나에게 집중되겠죠.
적당한 제스처를 취하면 나에게 집중되겠죠.
주인공은 움직이는 겁니다.
이 점을 너무 의식한 나머지 왔다 갔다 하거나 아예 지휘를 하는 등
오버하시는 분들 있는데 그러시면 안 됩니다.
지나침은 모자람만 못합니다.

질문을 하세요.

프레젠테이션은 본질적으로 오디언스와의 기싸움이죠.
나의 판이 되느냐, 상대의 판이 되느냐의 싸움입니다.
설득의 고수들은 하나같이 기싸움에서 이기는 최고의 방법은
'질문을 하는 것'이라고 말합니다.
《질문력》의 저자, 마사히코 쇼지(莊司雅彦)는 '질문은 상대를 간파하고
상황을 장악하는 놀라운 힘이 있다.'라고 강조합니다.

오디언스, 특히 우리나라 사람들은 질문을 받으면 긴장합니다.
그리고 갑자기 나에게도 질문할까 봐 프레젠터의 말을 집중해서 듣게 됩니다.
좋은 질문은 프레젠테이션의 장을 나의 판으로 만들어줍니다.
졸음 방지 효과는 덤입니다.
아, 너무 무례하면 안 됩니다. 정중하게. 친절하게.
우리는 오디언스의 친구니까요.

무엇보다 중요한 건,
나의 것을 팔기 위해서 온 것이 아니라
당신의 문제를 해결하기 위해 온 것이라는 것을
느끼게 하는 것입니다.

그리고 당신의 문제를 진단하여 찾은 이 해결책에
내가 신념과 확신을 가지고 있다는 진정성을
느끼게 하는 것이 가장 중요합니다.

"우리 것을 사세요."가 아니라
"당신의 문제를 이렇게 해결해줄게요."

보너스.

프레젠테이션 강의에서
가장 많이 받는 질문을 공유합니다.

"손이 떨리고, 몸이 굳고, 말을 더듬고,
말이 빨라지고, 식은땀이 나고. 어떻게 하면 좋을까요?"

오디언스 앞에 서면 떨릴 수 있습니다. 아니, 떨리는 게 당연한 겁니다.
이렇게 답변드리고 싶습니다.

떨리는 것을 그냥 인정하세요.
당신만 그런 게 아닙니다. 모두 다 떱니다.

테드의 수많은 명강의를 연출한 앤더슨 씨도 이런 말을 했죠.
"오디언스는 당신이 당연히 긴장하리라 생각하기 때문에
너무 걱정할 필요가 없다."

흥미로운 사실 하나.
떨림을 인정하면 안 떨린다는 것입니다.
그 대신 설레기 시작하죠.
'떨면 지고, 설레면 이긴다'는 말, 들어보셨죠?

〈나는 가수다〉에 등장한 가왕들을 떠올려보세요.
그 베테랑들도 청중 앞에서는 긴장합니다. 바들바들 떨지요.
그들은 어떻게 대처했나요?

연습. 연습. 연습.

'떨림'을 '설렘'으로 바꾸기 위한 최고의 방법은
'연습'입니다.

소위 자타 공인, 프레젠테이션의 고수로 불리는 한 선배가
어느 날 이런 이야기를 들려주더군요.

비밀이 하나 있는데,
본인은 공식 입찰 PT는 물론,
아무리 작은 사내 브리핑이더라도
스크립트 꼼꼼히 써서,
소리 내어 30번씩 연습을 한다고요.

그 자리, 저를 비롯한 후배들은
적잖이 놀랐고
많은 걸 느꼈습니다.

그리고 다시 한번 확신하게 되었죠.

기획력은 '재능'이나 '능력'이 아닌
'태도'라는 것을요.

에필로그

비틀즈,
플래닝코드를 노래하다

저와의 이야기는 여기까지입니다.

책의 서두에서 말씀드렸듯,
저의 목표는
당신 안에 잠든 창조거인을 깨우는 것이었죠.

어떻게, 당신 안의 그 거인이 조금은 꿈틀거렸을까요?
지금 당장 책을 덮고,
당신만의 기획을 시작하고 싶은 마음이 조금은 드시나요?

당신의 창조거인에게
그저 작은 자극과 영감이라도 되었다면,
저에겐 크나큰 기쁨일 것입니다.

책이란 것이 참 묘합니다.
읽을 땐 고개가 끄덕여지다가도
덮으면 머리가 하얗게 되지요.

하나만 기억하세요.

기획은 문제 그리고 해결.

기획이란
'문제'를 규정하고 '해결책'을 제시하는 것,

그리고 그것이 왜 진짜 문제이고
그것이 왜 최적의 해결책인지 증명하는 것.

'단 2형식의 작업'이라는 것.
그 외에는 다 군더더기라는 것.

'말'도 군더더기입니다.
플래닝코드를 '노래'로 남겨드립니다.

상대적으로 덜 알려진, 1968년에 발매된 비틀즈의 명반 〈더 비틀즈The Beatles〉,
일명 '화이트앨범'에는 제가 특히 좋아하는 숨겨진 명곡이 있습니다.

Everybody's Got Something To Hide Except Me And My Monkey
나와 내 원숭이에게 빼고는, 누구나 서로에게 무언가를 숨기지

일명 '원숭이 노래'라 불리는 이 곡은
비틀즈의 노래 중 제목이 가장 길고,
신나는 에너지로 가득 찬 곡입니다.
소위 '펑크록punk rock의 효시'로 불리기도 하죠.

비틀즈는 어쩌면 '원숭이 똥구멍의 비밀 월리'를
이미 알고 있었는지도 모릅니다.

노래 가사입니다.

> Come on come on come on come on
> Come on is such a joy. Come on is such a joy
> Come on take it easy. Come on take it easy
> Take it easy take it easy
> Everybody's got something to hide except for me and my monkey
> The deeper you go the higher you fly
> The higher you fly the deeper you go
> So come on come on
> (후략)

이 중 한 소절.
제가 말하고 싶은 플래닝코드의 월리를
비틀즈가 단 한마디로 노래합니다.

> **The deeper you go, the higher you fly,**
> 더 깊이 들어갈수록 더 높이 날고,
> **The higher you fly, the deeper you go.**
> 더 높이 날수록 더 깊이 들어가.

플래닝코드의 슬로건이 필요하다면
저는 이것으로 정하겠습니다.

옆에서 보면,

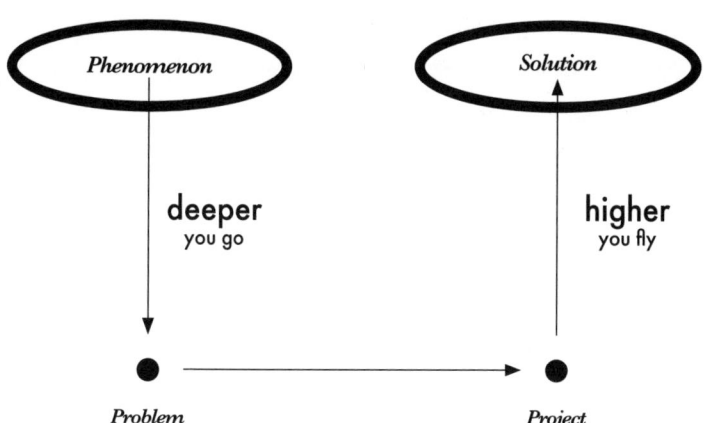

위에서 보면,

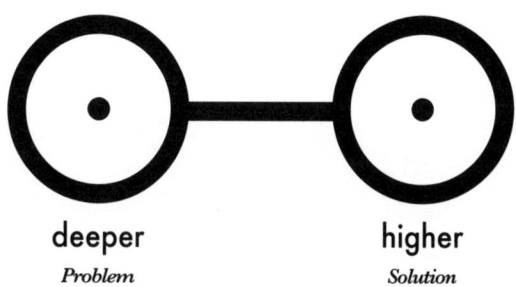

백두산만큼 높이 날아오를 만한
창조적인 기획 아이디어(S코드)를 만들기 위해서는
더 높이 날기 위해 애쓰는 것이 아니라
역설적으로 문제의 본질(P코드)을 향해 더 깊이 들어가야 하는 것이죠.
The deeper you go, the higher you fly,

그리고 단 한 번이라도 높이 날아본 기획자만이
다음에 더 깊은 '문제의 본질'로 들어갈 수 있게 된다는 월리입니다.
The higher you fly, the deeper you go.

플래닝코드는

일이 복잡하면 복잡할수록
꼬여 있으면 꼬여 있을수록
어려우면 어려울수록
더욱 빛나고 강력해지는 기획 월리입니다.

이제 우리는
플래닝코드로
기획합니다.

이제 우리는
기획회의 할 때
"아이디어 까봐."로 시작하지 않습니다.
"우리가 해결해야 할 진짜 문제가 뭐지?"로 시작합니다.
P코드에 75%의 시간과 에너지를 씁니다.

이제 우리는
S코드의 아이디어는 '발상'이 아니라 '연상'이라는 것을 압니다.
때로는 메타포를 활용하고,
다른 영역에서 아이디어를 훔치고, 뒤섞고,
그 속에서 더 나은 것을 끌어냅니다.

이렇게 저는 오늘도
플래닝코드의 바이러스를 꿈꿉니다.

더 많은 기획자들이 플래닝코드로
문제를 해결하고
기획서를 쓰고
프레젠테이션을 해서
세상을 더 가치 있는 곳으로 만들 수 있기를 소망합니다.

저는 재능과 능력이 부족한 기획자입니다.
그래서 누구보다 '함께의 힘'을 잘 아는 기획자입니다.
한 사람의 기획천재보다,
세 사람의 기획중수를 더 소중히 여기고,
기획은 '재능'이 아니라 '태도'라고 믿습니다.

기획에서 '정답'은 없다고 말씀드렸죠.
오직, 함께 찾아가는 '해답'만이 있을 뿐입니다.

정답 없는 세상.
그래서 더더욱 함께 힘을 모아
세상에 조금 더 이로운 가치를 만들어가는
좋은 기획을 함께 해나가면 좋겠습니다.

세상은 지금 이 순간에도
당신의 기획을 기다리고 있습니다.

플래닝코드의 월리로
사고하고,
회의하고,
설득하고,
그리고 당신만의 관점으로 기획해보세요.

일뿐이겠습니까?
우리네 인생의 기획도
그 월리는 다르지 않을 것입니다.

더 창조적인 우리 삶을 위하여,

The deeper you go,
the higher you fly.

2형식 플래닝코드였습니다.
감사합니다.

| 10주년 스페셜 에디션 |

다시, 기획은 2형식이다
ⓒ남충식 2025

초판 1쇄 발행 2025년 8월 29일
초판 3쇄 발행 2025년 12월 24일

지은이 남충식
펴낸이 황상욱

편집 이은현 박성미
디자인 박지수
마케팅 윤해승 윤두열
경영관리 황지욱 **제작처** 한영문화사(인쇄) 신안제책사(제본)

펴낸곳 ㈜휴먼큐브 | **출판등록** 2015년 7월 24일 제406-2015-000096호
주소 03997 서울시 마포구 월드컵로14길 61 2층
문의전화 02-2039-9462(편집) 02-2039-9463(마케팅) 02-2039-9460(팩스)
전자우편 yun@humancube.kr

ISBN 979-11-6538-462-3 03320

- 이 책의 판권은 지은이와 휴먼큐브에 있습니다.
- 이 책 내용의 전부 또는 일부를 재사용하려면 반드시 양측의 서면동의를 받아야 합니다.
- 잘못 만들어진 책은 구입하신 서점에서 교환해드립니다.

인스타그램 @humancube_books **페이스북** fb.com/humancube44